金持ち父さんの
起業する前に読む本 改訂版

ビッグビジネスで成功するための
10のレッスン

ロバート・キヨサキ
白根美保子・訳

筑摩書房

改訂版

金持ち父さんの起業する前に読む本

目次

金持ち父さんの起業家レッスン

Rich Dad's Before You Quit Your Job
10 Real-Life Lessons Every Entrepreneur Should Know
About Building a Multimillion-Dollar Business
By Robert T. Kiyosaki

金持ち父さんの起業する前に読む本

ビッグビジネスで成功するための10のレッスン

起業家とは天から与えられた職業であるとともに「心のあり方」「精神」でもある。それは心の奥底で燃える炎であり、その炎は真のリーダーたちに推進力を与え、彼らが可能性に挑み、夢を持ち続け、未来を作り出す原動力となる。

本書は、自らの夢をあきらめることなく歩み続ける世界中の起業家へ、尊敬と称賛の念を込めて捧げる。私が変化を引き起こす触媒となり、現状に疑問を投げかけ、進むべき道を歩み続けるための情熱を決して失うことなくここまで来られたのは、たくさんの人たちから刺激を受け、それに励まされたからだ。そのすべての人たちに心から感謝を捧げる。

ロバート・キヨサキ

はじめに……
起業家はどこが違う？

私がこれまで人生で一番不安を感じたのは、本格的に起業家になるために会社を辞めた日だ。明日からもう給料はもらえない、健康保険も年金もない、病気欠勤に対する保障もなければ有給休暇もない……私にはそのことがよくわかっていた。

あの日、私の収入はゼロになった。安定した給料がなくなることに対する不安は、それまでに経験した中で最大の不安と言っていいほどだった。一番の問題は、その状態がどれくらい続くのか見当もつかなかったことだ。もしかすると、これから何年も、安定した収入はないかもしれない……。会社を辞めた瞬間に、私は他人に雇われている多くの人がなぜ起業家になろうとしないのか、その理由がわかった。それはお金がないことに対する不安だ。収入が保証されていないこと、安定した給料のないことに対する恐怖だ。お金がない状態で長い間持ちこたえられる人間は非常に少ない。起業家は普通の人とは違う。その違いの一つは、お金がなくても正常かつ知的な精神状態で機能できる能力だ。

会社を辞めると同時に、私の支出は跳ね上がった。起業家となった私は、オフィスや駐車スペース、在庫用の倉庫などの賃借料を払わなければいけなくなった。事務机や電気器具を買い揃え、電話代や旅費、ホテル代、タクシー代、食費、コピー代、鉛筆や紙やホチキス、そのほかの文房具、レポート用紙や切手の代金も払わなければいけなかったし、売る商品だけでなく、宣伝用パンフレットもお金を出して作らなければいけなかった。もちろん、オフィスに常備するコーヒーの粉だって自前だ。そのほか、秘書や会計士、弁護士、経理係を雇い、ビジネスに必要な保険に入り、オフィスの清掃サービスも頼まなければならなかった。それまではどれも、勤めていた会社が払ってくれていた費用だ。私は会社を辞めてはじめて、私を雇うために会社がどれほど多くの費用を払っていたかわかった。会社が従業員にかける費用が、彼らに払う給料よりもずっと多いことに気が付いたのだ。

つまり、従業員と起業家のもう一つの違いは、起業家はお金の使い方を知っている必要があるということだ。これはたとえ起業家がお金を持っていなくても、同じことだ。

●新しい人生のはじまり

一九七八年六月、正式に会社を辞めたその日、私はプエルトリコのサンファンという町にいた。そこに行ったのは、ゼロックス社に大きな貢献をした社員を称える「社長クラブ」の祝典に出席するためだった。ほかにも該当する社員が世界中の支社から集まっていた。

それは実にすばらしいイベントだった。あの祝典のことはいつも心に残っている。すぐれた業績をあげたセールススタッフを称えるために、会社があんなに多くのお金を使うなんて私には信じられなかった。でも、その華やかな祝典の陰で、私は最悪の気分を味わっていた。イベントが開催されていた三日間、私の頭にあったのは、会社を辞めること、安定した給料や会社によって守られている状態を捨てることだけだった。このパーティーが終わったあと、一人きりになることはよくわかっていた。ホノルル支社での仕事には戻らない、それどころか、ゼロックス社自体に戻らないつもりだった。

サンファンからの帰路、私が乗った飛行機は緊急事態に巻き込まれた。マイアミ飛行場に着陸する時、パイロットが乗客全員に、万が一の墜落に備えて頭を保護する安全姿勢をとるように言った。起業家として第一日目を迎えていた私は、すでにひどく惨めな気持ちでいた。この上、命の危機に備えろというのか？　これはあまり幸先のよいスタートとは言えなかった。

今ぴんぴんしている私を見ればおわかりの通り、飛行機は地面には激突せず、私はそのままシカゴへ飛んだ。シカゴではナイロン製のサーファー用財布を売るためのプレゼンテーションをする予定だった。飛行機が遅れたために予定時刻を過ぎてシカゴ・マーチャンダイズマートに到着した時には、会うはずだった顧客の、大きなデパートチェーンのバイヤーはすでに帰ってしまっていた。私はまたこう思った。「起業家としての新しい人生を始めるには、これはあまり幸先のいいスタートとは言えないな。ここで売込みができなければ、会社にはお金は入らないし、私には給料が入らない、テーブルの上に食べ物は載らない」。私は食べるのが大好きだから、この最後の「食べ物がない」というのが一番こたえた。

●生まれながらの起業家はいるか？

「生まれつき起業家に向いている人がいるのか？　それともみんな訓練の結果そうなるのか？」これは昔から人々が疑問に思っていることだと思うが、私がこの質問をすると、金持ち父さんはこう答えた。「その質問には意味がない。それは、生まれつき従業員に向いている人がいるのか、それともみんな訓練の結果そうなるのかと聞くのと同じことだ」。それから、こう続けた。「人間は誰でも、どんなふうにも訓練できる。従業員になるようにも、起業家になるようにも訓練できるんだ。世の中に起業家より従業員の数が多いのは、単に、学校が従業員になる訓練を生徒に与えているという、それだけの理由からだ。『学校に行きなさい。そうすればいい会社に入れるから』と子供に言う親がこんなに多いのはそのためだ。子供に『起業家になるために学校へ行きなさい』と言う親に私はお目にかかったことがない」

従業員という形の働き手が出現したのは、比較的最近のことだ。農耕時代には、たいていの人が起業家だった。多くの人は王侯貴族の所有する土地を耕す農民だったが、彼らは王様たちから給料をもらっていたわけではない。実際のところ、逆だった。土地を使う権利と引き換えに、農民たちの方が王様に税金を払っていた。一方、農民以外は商人、つまりスモールビジネスの起業家だった。肉屋、パン屋、燭台造りの職人などがそうだ。こういう人たちの苗字は職業に由来するものが多かった。今でもその名は残っている。たとえば、スミスという苗字は村の鍛冶屋（blacksmith）、ベイカーはパン屋（bakery）、ファーマーは農民（farmer）といった具合だ。あの時代、農民も商人も、従業員ではなく起業家だった。起業家の家庭で育った子供たちの多くは、両親のあとに続き、同じように起業家になった。これも先ほどと同じことだ。単にどう訓練されたかの問題だ。

従業員の必要性が高まったのは、産業時代になってからだ。その需要に応えるために、政府が子供の教育係を引き受け、多くの子供たちを一度に教育する大量《マス》教育を始めた。彼らが取り入れたのはプロシア式のシステムで、今日の西洋世界のほとんどの国の教育システムがこれに基づいている。このシステムの土台となっている考え方を調べてみるとわかるが、その本来の目的は「兵士と従業員を作り出す」ことにあった。つまり、命令に従い、言われた通りのことをする人間を生産するのが目的だ。従業員を大量に生産する教育システムとしては、このシステムはすばらしい。要するにどういう訓練を受けるかが問題なのだ。

読者の中には、世界に名の知れている有名な起業家たちの多くが、学校教育を最後まで終えていないことを思い出した人もいるかもしれない。たとえば、ゼネラル・エレクトリックの創始者トーマス・エジソン、フォード・モーターのヘンリー・フォード、マイクロソフトのビル・ゲイツ、ヴァージン・グループのリチャード・ブランソン、デルのマイケル・デル、アップルとピクサーのスティーブ・ジョブズ、ＣＮＮのテッド・ターナーなどだ。もちろん、学校で成績のよかった起業家もたくさんいる。だが、今名前を挙げた人たちほど有名な人はあまりいない。

●従業員から起業家へと変身する

私は自分が生まれながらの起業家ではないことをよく知っている。だから訓練を受ける必要があった。従業員として働き始め、最終的に起業家になるまでの間、小学校時代の親友マイクの父親で、私が「金持ち父さん」と呼んでいる人が私を導いてくれた。それは楽な道のりではなかった。金持ち父さんが教えようとしていることが理解できるようになる前に、まず、それまでに学んでいたことを頭から追い出さなければならなかったからだ。

金持ち父さんの話に素直に耳を傾けられなかったのは、実の父親である「貧乏父さん」が私に教えようとしていたことと正反対だったからだ。金持ち父さんはよくビジネスを起こす話をしてくれたが、それは、実際には「自由」についての話だった。一方、仕事に就くために学校に行くように言っていた貧乏父さんの話は「安全」についての話だった。頭の中でこの二つの考え方が衝突して、私はとても混乱した。

この混乱状態を何とかしようと、私は二つの考え方の違いについて金持ち父さんに聞いた。「安全と自由は同じじゃないんですか？」

金持ち父さんはにこにこしながら答えた。「安全と自由は同じじゃない。実際のところ、正反対だ。安全を求めればそれだけ自由が減る。世の中で一番安全なのは刑務所だ。警備が厳重なのは『安全』ということだからね」。それから、こう続けた。「自由が欲しかったら、安全のことは忘れるんだ。従業員は安全を求め、起業家は自由を求める」

つまり、本当に質問すべきことは、生まれつきそれに向いている人がいるかどうかではなく、誰でも起業家になれるのかということだ。

この質問に対する私の答えはこうだ。「誰でもなれる。そのためにはまず心構えを変えることだ。安全よりも自由を求める気持ちが強くなった時、起業家への道が始まる」

毛虫がマユを作り、いつか蝶となってそこから姿を現すことは誰でも知っている。この非常に大きな変化には特別な名前がついていて、「変態《メタモルフォーシス》」と呼ばれる。「変態」の定義の一つは、「特質の著しい変化」だ。本書はこれと同じような大きな変化についての本だ。つまり、従業員から起業家へと変身する過程で、人が通り抜けるさまざまな変化について書かれている。

会社を辞めて自分でビジネスを始めたいと夢見ている人は多いが、実際にそうする人は少ない。なぜだろう？　それは、従業員から起業家への変身が単に仕事を変わるだけのことではないからだ。それは「変態」と呼ぶにふさわしい変化だ。

●起業家ではない人が起業家のために書いた本

私はこれまでに、起業家についての本や、起業をテーマにした本をたくさん読んだ。先ほど挙げたトーマス・エジソン、ビル・ゲイツ、リチャード・ブランソン、ヘンリー・フォードといった起業家の生き方についても学んだし、起業に関連するいろいろな考え方について書かれた本や、すぐれた起業家とそうでない起業家を分けるものが何かを教えてくれる本も読んだ。中にはあまりためにならないものもあったが、どの本にも、よりよい起業家になることを目指す私の役に立つ貴重な情報や知恵が、何かしら含まれていた。

これまでに読んだ本を振り返ってみると、だいたい二つの種類に分けられると思う。起業家が書いた本と、起業家ではない人が書いた本だ。私が読んだ本の大部分は、起業家ではない人が書いた本、つまり、物書きを職業とする人や、ジャーナリスト、大学の教授などが書いた本だ。

確かに、どの本からも何かしら大事なことを学んだが、「何か足りない」と感じたのも事実だ。それは著者が誰であっても同じだ。足りないと私が感じたのは、起業家なら誰もが経験する修羅場、「どん底まで突き落とされたような」あるいは「腹を思いっきり蹴り上げられたような」「背中にナイフを突き立てられたような」といった言葉で表現される恐ろしい間違いを犯した話、身の毛もよだつホラー物語だ。たいていの本に登場する起業家は、頭が切れて、人あたりがよく、どんな問題もスマートに解決する格好のよいビジネスマンとして描かれている。偉大なる起業家についての多くの本は、まるで彼らが生まれた時から起業家であったかのような書き方をしている。実際、そういう人もたくさんいる。生まれつき運動能力に恵まれた天才スポーツ選手がいるのと同じように、生まれつき才能に恵まれた起業家も確かにいる。本屋に並んでいる本の多くはそういう人たちについて書かれている。

一方、大学教授によって書かれた起業についての本は、また一味違う。教授たちは一つのテーマをとことん煮詰め、何もかも剝ぎ取って骨だけにする、つまり、統計的な事実、調査結果だけにしてしまう傾向がある。こういった本は理論的には確かに正しいが、私には読みにくい。というのも、退屈な本になってしまっていることが多いからだ。肉も肉汁もなくなって、残っているのは骨だけだ。

本書も同じように起業をテーマとしているが、違うのは、実社会で成功と失敗を経験し、酸いも甘いも嚙み分けた起業家によって書かれている点だ。

現在のリッチダッド・カンパニーは国際企業と呼ぶにふさわしく、製品は四十二カ国語に翻訳され、五十五カ国でビジネスをしている。でも、最初は、私と妻のキムが一九九七年に始めた小さな会社だった。このビジネスへ私たちが投資したのは千五百ドル。最初に出版した『金持ち父さん　貧乏父さん』は四年半以上、ニューヨークタイムズ紙のベストセラーリストに載った。この記録に並ぶ書籍はほかに三冊しかないそうだ。本書が出版される頃も、まだそのリストに名前を連ねているかもしれない。

私は自分がビジネスの面でどんなに頭が切れるか、そんな話をするつもりはない。そもそも私はそうではないし、それよりも、起業に関するほかの本とは違うものを書いた方がいいと考えた。そして、私が荒波をいかに巧みに乗り切り何百万ドルものお金を手にしたかについてお話しするよりも、自分で掘った深い落とし穴に何度も落ちて、そこから這い上がらなければならなかった顚末《てんまつ》をお話しした方が多くを学んでもらえると考えたのだ。成功談を並べるより、失敗からの方が多くを学べるというのが私の信条だ。

●なぜ失敗について書くか？

失敗するのが恐いという理由で起業家になろうとしない人はたくさんいる。多くの人が恐れているそのことについてなぜ書くかというと、自分が起業家に向いているかどうか判断する際の助けになればと願っているからだ。脅かしてやる気をなくさせるつもりはない。起業家になるまでの過程で誰もが経験する山や谷について、現実的な洞察を少しでも提供すること、それが私の望みだ。

失敗について書くもう一つの理由は、人間は失敗から学ぶようにできているからだ。私たちはまずころび、次に立ち上がって、それを繰り返すことによって歩けるようになる。自転車の乗り方を覚える時も、何度も倒れてはやり直す。ころぶのが恐くて、そのリスクをとらないでいたら、いつまでたっても歩けないままだろう。起業についてたくさんの本——特に、大学教授たちによって書かれた本——を読んでみて、「これが足りない」と気が付いたことの一つは、起業家が経験する感情面での試練に関する話だ。こういう本は、ビジネスがうまくいかなくなった時、お金がなくなった時、従業員を解雇しなければならなくなった時、また、投資家や債権者がお金を返せと言ってきた時に、感情面で起業家にどんなことが起こるかを説明していない。そもそもたいていの大学教授には、つまずき始めた起業家の気持ちなどわかるはずもない。安定した給料をもらい、地位を保証され、常に「正しい答え」を知っていて、決して間違いをしないことが高く評価されるような世界に生きている彼らには、わからなくて当然だ。つまり、これもまた、どういう訓練を受けているかの問題だ。

一九八〇年代の終わり頃、私はコロンビア大学に招かれて起業について話をした。この時も、成功談ではなく失敗と、そこからどんなに多くを学んだかについて話をした。話を聞いていた若者たちは次々と質問をしてきて、起業家になるまでの山あり谷ありのプロセスにとても興味を持ったようだった。私はビジネスを始める時にすべての人が感じる恐怖と、自分がそれにどう対処したかについて話をした。また、自分が犯したもっとばかな間違いについても話し、それらがあとになってとても役に立ったこと、その間違いを犯さなければ決して学べなかっただろう教えが学べたことを伝えた。そのほかに、自分が無能だったばかりに、会社を閉じ、従業員を解雇しなければならなくなった時の苦しさについても話した。そして、最終的に私がよりよい起業家となりお金を儲けるのに、そのような間違いのすべてがどう役に立ったか、特に、二度と働かなくてもすむ「経済的自由」を手に入れるのにどのように役に立ったかについても話をした。詳細はともかく、全体として、起業家になるまでの過程についてかなり客観的で現実的な話ができたと私は思った。

ところが数週間後、私は、私を招いて話をさせた大学職員が上司に呼ばれてお目玉をくらったことを知った。上司の最後の言葉はこうだったそうだ。「コロンビアでは失敗者に話をさせることは許さない」

●起業家とは何か?

今、大学の教授にちょっと嚙みついてしまったので、次に「さすが!」という点を指摘することにしよう。それは彼らによる起業家の定義だ。私はハーバード大学のハワード・H・スティーブンソン教授による次のような定義を、最高の定義の一つだと思っている。彼はこう言っている。「起業家の仕事は経営へのアプローチの一つで、われわれはそれを『現時点でコントロール可能な資源《リソース》の種類や量にかかわりなく、チャンスを追求すること』と定義する」。これは起業家とは何たるかを言い当てた、すばらしい定義だと思う。何もよけいなものがついていなくて、真髄をついている。

起業家になりたいと思っている人は多いが、たいていの人は仕事を辞められない理由として、言いわけをいつも持っている。その例を見てみよう。


「お金がない」

「子供を養わなければいけないから、仕事を辞められない」

「コネがない」

「それほど頭がよくない」

「時間がない。忙しすぎる」

「手伝ってくれる人が見つからない」

「会社を作るのは時間がかかりすぎる」

「心配だ。会社を作るのはリスクが大きすぎる」

「従業員を使うのは好きじゃない」

「もう年をとりすぎている」


スティーブンソン教授が書いたこの記事を私にくれた友人はこう言った。「二歳の子供はみんな言いわけの天才だ」。彼はまたこうも言った。「起業家になりたいと思っている人の大部分が従業員のままでいるのは、会社を辞め、信念を大きく変化させるのを避ける言いわけを持っているからだ。多くの人の場合、言いわけの持つ力が夢の持つ力より大きい」

●起業家はここが違う

このほかにも、スティーブンソン教授が書いたものの中には、真髄をついたすばらしい言葉がたくさんある。特に、起業家と従業員（教授は「発起人」と「受託者」という言葉で区別している）を比較した部分はなかなかのものだ。その珠玉の比較の一部を次に紹介しよう。

1．戦略的アプローチの方法
発起人：チャンスの認知重視
受託者：資源のコントロール重視

これを言い換えると、起業家は自分が資源を持っているかどうかにかかわりなく、いつもチャンスを探しているということだ。従業員タイプの人間は自分が持っている資源、あるいは持っていない資源にばかり注目する。「お金がないのに、一体どうやってビジネスを始められるんだ？」などと言う人がたくさんいるのはそのためだ。そんな時、起業家ならこう言う。「取引は一応おさえておいて、それからお金を探そう」。この姿勢の違いは、両者の間のとても大きな違いだ。

貧乏父さんがよく「私には買えない」と言っていたのも同じ理由からだ。従業員だった私の父は、自分が持っている資源だけに注目していた。私のほかの本を読んだことのある人は知っていると思うが、金持ち父さんは自分の息子のマイクと私に、「私には買えない」と言うことを固く禁じた。その代わりにチャンスに目を向け、「どうやったら買えるだろう?」と問いかけるように教えてくれた。金持ち父さんは真の起業家だった。

2. 目指す経営組織
発起人：非公式な複数のネットワークを持つ水平構造
受託者：形式化された複数の階層を持つ垂直構造

これはつまり、起業家は戦略的パートナーと協力関係を結ぶことでビジネスを大きく成長させるが、組織自体は小さく、すっきりとした状態に保つということだ。従業員は階層組織を作りたがる。つまり、自分が命令系統のトップに立った組織を欲しがる。それが彼らにとって「帝国を築く」やり方なのだ。起業家は組織を水平に広げる。そして、むやみに社内に仕事を持ち込まずにアウトソーシング（外部委託）したがる。一方、従業員はどんどん従業員を増やして垂直な組織を作りたがる。企業の「昇進のはしご」を登る従業員にとっては、きちんとした組織図がとても大事だ。

本書を読むと、リッチダッド・カンパニーが規模は小さいまま、世界各国の大手出版社など、大きな階層構造を持った会社と強力な戦略的パートナーシップを結ぶことで大きく成長してきたことがよくわかると思う。こういう形で会社を大きくしようと決めたのは、時間、人的資源、お金の面でこの方が安くつくからだ。

おかげで私たちは、規模は小さいまま、より速く成長し、多くの利益をあげて、世界に自分の会社の存在を知らしめることができた。私たちはいわば他人のお金と資源を使い、ビジネスを成長させた。本書では、私たちがどのようにしてそれを実現したか、また、なぜその方法をとったのか、お話ししたいと思う。

3．報酬に対する考え方

発起人：価値重視、業績が基本、チーム志向
受託者：安全重視、資源が基本、昇進志向

これは簡単に言えば、従業員は安全を一番に考え、安定した給料をくれて昇進の可能性がある、しっかりした会社に勤めるということだ。多くの従業員は、お金よりも昇進や企業内での地位、肩書きの方が大事だと思っている。貧乏父さんもそうだった。給料は大したことがなかったが、学校教育の頂点に立つ「教育長」の肩書きに大いに満足していた。

起業家は会社内の昇進のはしごを登りたいとは思わない。はしごそのものを所有したいと思う。起業家は給料ではなく、チームワークによって生まれた結果をエネルギーの源にする。また、スティーブンソン教授が言っているように、多くの起業家は、会社から与えられる安全や安定した給料などよりももっと重要なものに焦点を合わせた、非常に強い価値観を持っている。本書では、お金よりも重要なこの価値観について詳しくお話しするつもりだ。多くの起業家にとっては、お金より自分の価値観の方が大事だ。起業家は自分が選んだ仕事や目指す使命に情熱を持ち、そして何よりも、自分のやっていることが好きでたまらない。だからたとえお金をもらえなくても仕事をする。金持ち父さんはこう言っていた。「従業員の多くは、給料がもらえる限りは仕事に情熱を燃やす」

本書ではまた、異なる三種類のお金についてもお話しする。それは「競争的なお金」と「協力的なお金」

そして「精神的なお金」の三つだ。

競争的なお金というのは、一般に会社で働く人が仕事と引き換えにもらうお金だ。そういう人たちは、いい仕事を得るため、昇進や昇給を得るためにたがいに競い合う。また、ライバル会社とも競争する。協力的なお金は、競争ではなくネットワークから生まれる。リッチダッド・カンパニーは協力的なお金のために働き、それだけで、非常に少ない資金で短期間に大きくなった。本書を読めば、私たちがどのようにしてそれを実現したかがわかると思う。また、本書では会社の使命、つまり価値観についても多くの紙面を割いている。確かに、チャンスに乗ずることばかりを考え、競争的なお金のためだけに働いている起業家も大勢いるが、一方、強い使命感を持ち、精神的なお金のために働いている起業家も大勢いる。この精神的なお金こそ、一番価値のあるお金だ。

●異なる経営スタイル

スティーブンソン教授による記事には、ほかに二つほど、目新しくて興味深い指摘、特に大学教授が書いたものとしてはとても新鮮に感じられる指摘がある。

教授は、「起業家はいい経営者ではない」と言う人が多いことを認めた上で、この一般的な考え方に賛成する立場はとらず、こう書いている。「起業家は自己中心的で変わり者だから、経営者として人の管理はできないとよく言われる。しかしながら、確かに経営者としての仕事は起業家としての仕事と実質的に異なるとは言え、起業家にとっても経営手腕は必要不可欠だ」。まさしくその通り、スティーブンソン教授！　これを言い換えると、起業家は経営者とは違うやり方で人を管理するということだ。

起業家と従業員との経営スタイルが異なる理由を説明するもう一つの指摘を次に紹介しよう。

スティーブンソン教授の二つ目の指摘は、「起業家の仕事は経営へのアプローチの一つで、われわれはそれを『現時点でコントロール可能な資源の種類や量にかかわりなく、チャンスを追求すること』と定義する」という、前に挙げた定義をさらに突き詰めたもので、彼はこう言っている。「起業家は他人の資源の使い方を知っている」。経営スタイルの違いを生みだしているのはこれだ。従業員タイプの人間は他人を雇い、管理できる状態にしておきたい。そうすれば、自分の直接の支配下に置いて思い通りに動かせるからだ。言うことを聞かなければ首にすればいい。従業員タイプの人間が垂直の階層構造を作りたがるのはこのためだ。彼らはプロシア式の経営スタイルを求める。自分が「飛べ」と言ったら、みんなに飛んで欲しいのだ。

一方、起業家は、必ずしも従業員を管理しているわけではないから、人を管理するにも違ったやり方をする必要がある。ごく簡単に言うと、起業家はほかの起業家を管理する方法を知っている必要があるということだ。起業家に「飛べ」と言ったら、たいていは文句やしかめっ面が返ってくるだろう。起業家は多くの人が言うように「いい経営者ではない」わけではなく、ただ、ああしろこうしろと言えない相手、自分の言う通りにしなかったとしても首にすることができない人たちを相手にしているから、異なる経営スタイルを持っているだけなのだ。

従業員タイプの人が競争的なお金のために働き、起業家が協力的なお金のために働く傾向がある理由も、この経営スタイルの違いを考えてみるとよくわかる。

新米起業家はよく、「いい従業員が見つからない」「従業員が仕事をしたがらない」「従業員が給料を多くもらうことしか考えない」などと不満を言う。起業家になりたてで経営スタイルがまだ確立していない場合、よくこういう問題が起きる。経営スタイルは訓練で身につく。ここでもう一度、スティーブンソン教授に拍手を送りたい。彼は起業家と従業員の違いを、余計なものをすべて取り去り、実に明確に指摘している。

●信号が全部青になるのを待つな

望み通りの成功を達成できない人が大勢いる理由の一つは恐怖、多くの場合、間違いを犯すことや失敗することに対する恐怖だ。多くの人が成功できない理由はもう一つある。これも恐怖に関わることだが、少し違う形で現れる。つまり、完全主義者になることで自分の恐怖にふたをしてしまう場合だ。こういう人はビジネスを始める前に、すべての準備が整うのを待つ。車を道路に出す前に、すべての信号が青になるのを待つのだ。ビジネスを起こしたいと思っていても、このタイプの人はエンジンをかけたまま道路の手前でいつまでも立ち往生している。

私がこれまで出会った中で一番すばらしいと思う起業家の一人は、友人であり、ビジネスパートナーでもある一人の男性だ。彼と一緒に作った会社のうち、三社は株を公開し、おかげで私たちは何百万ドルも儲けた。起業家の仕事を説明するのに、彼は次のように言っていた。「ビジネスで取引をまとめるには三つの要素が必要だ。一つ目は適切な相手を見つけること、二つ目は適切なチャンスを見つけること、そして三つ目はお金を見つけることだ」。彼はまたこう言っていた。「この三つが同時にやってくることはまれだ。相手がいても取引そのものやお金がない場合もあるし、お金はあるけれどいい取引や相手がいないという場合もある」。また、次のようにも言っていた。「起業家にとって最も重要な仕事は、この三つの要素のうち一つを手に入れ、次に、残りの二つを探してそこにくっつけることだ。それには一週間かかることもあるだろうし、何年もかかることもあるだろう。だが、少なくとも一つを手にしていれば、そこをスタート地点にできる」。言い換えるなら、三つの信号のうち二つが赤でも起業家は気にしないということだ。実際のところ、起業家は三つの信号が全部赤でも気にしない。赤信号も起業家が起業家であることを止められない。

●タイミングを見極める

マイクロソフトのウィンドウズをはじめ、各種ソフトウェアにバージョン（版）の違いがあるのはご存知だろう。これは、より新しく、よりよいバージョンを消費者に買ってもらうために、各社が製品を改良し続けていることを意味している。言い換えれば、最初に彼らが売った製品は完全ではなかったということだ。欠点やバグ（プログラム上の欠陥）があって、改良が必要だと知りながら売り始めたと言ってもいいだろう。

完全なものにするために改良を続けていて、そのためにいつまでも製品を市場に出せないでいる人はたくさんいる。つまり、車を道路に出す前にすべての信号が青になるのを待っている人と同じだ。起業家の中には、製品を探したり、あれこれいじりまわしたり、いつまでたっても市場に入ろうとしない人がいる。金持ち父さんはよくこう言っていた。「やる価値のあるものは、うまくいかなくてもやる価値がある」。ヘンリー・フォードはこう言っている。「お客様は本当にありがたい！　製品が完全なものになる前に買ってくれるのだから！」これを言い換えるとこうなる。真の起業家は走り始めてから、自分自身やビジネス、製品に改良を加え続ける。多くの人は、すべてが完全になるまでスタートしない。永久にスタートしない人が大勢いるのはそれだからだ。

ある製品を市場に出すタイミングを見極めるのは、科学であると同時に、熟練を要する「わざ」でもある。一つ言えるのは、製品が完全なものになるまで待つのはやめた方がいいかもしれないということだ。いつまで待っても完全にはならないのだから。製品は「まあまあ」の状態であればいい。市場で受け入れられるに足るだけの製品であればいい。とは言え、欠点が多すぎて本来の機能を果たせなかったり、市場の期待に応えられなかったり、問題を起こして愛想をつかされたら、信用を取り戻し、品質に対する評判を回復するのはとてもむずかしい。

成功する起業家の資質の一つは、市場がどの程度の製品を期待しているかを見極め、開発をやめて市場で製品を売り出すタイミングを測れることだ。市場に出す時期が少し早すぎて、まだ改良の余地があったと気付いた場合は、さっさとそれを直し、市場で評判を落とさないように手を打てば問題ない。一方、遅すぎた場合は、チャンスが永遠に失われることになりかねない。チャンスの窓は閉まってしまう。

ウィンドウズの初期のバージョンを使っていた人は、コンピュータがよく「クラッシュ」したことを覚えているかもしれない。「ウィンドウズはバグ（虫）だらけだから、殺虫剤と一緒に売るべきだ」と言う人たちもいたくらいだ。もし、ウィンドウズと同じ頻度で自動車が故障したとしたら、市場では決して受け入れられなかっただろう。実際のところ、これが自動車だったら、「欠陥車」の烙印を押されて、製造元はリコールを余儀なくされただろう。だが、ウィンドウズの場合は、バグやら、そのほかの欠陥があったにもかかわらず、記録的な成功を収めた。なぜだろう？　それは、市場のニーズを満たし、期待を大きく裏切るものではなかったからだ。マイクロソフトはチャンスの窓が開いているのを見てとると、すぐに製品を市場に出した。マイクロソフトが製品が完全なものになるまで待っていたとしたら、ウィンドウズは今もまだ市場に出ていなかっただろう。

●実生活での頭のよさと学校での頭のよさ

武術の世界には、「すでに満たされている器には使い道がない。器は空《から》の時だけ役に立つ」という意味の言葉がある。これは起業家にもあてはまる。

「それについては何でも知っている」といったようなことを言う人がよくいる。あなたも誰かからそんな言葉を聞いたことがあるに違いない。これは、器がすでに満たされている人、つまり自分はすべての答えを知っていると信じている人が言うことだ。すべての答えを知っているなどと言っている余裕は起業家にはない。真の起業家は自分が決してすべての答えを手に入れられないことを知っている。成功のためには器が常に空でなければならないことを知っているのだ。

一方、従業員として成功するためには、正しい答えを知っている必要がある。知らないと、首になったり、昇進の道を断たれたりすることもある。起業家はすべての答えを知っている必要はない。知っていなければならないのは、誰に電話をしたらいいかだけだ。顧問やアドバイザーたちはそのためにいる。

多くの場合、従業員は専門家になる訓練を受けている。専門家とは、簡単に言えば「少しのことについて多くを知っている人」だ。専門家の器はいっぱいに満たされていなければいけない。

一方、起業家は万能選手《ゼネラリスト》である必要がある。簡単に言うと、「多くのことについて少しを知っている人」だ。ゼネラリストの器は空だ。

人間は専門家になるために学校へ行く。つまり、会計士、弁護士、秘書、看護師、医者、エンジニア、コンピュータ・プログラマーなどになるために学校へ行く。このような職業の人は少しのことについて多くを知っている。専門的になればなるほど、彼らの収入は多くなる――少なくとも、彼らはそう期待する。

起業家が彼らと違うのは、会計や法律、管理システム、ビジネス体系、保険、製品デザイン、財務、投資、人事、セールス、マーケティング、人前でのスピーチ、資金調達など、多くの分野について少しずつ知っている必要がある点だ。また、異なる専門を持つ人たちとうまくやっていく方法も知っている必要がある。起業家は、知らなければならないことがたくさんあるのに、知らないことがあまりに多すぎて、その一つ一つを極めるなどという贅沢は自分に許されないことを知っている。起業家の器が常に空っぽでなければいけないのはこのためだ。彼らは常に何かを学び続けなければならない。

●起業家に卒業式はない

「卒業式はない」というのは、起業家は常に先を見越して学び続けなければいけないということだ。私の場合、従業員と起業家を分ける境界線を越えてからやっと、本当の教育が始まった。境界線を越えるとすぐに、私は手に入れられる限りのビジネス書や経済新聞を読みあさり、セミナーに出席し始めた。私は自分がすべての答えを知っているわけではないことを知っていた。学ぶべきことがたくさんあり、しかもそれを短期間で学ばなければいけないことがわかっていた。今もそれは変わらない。起業家としての教育には終わりがない。私はこれからもずっと「学校に通い続ける」つもりだ。これまでも私は、仕事をしていない時間を使って、いつも何かを読んだり学んだりして、それをビジネスに応用するという作業を続けてきた。

これまでの年月を振り返ると、継続的に学習し、それをビジネスに応用するというこのやり方が、成功を収めるために私がやってきたいろいろな「習慣」の中でも特に大事だったことがわかる。前にも言ったように、私は生まれつき起業家だったわけではない。私の友人の中にはそういう人もいたが、『ウサギとカメ』の話の中のカメと同じように、私はゆっくりだが着実に彼らとの差を縮めてゆき、彼らが成功を収め、器にそれ以上何も入らなくなった時、そのうちの何人かを追い抜いた。

真の起業家には卒業式はない。

●専門化されすぎると移動がむずかしくなる

図①は金持ち父さんシリーズの第二弾『金持ち父さんのキャッシュフロー・クワドラント』からとったものだ。

Bクワドラントではなく S クワドラントに属する起業家がこれほど多い理由の一つは、専門化されすぎている人が多いからだ。たとえば、個人で医院を経営している医者は理論的には起業家だが、SクワドラントからBクワドラントに移るのはむずかしいかもしれない。それは、彼らが受けてきた訓練が専門的すぎて、器がもういっぱいだからだ。SからBへ移るためには、もっと総合的な訓練が必要だ。そして、常に器が空

①ビジネスにかかわる人は四つに分類できる

E…従業員（employee）
S…自営業者（self-employed）
スモールビジネスオーナー
（small business owner）
専門家（specialist）
B…ビッグビジネスオーナー
（big business owner）
I…投資家（investor）

の状態でなければいけない。

少しわき道にそれるが、キャッシュフロー・クワドラントについて少し付け加えておく。金持ち父さんが私に、BとIのクワドラントで起業家になるように勧めた理由の一つは、税法がこの二つのクワドラントに有利なように作られているからだ。税法はEやSのクワドラント、つまり従業員や自営業者に有利に作られてはいない。Bクワドラントでたくさんの人を雇用したり、政府が後押しするプロジェクト、たとえば低所得層のための住宅対策などに投資をするといったことを奨励するために、政府はより大きな「ごほうび」、平たく言うと「抜け道」を用意している。要するに一言で言えば、税金はクワドラントによって違うということだ。

本書では四つのクワドラントの違いを説明すると同時に、起業家が一つのクワドラントから別のクワドラントに、特にSクワドラントからBクワドラントに移る方法について詳しくお話しする。

●クワドラントの移動に必要な心構え

会社を辞める前に、あなたは自分が本気で従業員から起業家へ移りたいと思っているかどうか、見極める必要がある。この移動、あるいは「変態《メタモルフォーシス》」を成功させるためには、次に挙げるような資質や心構えを身につける必要がある。

1．考え方の基準を「安全」から「自由」に変える能力
2．お金がない状態で機能する能力
3．安全が保障されていない状態で機能する能力
4．資源ではなくチャンスに焦点を合わせる能力
5．異なる人たちを管理するために異なる管理方法を使う能力

6. 自分の思う通りにできない人や資源をうまく管理する能力
7. 昇給や昇進ではなく、チームワークや価値を大事だと考える姿勢
8. 積極的に学ぶ姿勢――起業家に卒業式はない！
9. 専門化された教育ではなく、総合的な教育
10. ビジネス全体に責任を持つ勇気

リストを見て気が付いた人もいると思うが、歴史に一番早く登場した起業家とも言うべき、農耕時代の農民たちも、農夫としてやっていくためにこれらの資質のほとんどすべてを身につけなければならなかった。農業に従事していた人の多くは、秋に収穫するために春には苗を植えなければいけなかったし、天候に恵まれるように、あるいは、害虫や病気、昆虫の被害があっても家族が長く厳しい冬を越せるだけの収穫があるように祈らなければならなかった。金持ち父さんはよくこう言っていた。「農民と同じ心構えと強靭さを持っていたら、偉大な起業家になれる」

●虹のかなたに金の壺が待っている

本書は、起業家になるまでの道のりが険しく、長い時間のかかるプロセスだという話から始まっているが、読者のみなさんにはぜひ、それと同時に、このプロセスを乗り越えて到達する虹のかなたに金の壺が待っていることを知っておいてもらいたい。子供が歩き始めたり、自転車の乗り方を学ぶ時もそうだが、どんな学習プロセスでも、最初の部分が一番大変だ。先ほどお話ししたように、私が会社を辞めて起業家としての第一歩を踏み出した日も、あまりいい日ではなかった。

あきらめずに学習プロセスにしがみついていれば、いつか世界は変わる。何度もころんだあと、歩けるようになったり自転車に乗れるようになった時に、世界が一変するように……。起業家になるのも同じだ。

私の場合、虹のかなたで待っていた金の壺は、夢にも見たことがないほど大きかった。起業家になるプロセスを経たおかげで、私は従業員のままでいたらとてもなれなかったほどの金持ちになれた。それと同時に、いくらか有名になり、世界に名を知られるようになった。従業員のままだったら、こんなふうにはなれなかっただろう。でも、何より大事なのは、私がパートナーと一緒に作り出した製品が世界中の人々の手に届き、彼らの生活を少しでもよりよいものにするのに役立っていることだ。起業家になれて一番うれしいのは、それによってより多くの人の役に立てるようになることだ。より多くの人の役に立てる――私が起業家になりたいと思った最大の理由はこれだった。

●起業家のものの見方

私の場合、起業家への道はものの見方を変えることから始まった。プエルトリコでの集まりを最後にゼロックス社を辞めたその日、私のものの見方は、貧乏父さんのものの見方から金持ち父さんのそれへと移行した。その変化の一部を次に挙げる。

1. 安全を求める　↓　自由を求める
2. 安定した給料を求める　↓　偉大なる富を求める
3. 依存に価値を見出す　↓　独立に価値を見出す
4. 他人のルールに従う　↓　自分でルールを作る
5. 命令を受ける　↓　命令を与える
6. 「それは私の仕事ではない」と言う　↓　百パーセント責任を持つ
7. 他人の会社の社風に自分を合わせる　↓　会社の社風を自分で決める
8. 世界が抱える問題について文句を言う　↓　世界を変える努力をする

9．問題を避ける　↓　問題を見つけてビジネスチャンスに変える
10．従業員の道を選ぶ　↓　起業家の道を選ぶ

●新しく台頭する「超起業家」たち

一九八九年、世界はおそらく史上最大の変化を経験した。この年、ベルリンの壁が崩壊し、インターネットが登場した。冷戦が終わり、グローバリゼーション（地球規模化）が始まったのだ。世界は壁からウェブへ、分割から統合へと移行した。

トーマス・フリードマンはベストセラーとなった著作『フラット化する世界』の中で、ベルリンの壁が崩壊しウェブが登場した時、世界は一つの「超大国」（アメリカ）、地球規模の「巨大市場」、強大な力を持つ「超個人」の存在する世界に移行したと語っている。

私の予想では、まもなく、今「大富豪」と呼ばれる起業家たちをはるかに超える富を持つ「超起業家」たちが新たに台頭する。一九八〇年代、ビル・ゲイツとマイケル・デルの二人は、時代の先端を行く若き億万長者の起業家だった。今、新たに注目を浴びている億万長者の起業家と言えば、グーグルの創業者のセルゲイ・ブリンとラリー・ペイジ、そしてフェイスブックの創業者のマーク・ザッカーバーグだ。これもまた私の予想だが、次の超起業家はおそらくアメリカからは生まれない。その理由も、壁がウェブに変化したことにある。

一九九六年、電気通信法の改正と、株式市場からの資金のおかげで、グローバル・クロッシング社などの新興通信企業が台頭した。グローバル・クロッシング社はすでに破産を申し立てているが、世界を光ファイバーで結ぶという重要な仕事を成し遂げた。光ファイバー網が完成したおかげで、インドなど遠くの国々で高い能力を持つ人たちが仕事を見つけるのに、わざわざシリコンバレーに移り住まなくてもよくなった。今ではアメリカと比べてずっと賃金の安いインドの頭脳集団が、自分の家にいながらにして働くことが可能に

なっている。

光ファイバー・ケーブルとウェブの影響を考慮した上での私の予想では、次のビル・ゲイツ、セルゲイ・ブリンはアメリカ以外の国で生まれる。もしかするとそれはインド、中国、シンガポール、アイルランド、ニュージーランド、あるいは東ヨーロッパのどこかの国かもしれない。知性、革新、テクノロジー、世界規模の「巨大市場」へのアクセスといった要素が、次の億万長者となる若き起業家を生み出す力となる。

今、多くのアメリカ人は、高給を取っている自分の仕事がアウトソーシングされたらどうしようと戦々恐々としている。アウトソーシング先はインドだけではない、世界中にいくらでもある。今は、会計士や弁護士、株式ブローカー、旅行代理店などの仕事さえも、安い海外の頭脳を使って行えるようになっている。

●高給の取れる仕事はもうない

では、今話したようなことと、「学校へ行って、高給のとれる安定した仕事を見つけるための準備をしろ」とか「がんばって働いて、会社の昇進のはしごを登れ」といった産業時代のアドバイスとは、どんな関わりがあるのだろう？　私に言わせると、このようなアドバイスは今では何の役にも立たない。従業員として働く人の多くは、何千マイルも離れたところにいる人たちと仕事を取り合うわけだから、これからどんどん仕事が減っていく。多くの労働者の賃金が最近上がっていないことは、たいていの人が気が付いている。ほかにずっと安い賃金で喜んで働こうという人がいたら、賃金は上がるわけがない。

起業家と従業員の間の大きな違いの一つは、起業家は壁からウェブへの変化に伴って起こるさまざまな変化をわくわくした気持ちで見守っている一方、多くの従業員はそれを恐怖の目で見つめていることだ。

●最後の違い

これから指摘する最後の違いは、従業員と起業家の間の給料の違いだ。スティーブ・ジョブズやウォーレン・バフェットといった、よく名の知れたＣＥＯたちは給料がとても少ない。これは、従業員として雇われているＣＥＯが給料のために働いているのに対し、起業家であるＣＥＯは給料以外の、別の種類の支払を受けるために働いているからだと考えられる。

従業員と起業家に違いがあることは誰でも知っている。本書の目的は、その違いをもっと詳しく知って、起業家になることがいい選択かどうか、会社を辞める前にあなたが決断を下す手助けをすることだ。

●恐怖に対する恐怖から解放される

私の考えでは、従業員と起業家の最大の違いは、一方が安全を求めるのに対し、もう一方が自由を求めることだ。

金持ち父さんはこう言った。「起業家として成功すれば、ごく少数の人しか知ることのない『自由』がどんなものかわかってくる。それは単にお金がたくさんあるとか、自由な時間がたくさんあるとかいうことではない。恐怖そのものに対する恐怖から解放されることだ」

「恐怖に対する恐怖から解放される?」私はそう聞き返した。

金持ち父さんはうなずき、こう続けた。「安全という言葉の陰には恐怖が隠されている。たいていの人が『いい教育を受けろ』と言うのはこのためだ。勉強や学問に対する愛情からそう言っているんじゃない。恐怖が言わせているんだ。つまり、いい仕事に就けなくなるとか、充分なお金が稼げないといったことに対する恐怖から言っている。学校で先生がどんなふうにして学生にやる気を起こさせるか、考えてごらん。先生は恐怖を鞭《むち》の代わりに使う。『勉強しなかったら落第するぞ』と学生に言う、つまり、落第することに対する恐怖を使って勉強する意欲を起こさせようとする。学校を卒業し仕事に就いたあとも、きみを後ろから押すのは恐怖だ。口に出して言うか言わないかは別として、雇い主は『仕事をきちんとしなければ首にするぞ』と従業員に吹き込む。従業員は、首になって家族が食べられなくなったら、あるいはローンが返済できなくなったら……という恐怖からせっせと働く。人が安全を強く求めるのは恐怖があるからだ。安全を求めることが問題なのは、それでは恐怖は解消されないからだ。安全は恐怖にふたをするだけで、恐怖は依然として存在する。ベッドの下に隠れてクスクス笑っているいたずら好きなお化けのようにね」

当時ハイスクールの学生だった私には、恐怖に駆られて勉強するというのがどんなものかよくわかった。「学校でぼくが勉強するのは、落第するのが恐いからという、ただそれだけの理由からです。何かを学びたいから勉強しているわけじゃありません。落第するのが恐いから、この先、決して使うことのないような科目も勉強しているんです」

金持ち父さんはまたうなずいた。「安全のために勉強するのと、自由のために勉強するのとは違う。自由のために勉強する人は、安全のために勉強する人とは違う科目を勉強する」

「何のために勉強するか、学校ではなぜそれを選ばせてくれないんですか？」私はそう聞いた。

「私にはわからない。今言ったように、安全のために勉強することが問題なのは、それで恐怖がなくなるわけではないからだ。恐怖がそこにある限り、安全だと感じるのはむずかしい。だからさらに保険を買い、自分自身を守る方法をいろいろと考える。たとえ自分は成功している、何も心配がないというふりをしていても、心の奥底では不安なんだ。安全を求める生き方で最悪なのは、多くの場合、二つの人生を生きることになる点だ。つまり、一つは実際に生きている人生。そしてもう一つは、別の選択をすればそんなふうに生きることが可能だとわかっている、『生きそこなった』人生だ。安全のために勉強することに伴う問題をいくつか今挙げたけれど、中でも最大の問題は、それでも恐怖がそこにあるということだ」

「じゃ、起業家になれば恐怖がなくなるって言うんですか？」

「もちろん、そんなことはない」。金持ち父さんはにこりとしながら言った。「怖いものが何もないなんて思うのは愚か者だけだ。恐怖はいつも存在する。何も恐くないという人は、現実を見ていない人だ。私が今言ったのは『恐怖に対する恐怖から自由になる』ということだ。つまり、恐怖を恐れる必要がなくなる、恐怖の囚人ではなくなる、恐怖に人生を支配させない……ということだ。多くの人の場合は恐怖に人生を支配されているが、起業家は、恐怖を恐れず正面から立ち向かい、それを自分のプラスになるように使う方法を学ぶ。真の起業家になれば、ビジネスがうまくいかなくてお金がなくなったからとか、毎月の請求書の支払ができなくなったからとかいった理由でやめたりせず、先に進む勇気や、はっきり物事を考えたり、学んだり、読んだり、それまで知らなかった人と話をしたり、新しいアイディアや行動を思いついたりする力が持てるようになる。自由を求める気持ちはきみに勇気を与えてくれる。つまり、安定した仕事や給料を必要とせずに何年もがんばる勇気だ。私が言っているのはそういう種類の自由、恐怖に対する恐怖からの自由だ。私たちは誰でも恐怖を持っている。違うのは、その恐怖に引きずられて安全を求めるか、それとも自由を求めるかだ。そこで従業員は安全を求め、起業家は自由を求める」

「つまり、安全を求める気持ちは恐怖の結果ということですね。じゃあ、自由を求める気持ちを起こさせるのは何なんですか?」

「勇気だよ」。金持ち父さんはまたにこりとした。「勇気(courage)という言葉はフランス語の心(cœur)という言葉から来ている」。金持ち父さんは一瞬黙ってから、次のように言って話を終えた。「起業家になる道を選ぶか、従業員になる道を選ぶか、その答えはきみの心の中にある」

●命より自由が大事

ピーター・フォンダ、デニス・ホッパー、ジャック・ニコルソン主演の古典的名作『イージー・ライダー』は、私が大好きな映画の一つだ。この映画の中に、ジャック・ニコルソンが殺される直前、デニス・ホッパーと自由について話す次のようなシーンがある。その一部を引用して本書の「はじめに」を終えるのは、なかなか理にかなっているように私には思える。というのは、私が起業家になる道を選んだ理由がそこに描かれているからだ。私は自由になるためにこの道を選んだ。私にとって、自由は命そのものより大事だ。

このシーンで、保守的な街の人たちにからかわれ、脅され、街から追い出された三人の若者は、ほかに行くあてもなく湿原で野宿をしている。

デニス・ホッパー「やつらは恐いのさ」
ジャック・ニコルソン「おまえたちを恐がってるわけじゃない。おまえたちが象徴しているもの、やつらに見せているものが恐いんだ」
デニス「冗談じゃない。おれたちがやつらに見せているのは、目障りな長髪くらいじゃないか」
ジャック「いいや。おまえたちが見せているのは自由さ」
デニス「一体自由のどこが悪いんだ。一番大事なことじゃないか」
ジャック「ああ、何も悪くない。でも、自由について話すのと自由でいるのとは別なんだ。つまり、金《かね》で買われたり売られたりしているうちは、自由になるのはとてもむずかしい。もちろん、『おまえらは自由じゃない』なんて誰にも言っちゃだめだ。そんなことを言ったら、やつらは自分が自由だってことを証明するためにやっきになって、人を殺したり傷つけたりしかねないからな。ああ、そうさ、やつらは個人の自由についていくらでもしゃべる。でも、自由なやつを見ると恐くてしかたなくなるんだ」
デニス「でも恐くて逃げ出すわけじゃないってことだ」
ジャック「ああ……危ない人間になるのさ」

このシーンのすぐあと、三人は昔ながらの価値観を持つ街の男たちに襲われ、なぐられて、ニコルソンが演じる若者は死ぬ。残された二人はその後もオートバイで旅を続けるが、最後には、この時の襲撃者と同じような昔かたぎの男たちに殺される。
この映画から何を得るかは見る人によって違うと思うが、私には、自由であるために必要な勇気を描いた映画のように思える。つまり、自分自身でいる自由、起業家でも従業員でもいい、ありのままの自分でいることの自由について、この映画は語っているように思う。

自由を求めるあなたに本書を捧げたい。

金持ち父さんの起業家レッスン

その一　成功するビジネスはビジネスができる前に作られる

第一章……

従業員と起業家はどこが違う?

私が子供の頃、貧乏父さんはよくこう言った。「学校へ行っていい成績をとり、年金や給付金がしっかりもらえるようないい仕事に就けるようにしろ」。つまり、貧乏父さんは私に従業員になることを勧めていた。一方、金持ち父さんはよくこう言っていた。「自分のビジネスを起こし、優秀な人を雇えるようになるために学べ」。金持ち父さんが私に勧めていたのは起業家になることだった。

ある日、私は金持ち父さんに、従業員と起業家の違いは何かと聞いた。金持ち父さんはこう答えた。「従業員はビジネスがすでにある状態で仕事を探す。起業家の仕事はビジネスができる前に始まる」

●失敗率は九十九パーセント

統計によると、新しく起こされたビジネスのうち九十パーセントは最初の五年以内に失敗する。また、これも統計によると、生き延びた十パーセントのうちのさらに九十パーセントは次の五年以内に失敗する。つまり、新しく起こされたビジネスの約九十九パーセントは十年以内に失敗する。なぜだろう? 理由はたくさんあるが、特に大きなものとして次のようなことが挙げられる。

1. 学校で行われている教育が、仕事やビジネスを新たに作り出す起業家になるためではなく、仕事を探す従業員になるための訓練だから。

2. 優秀な従業員になるために必要なスキル(技能)と、すぐれた起業家になるために必要なスキルが異なるから。

3. 本当のビジネスを作れない起業家が多いから。多くの起業家は自分の「働き口」を作り出すためにせっせと働き、ビジネスオーナーではなく自営業者になってしまう。

4. 従業員よりも安い給料で長時間働く起業家が多いから。そのため、疲れ果ててやめてしまう。

5. 実社会でのビジネスの経験も、資本も充分に持たずにビジネスを始める起業家が多いから。

6. すばらしい製品やサービスを提供できても、その商品を中心にビジネスを起こし、成功させるだけのビジネススキルを持っていない起業家が多いから。

●成功のための基礎を築く

金持ち父さんはこう言った。「ビジネスを始めるのは、パラシュートなしで飛行機から飛び降りるようなものだ。起業家は空中に飛び出してからパラシュートを作り始め、充分な高さでそれがきちんと開いてくれるよう願う。パラシュートができあがる前に地面に激突してしまったら、また飛行機に乗ってやり直すのはなかなかむずかしい」

金持ち父さんシリーズのほかの本を読んだことのある読者はご存知だと思うが、私はパラシュートを作るのが間に合わなかった経験が何度もある。でも、ありがたいことに、地面にぶつかってもぺしゃんこにはならず、ボールのように跳ね返った。本書では私のそんな経験をみなさんにお伝えしたいと思う。私の失敗や成功は、たいていはそれほど大きなものではなかったから、失敗して地面にぶつかり、跳ね返ってもそれほど痛くはなかった。でも、それも、ベルクロ（マジックテープ）を使ったナイロン製財布の製造会社を作るまでの話だった。これについては、あとで詳しくお話しするが、この時私はたくさん間違いを犯し、そこから多くを学んだ。財布ビジネスは成功の度合いも桁外れだったが、落下のショックも激しく、その猛烈な跳ね返りから回復するには一年かかった。でも今思えば、あれは私にとって人生で最良のビジネス経験だった。

失敗から立ち上がる過程で、ビジネスと自分自身について計り知れないほど多くを学んだ。

サーファー用のナイロン製財布のビジネスであれほど大変な思いをした原因の一つは、小さなことに充分な注意を払わなかったからだ。

「大きなものが倒れれば衝撃もそれだけ大きい」と昔から言われるが、それはある意味であたっている。私たちが始めた小さな財布ビジネスはあっという間に大きくなり、三人の起業家たちの手に負えなくなった。私たちはビジネスではなくフランケンシュタインのような怪物を作り出していたのに、そのことに気付いていなかった。言い換えれば、成功が急に訪れたために失敗がどんどん加速されていった。一番問題だったのは、失敗しつつあることに気付いていなかったことだ。私たちは成功していると信じていた。金持ちになったと信じ、自分たちは天才だと思っていた。だから、特許弁護士などの専門家にアドバイスも求めることも、その話に耳を傾けることもしなかった。

成功に浮かれた二十代後半から三十代はじめの若き起業家三人は、ビジネスのことは忘れて毎日パーティーに明け暮れた。実際、私たちは「ビジネスを作り上げた」と思い込んでいた。自分たちは起業家だと思っていたし、成功したとも思っていた。あちこちで自慢話をし始め、シャンパンを開けた。高速スポーツカーに手を出すにもそれほど時間はかからなかったし、デートの相手は車のスピードより速くころころと変わった。成功とお金が私たちの目を見えなくさせていた。ダムの壁に何本もひびが入り始めていたのに、私たちにはそれが見えなかった。

そして、とうとうダムが決壊した。トランプで作った城が私たちのまわりでパタパタと崩れ始めた。パラシュートは開かなかったのだ。

●大きすぎた成功とおそまつな計画

起業家としての私の愚かな失敗についてお話しする理由は、ビジネスをつぶすのは「成功の不足」だと思っている人が多いからだ。確かに多くの場合、それはあたっているが、その逆の場合もある。サーファー用財布のビジネスの失敗が私にとって貴重な体験となったのは、起業家として歩き始めてから早い時期に、大きすぎる成功もビジネスを失敗に導くことがあると教えてくれたからだ。ここで私が言いたいのは、しっかりした計画を立てないまま始められたビジネスは、最初成功したとしても、結局失敗する可能性があるということだ。

しっかり計画を立てないまま始められたビジネスでも、起業家が固い決意を唯一の頼りに懸命に働き続ける限り、生き延びる可能性がある。つまり、重労働でおそまつな計画をカバーして、ビジネスを持ちこたえさせることもできる。世の中には、決意だけを頼りにせっせと働いて、欠陥だらけのビジネスを粘着テープと梱包用ワイヤーでつなぎ合わせ、何とか持ちこたえさせているスモールビジネスの起業家が大勢いる。

世界中どこでも、起業家たちは朝、家族に「行ってきます」と声をかけ、我が砦とも言うべき自分の会社に出かける。彼らの多くは、自分がもっと一生懸命に長い時間働けば、どんな問題も解決できると信じて仕事に行く。毎日彼らに降りかかる問題とは――売上の不足、従業員からの不満、無能なアドバイザーたち、ビジネスを拡大するためのキャッシュフローの不足、原料費や保険料、家賃などの値上げ、法律の改正、役所による立ち入り検査、増税、未納の税金、顧客からのクレーム、未払いの顧客など。それに、一日の時間が足りないという根本的問題もある。多くの起業家たちは、自分のビジネスが直面している問題が今始まったのではなく、ビジネスを始めるずっと前に、すでに始まっていたことに気付かないでいる。

スモールビジネスが失敗する確率が高い主な理由の一つは、要するに疲れ果ててしまうことだ。お金を生み出さないような活動、あるいは生み出したとしてもそれ以上の費用がかかるような活動に多くの時間をとられていたら、きちんとお金を稼いでビジネスを継続させるのはむずかしい。ビジネスを始めようと思っている人は、今勤めている会社を辞める前に先輩の起業家をつかまえて、ビジネスを維持するには必要だが収入を生まないような活動にどれくらい時間を費やしているか聞いてみるといい。また、避けがたいその問題にどう取り組んでいるか聞いてみるのもいいだろう。

私の友人の一人はこんなことを言っていた。「会社の面倒を見るのに手一杯で、お金を稼ぐ時間がない」

●長時間せっせと働けば必ず成功するか？

友人の一人は、ホノルルの大銀行で高給を取っていたが、会社を辞め、街の工業地区にランチ専門の小さなレストランを開いた。一国一城の主となり、自分のやりたいことをやるというのが長年の夢だった。銀行では貸付係をしていたので、顧客で一番の金持ちは起業家だということはよく知っていて、自分もそれにあやかりたいと思っていた。そこで、勤めを辞めて夢を実現させることにしたのだ。

毎朝、彼と彼の母親は四時に起き、昼休みに殺到する客のために料理を準備した。おいしくて量もたっぷりのランチを安い値段で提供するために二人は身を粉にして働き、できるだけ節約して費用を切り詰めた。私は何年間か、よくそこにランチを食べに行き、ついでに二人が元気でやっているか確かめた。二人はとても幸せそうだった。いい客が来てくれると喜んでいたし、仕事自体も楽しんでいた。「いつか店を大きくするんだ」。友人はそう言った。「いつかきっと、人を雇って、大変な仕事をぼくらの代わりにやってもらうんだ」。残念ながら、その「いつか」は永遠に訪れなかった。母親が亡くなるとレストランを閉めて、友人はファーストフードのフランチャイズレストランの雇われ店長になった。また従業員に逆戻りだ。最後に会った時、彼は私にこう言った。「給料はそんなによくないが、少なくとも時間的には前よりましだ」。この友人の場合、パラシュートは開かなかった。しっかりしたビジネスを築く前に、地面に墜落してしまったのだ。

ここまで読んで、「少なくともやってみたんだからいいじゃないか」とか、「運が悪かっただけだ。母親が生きていれば、今頃は店を大きくしてばりばり稼いでいたに違いない」「まじめに一生懸命働いている人のことを悪く言うなんてひどい」などと思った人がいるかもしれない。私だって同じ思いだ。私がこの話を取り上げたのは、彼のような人たちを非難するためではない。私は友人やそのお母さんと血のつながりは何もないが、二人のことは本当に好きだった。二人が仕事を楽しんでいたことも知っている。でも、あんなに毎日せっせと働いても生活が楽にならなかったことを思うと胸が痛む。私がこの話をしたのは、先ほどから繰り返し指摘していることを、もっとよくわかってもらうためだ。二人のビジネスは、ビジネスができる前にすでに失敗し始めていた。会社を辞める前に立てた計画がおそまつだったのだ。

●あなたは起業家向きか？

長時間せっせと働くことや、うまくいかなければ失敗するし、たとえうまくいってもなお失敗する可能性があること、あるいは、パラシュートをつけずに飛行機から飛び出して地面に叩きつけられてまた跳ね返るといった話を聞いて、恐ろしいと思う人は、もしかしたら起業家向きではないかもしれない。

反対に、こういった話を聞いて、おもしろそうだと思ったり、チャレンジ精神をかき立てられてやる気になる人は、起業家に向いているかもしれない。ぜひ、この先を読んで欲しい。本書を読み終えれば、少なくとも、起業家として成功するために何が必要か、今よりよくわかるようになるだろう。また、あなたがたとえその場にいなくても成長を続けるビジネスを計画し、作り出す方法についても、もっとよくわかるようになるだろう。そのビジネスが成功すれば、もしかしたら、思いもよらないほどの大金持ちになれるかもしれない！　パラシュートをつけずに飛行機から飛び降りるからには、万が一うまくいった場合のご褒美《ほうび》は大きいに越したことはない。

起業家の仕事は、ビジネスや従業員が存在する前に始まる。つまり、将来大きく成長し、たくさんの人を雇い、顧客に付加価値のある商品を提供し、会社としての責任を果たし、そのビジネスのために働くすべての人を豊かにし、社会に利益を還元し、そして最終的には起業家本人を必要としなくなるようなビジネスの計画を立てるのが起業家の仕事だ。起業家はビジネスを始める「前に」、そういったことが可能なビジネスの計画を自分の頭の中で立てる。金持ち父さんに言わせると、これこそが真の起業家の仕事だ。

●失敗は成功のもと

私はビジネスに失敗して落ち込んだことが何度もあるが、そんなある時、金持ち父さんのところへ行ってこう聞いた。「ぼくはどこが間違っていたんですか？　きちんと計画を立てたと思っていましたが」

「実際はきちんと立てていなかったってことさ」。金持ち父さんは口元に笑いを浮かべてそう言った。

「一体、何度これを繰り返さなくちゃいけないんですか？　こんなに失敗ばかりしているのは、ぼくだけですよ」

金持ち父さんはこう答えた。「敗者は失敗するとそこでやめてしまう。勝者は成功するまで失敗を繰り返す」。そして、机の上に載っていた書類をしばらくいじったあと、目を上げて私の方を見てこう言った。「世の中にはいつか起業家になりたいと思っている人がたくさんいる。彼らは大きな机の向こう側に座り、副社長や支店長、主任といった仰々しい肩書きを持っている。そればかりじゃない。かなりの給料を家に持って帰っている。こういった起業家志望者の夢は、いつか自分でビジネス帝国を作り上げることだ。確かにいつか本当にそうする人もいるかもしれない。でも、私が思うに、ほとんどの人はそんな思い切ったことは永遠にしない。『子供が大きくなったら』とか『まず学校に戻ってから』『充分なお金が貯まってから』といった言いわけや、もっともらしい理由を並べ続けるだけだ」

「そうするだけで、決して飛行機から飛び降りない」。金持ち父さんの言いたいことを察して、私がそう続けると、金持ち父さんはうなずいた。

金持ち父さんはさらに、世の中にはいろいろな種類の起業家がいると説明を続けた。ビッグビジネスを目指す起業家もいれば、スモールビジネスを目指す起業家もいるし、金持ちもいればそうでない人も、正直な人もいればずるい人も、利益を優先する人もいればそうでない人も、聖者のような人もいれば罪深い人も、小さな町だけで仕事をする人もいれば国際的に活躍する人も、成功する人もいれば失敗する人もいる。

金持ち父さんはこう言った。「起業家という言葉は意味する範囲が広く、人によって意味することが違う」

●どんな種類の起業家になりたいか?

「はじめに」で紹介したキャッシュフロー・クワドラントは、ビジネスの世界を構成する人に四つの異なるタイプがあることを示している（図②）。この四つのタイプに属する人たちは、たいていの場合、技術的にも、感情的にも、また精神的にも大きく異なる。

たとえば、従業員なら、雇われ社長であれビルの管理人であれ、みんな同じことを言う。「社会保険制度がしっかりしていて、安心できる、安定した仕事を探している」と言う人がいたら、それはEクワドラントの人だ。キーワードは「安心」や「安定」といった言葉だ。多くの場合、恐怖という感情が彼らをこのクワドラントに閉じ込めている。こういう人がクワドラントを変えたいと思ったら、技術や技能の点で新たにたくさんのことを学ばなくてはならないが、感情面で克服すべき課題も多い。

「何かきちんとやりたかったら、自分でやるのがいい」といったことを言う人は、Sクワドラントの人かもしれない。彼らが克服すべき課題は、ほかの人が自分よりいい仕事ができると信じて、任せられるようにな

②キャッシュフロー・クワドラントは四つの異なる考え方を表す

E…従業員（employee）
S…自営業者（self-employed）
スモールビジネスオーナー
（small business owner）
専門家（specialist）
B…ビッグビジネスオーナー
（big business owner）
I…投資家（investor）

ることだ。彼らはそれが信じられないことが原因で、いつまでも小さい世界に留まっていることが多い。なぜなら、ほかの人を信じて仕事を任せていかないと、ビジネスを成長させるのはむずかしいからだ。Sクワドラントの人が成長したいと思ったら、パートナーシップを利用するのがいい。パートナーシップはたいてい、同じ仕事をするためにSクワドラントの人が何人か集まって作られる。

Bクワドラントの人はいつも、いい人材といいビジネスを探している。必ずしも自分で仕事をしたいわけではなく、仕事をやってくれるビジネスを立ち上げたいと思っている。真のBクワドラントの起業家は自分が起こしたビジネスを世界中に広げることができる。一方、Sクワドラントの起業家はたいてい小さな範囲に活動が制限されている。つまり、自分でコントロールできる範囲でしか活動しない（もちろん、どんなことにも例外はあるが）。

Iクワドラントの投資家は、自分のお金の面倒を見て増やしてくれるような優秀なSやBを探している。

金持ち父さんは自分の息子と私に、起業家になるための教育を与えてくれたが、その中で教えてくれたのは、将来Bクワドラントで成功する可能性を持ったビジネスを、まずSクワドラントで成功させることだった。この本はそのことについて書かれている。

起業家になるための教育の中で、金持ち父さんは私たちに、世の中へ出てできるだけいろいろな種類のビジネスを学ぶようにと言って励ました。金持ち父さんはこう言った。「いろいろな種類のビジネスや起業家について知らなかったら、起業家として自分自身のビジネスの計画を立てられるわけがない」

●自営業の起業家

多くの起業家は「ビジネスオーナー」ではなく、「自営の起業家」だ。つまり、ビジネスを所有しているのではなく、単に仕事を所有しているにすぎない。金持ち父さんはそのことを強調した。「自分の名前とビジネスの名前が同じだったら、おそらくきみは自営業者だ。きみが働くのをやめたら収入もストップする。

顧客が会いにくるのはきみだし、何か問題があれば従業員はきみのところへ電話をかけてくる。そのビジネスの中で一番頭がいい人、一番才能がある人、一番教育を受けている人がきみだという場合も、きみは自営業者である可能性が強い」

金持ち父さんは何も自営業が悪いと言っていたわけではない。ただ、ビジネスを所有する起業家と、仕事を所有する起業家との違いを私たちにわからせたかったのだ。コンサルタントやミュージシャン、俳優、クリーニング店やレストラン、小さな小売店のオーナー、そのほかスモールビジネスに関わる大部分の人は、ビジネスを所有するのではなく、仕事を所有している。つまり、Sクワドラントに属している。

自営業の起業家とビッグビジネスの起業家との違いについて金持ち父さんが言いたかったのは、自営業の起業家が始めたビジネスをビッグビジネスに成長させるのは、たいていの場合、大仕事だということだ。つまり、SクワドラントからBクワドラントに移動するのは大きなチャレンジだ。その理由も先ほどと同じで、ビジネスを始める前の計画に問題がある。充分に計画を練っていないビジネスは、始める前にすでに失敗を約束されているようなものだ。

金持ち父さん自身、はじめはSクワドラントの自営業の起業家としてスタートを切った。でも、頭の中では最初からとても大きなビジネスの設計図を描いていた。それは、自分よりもずっと頭のいい人たち、ずっと有能な人たちに運営させるビジネスだ。金持ち父さんは、実際にビジネスを始める前から、将来SクワドラントからBクワドラントのビジネスへと成長できるようなビジネスプランを立てていた。

●特殊な技術を持つ専門家のビジネス

金持ち父さんはまた、医者、弁護士、会計士、建築士、鉛管工、電気工といった特殊な技術を持つ専門家は、その特殊技術、つまり特殊な仕事を商品として、自営型のビジネスを始めることが多いと説明してくれた。これらの職業、仕事の多くは政府が発行する「免許」を必要とする。

このグループにはセールスのプロたちも含まれる。不動産や保険、有価証券などを売る営業マンの多くは独立したコンサルタントで、きちんとした免許を持っている。このタイプの人たちは、理論的に言って自営業の起業家だ。個人で仕事を引き受ける請負人と言ってもいい。

この種のビジネスで問題なのは、ビジネスを所有する本人以外にビジネスの実体がないから、事実上それ以外に売るものがないことだ。多くの場合、そこには資産と呼べるものは何もない。ビジネスオーナー自身が唯一の資産だ。たとえそれが売れたとしても、Bクワドラントのビジネスで可能な、「一足す一は三」のような付加的な見返りが得られることはまずない。ビジネスの成功を継続するためには、自分自身がそこに留まり続けるしかない。彼らはオーナーではあっても、本質的には、自分という商品を買ってくれる買い手のために働く従業員であるのと同じだ。

金持ち父さんにとっては、一生懸命働いているのに資産が築けないというのはまったく意味のないことだった。金持ち父さんが自分の息子と私に、従業員になりたいと思わないようにアドバイスしたのはそれだからだ。金持ち父さんはこう言った。「何も築けないのになぜ一生懸命働くんだ?」

このタイプの起業家でも、ビジネスとして価値のある資産、つまりいつか売ることのできる資産を作ることは可能だ。本書ではこの方法についてもあとでふれたいと思う。

●家族だけで経営するビジネス

起業家の中でとても多いのが、家族だけでやるビジネスを起こす人だ。実際、スモールビジネスの多くがこのタイプのビジネスで、アメリカでは「Mom and Pop（母ちゃん父ちゃん）ビジネス」とよく呼ばれる。例えば、私の母方の祖母は小さなコンビニエンスストアをやっていたが、家族で切り盛りしていた。

このタイプのビジネスで成長の妨げとなるのは、「身内びいき」だ。家族経営ビジネスの起業家の多くは、たとえ能力がなくても「血は水より濃い」からと、自分の子供を責任のある地位につける。でも、たいていの場合、子供は親がそのビジネスに対して持っているほどの情熱は持っていなかったり、ビジネスを引っ張っていくだけの起業家精神に欠けていたりする。

●フランチャイズビジネス

マクドナルドのようなフランチャイズビジネスは、理論的には、オーナーになったその瞬間から経営可能なシステムだ。フランチャイズ権を売る「フランチャイザー」は、ビジネスを始める時の創造的な段階や発展的な段階を踏みたくないという人に、すでにできあがったビジネスを売る。つまり、それを買う人はいわば「インスタント起業家」だ。フランチャイズの利点の一つは、ゼロからビジネスを始める場合より銀行からお金が借りやすいことだ。銀行は、そのフランチャイズ店の成功例がたくさんあると安心する。また、大部分のフランチャイザーが新規参加者に提供している経営指導プログラムも、銀行は高く評価する。

名の通ったフランチャイズビジネスで一番問題なのは、一般に新米起業家が手を出すには値段が高く、決まり事が多くて融通が利かないことだ。フランチャイズはいろいろな形態のビジネスの中でも、特に法律面での問題が起こりがちで、法廷に持ち込まれることも多い。フランチャイズにまつわる争いは、ビジネスの世界でも最も熾烈《しれつ》な争いになることがよくある。

いろいろな例を見ると、争いがよく起こるのは、フランチャイズビジネスを買った人が、そのビジネスシステムを作り上げたフランチャイザーが望むやり方で経営したくないという場合のようだ。また、店がうまくいかなかった場合、オーナーがその責任をフランチャイザーのせいにしたがるのも大きな理由の一つだ。すべてに関してフランチャイザーの指示通りにやる気がなかったら、自分でビジネスの設計図を作り、ゼロから組み立てて起業するのが一番いい。

●ネットワークビジネスと直販

今、ビジネスモデルの中でネットワークビジネスと直販ビジネス（ダイレクトセールス）が世界で一番急成長していると考える人は多い。この二つはまた、最も異論の多いビジネスでもある。多くの人はまだこのような形のビジネスに対して否定的な考えを持っている。ネットワークビジネスの多くは「ねずみ講」だというのが彼らの主張だ。でも、実際のところ、一人の人間の下にすべての労働者が階層をなして連なっている昔ながらの大企業こそ、ねずみ講方式をとっている世界最大の組織だと言える。

起業家になりたいと思う人は誰でも、ネットワークビジネスについて勉強するといいと思う。フォーチュン500に名を連ねる大企業のいくつかは、ネットワークマーケティング、あるいは直販システムを使って製品を流通させている。

私は特定のネットワークビジネスや直販ビジネスと関わりは持っていないが、このような形のビジネスに対して肯定的な見方をしている。起業家になりたい人は、会社を辞める前に、この種のビジネスをやってみるといいと思う。その理由は、この業界の企業の多くが、ほかでは決して学べないようなセールスやビジネス構築、リーダーシップに関するスキルを提供してくれるからだ。信頼のおける組織を選んでこのようなビジネスに参加した場合の最大の利点は、起業家になるために必要な考え方だけでなく、勇気も与えてくれることだ。それに、成功するビジネスを立ち上げるのに必要なシステムについても、よくわかるようになる。一般に参加費用は手ごろで、そこで学べることはお金には代えられないほど貴重だ（このタイプのビジネスの持つ教育的価値についてもっと詳しく知りたい人は『金持ち父さんのビジネススクール』や『金持ち父さんの21世紀のビジネス』を読んでほしい）。

起業家としての人生をもう一度やり直すとしたら、私はまずネットワークビジネスか直販ビジネスをやってみるだろう。お金を儲けるためではない。実社会でのビジネス訓練を受けるためだ。これらのビジネスに参加すれば、金持ち父さんが私に与えてくれたのと同じ種類の訓練が受けられると思う。

●合法的な泥棒と創造的な起業家

金持ち父さんが息子のマイクと私にしてくれた話の中には、もっとおもしろい話もあった。その一つは、ほかの起業家から盗みをする起業家の話だ。金持ち父さんはその例として、ある会計事務所で働いていた一人の会計士の話をしてくれた。その会計士は勤めていた事務所を辞めて、自分で新しい事務所を始めたが、その時、前の事務所で自分が扱っていた顧客をみんな自分の顧客にしてしまった。つまり、古巣をあとにする時、ビジネスの一部を一緒に持っていってしまったのだ。金持ち父さんはこう言った。「これは法律には違反していないかもしれないが、泥棒であることに変わりはない」。確かにこれも一つのビジネスの設計図かもしれないが、金持ち父さんがマイクと私になって欲しいと思っていた起業家とはまったく違うタイプの起業家が起こすビジネスだ。

金持ち父さんが私たちになって欲しいと思っていた起業家は、トーマス・エジソンやウォルト・ディズニー、スティーブ・ジョブズのような創造的な起業家だ。金持ち父さんはこう言った。「小さな起業家になるのは簡単だ。たとえば夫婦でサンドイッチの店を始めたりしてね。それに、鉛管工や歯医者になって、専門的技術を売る起業家になるのも比較的簡単だ。また、競争的な起業家になるのも簡単だ。競争的な起業家というのは、いいアイディアを見つけたらそれをまねして、もともとそのアイディアを思いついた起業家と競争する起業家だ」。私がベルクロを使ったナイロン製財布を思いついて作り始めた時に起こったのがまさにこれだった。私がパートナーたちと始めた会社が市場を開拓し、この新しい製品が一般に知られるようになると、すぐに競争相手がどこからともなく現れて、私たちの小さな会社はつぶされた。もちろん、会社が失敗したのを競争相手のせいにすることはできない。私が責めることができるのは自分だけだ。その理由も前と同じで、実際にビジネスに乗り出す前にきちんとした設計図を描かなかったのがいけなかったのだ。

あの時、確かに私は大きな打撃を受けたが、金持ち父さんは喜んでいた。それは、私が競争的な起業家ではなく創造的な起業家になることを学んでいると知っていたからだ。金持ち父さんはこう言った。「起業家の中には創造することによって勝つ人もいる。また、まねをして競争することによって勝つ人もいる」。また、こうも言った。「起業家の中で一番リスクが高いのは創造的な起業家だ。彼らは革新者とも呼ばれる」

「なぜ創造的な起業家が一番リスクが高いんですか？」私はそう聞いた。

「創造的であるということは、多くの場合、開拓者であることを意味するからだ。すでに成功していて実績のある製品をまねるのは簡単だしリスクも少ない。独自のものを始める、作り出す、あるいは発明することを学んだきみは、人まねによって勝利を手にする起業家ではなく、新しい価値を作り出す起業家だ」

●株式を公開する

規模の大小にかかわらず、世の中に存在するビジネスの大部分は「非公開」会社だ。つまり、ごく限られた数の人間によって所有されていて、所有権を株式の形で一般大衆が手に入れることはできない。

一方、「公開」会社は株式を公の場で売っている会社、つまり株式公開会社だ。株式ブローカーをはじめ、正式な資格を持った証券取引の専門家がその株の売買を扱う。株式公開会社の株はニューヨーク証券取引所などの株式市場で売られ、会社は非公開会社よりも厳しい規則のもとに企業活動を行う。

金持ち父さん自身は株式公開会社は起こさなかったが、起業家としての成長過程の一環として、一つは起こしてみるようにマイクと私に勧めた。一九九七年、リッチダッド・カンパニーの創業と同時に、私はほかの三つの株式公開会社に投資家として関わった。三つの会社はそれぞれ、石油、金、銀を探し当てるために作られた会社だった。石油会社は油田を掘り当てたにもかかわらず失敗した。この時の顚末もいつかお話しする時がくるかもしれない。一方、金と銀の会社はかなりの量の資源を探し当てたので、石油会社の失敗を差し引いても、投資家にはかなりのお金が入った。

株式公開会社の創設に関わるのはすばらしい経験だった。金持ち父さんが言っていたように、私はそのプロセスから多くを学び、よりよい起業家になることができた。中でもよくわかったのは、株式公開会社に対する規則がそうでない会社に対する規則よりもずっと厳しいということだ。また、株式公開会社が実のところ、二人の異なる「顧客」のために働く二つの異なる会社であることも知った。二人の異なる顧客とは、実際に物やサービスを提供する顧客と、株式を買ってもらう投資家だ。株式公開会社はそれと同時に、二人のボスのために働いている。つまり、取締役会と、政府の証券取締機関（この一例が証券取締委員会）だ。それから、会計基準や報告基準もそうでない会社より厳しいこともよくわかった。

私が起業家として歩き始めた時、金持ち父さんはこう言った。「多くの起業家の夢は、自分が作った会社が株式市場に上場されることだ」。そうは言うものの、最近のアメリカでは、エンロンやアーサー・アンダーセン、ワールドコム、マーサ・スチュワートなどの不祥事のあと、規則が厳しくなり、満たすべき要件がさらに複雑に、より多くの費用がかかるようになっている。政府も株式公開会社に対する監視の目を光らせているから、株式公開会社を起こすことは、思っていたほど楽しいものではなくなってしまった。

私はこれまでに多くのことを学び、自分自身も含めて投資家たちにたくさんのお金を儲けさせてきた。起業家として成長もしたと思うし、株式公開会社の作り方も学び、その学習プロセスを踏んだことには満足している。でも、もう一度株式公開会社を作る気があるかと聞かれたら、「ない」と答える。株式公開会社は、私とは違うタイプの起業家向きのビジネスだ。私の場合は、小規模でオーナーの人数が限定された非公開のビジネスの方がお金を儲けられるし、楽しみも大きい。

●誰でも起業家になれる

金持ち父さんは、誰でも起業家になれることをマイクと私にわからせたいと思っていた。起業家になるのはそれほど特別なことではない。金持ち父さんは、それが偉いことだと私たちが勘違いしないように願っていた。起業家として成功した時、ほかの人を見下したり、ほかの人より偉いと思ったりしないようにと願っていたのだ。

金持ち父さんはこう言った。「誰でも起業家になれる。きみたちの家の近所のベビーシッターも起業家だ。フォード・モーター社の創業者ヘンリー・フォードもそうだった。やる気さえあれば誰でも起業家になれる。だから、起業家が特別な人間だとか、ほかの人より偉いなどと思わないようにしろ。きみたちがやるべきことは、自分がどのタイプの起業家になりたいか見極めることだ。つまり、ベビーシッターのような起業家になりたいか、あるいはヘンリー・フォードのような起業家になりたいかを決めることだ。どちらの起業家も、価値のある製品やサービスを提供している。顧客にとってはどちらの起業家も大事だ。とは言っても、その活動の場はまったく違う。起業家としての仕事の守備範囲がまったく違うんだ。いろいろなタイプの起業家の違いをフットボールにたとえるなら、空き地で仲間とお遊びでやるフットボールとハイスクールのフットボール、大学のフットボール、プロのフットボールなどの違いと言っていいだろう」

アメリカンフットボールを例にした説明を聞くと、金持ち父さんの言いたいことがよくわかった。ニューヨークの大学に通っていた頃、フットボールチームに所属していた私は、ある時、数人のプロのフットボール選手と一緒に練習する機会に恵まれた。それはある意味でとても屈辱的な経験だった。練習を始めるとすぐに、大学のフットボールチームの選手たちは、自分たちがやっているゲームは確かにプロの選手がやっているゲームと同じだが、まったくレベルが違うことに気が付いた。

ラインバッカーだった私が、最初に手荒く目を覚まさせられたのは、ラインを越えて突っ込んできたニューヨーク・ジェッツのランニングバックにタックルをかけようとした時だった。相手の選手はおそらく、私がぶつかったことさえ気が付かなかっただろう。彼は私の身体を楽々と乗り越えて走り去った。まるで突っ込んでくるサイにタックルしたかのようだった。相手には何の打撃も与えられなかったが、私は確実に打撃を受けた。二人の身体の大きさはあまり変わらなかったが、タックルを試みたあと、私はその違いが物理的なものではないことに気付いた。それは精神的な違いだった。プロの選手には偉大なフットボールプレーヤーにふさわしい情熱と願望、そして持って生まれた才能があった。

あの日、私が学んだ教えは、確かに私たちは同じゲームをしていたが、まったく違うレベルでやっていたということだ。ビジネスの世界や起業家たちのゲームでも同じことが言える。私たちは誰でも起業家になれる。起業家になること自体はそんなに大したことではない。ビジネスの設計図を描く時、自分に聞くべきことはもっとほかにある。それは、「私はどのレベルでこのゲームをやりたいのか?」ということだ。

年齢を重ね、以前より少しは賢くなった今の私は、自分がトーマス・エジソン、ヘンリー・フォード、スティーブ・ジョブズ、ウォルト・ディズニーといった偉大な起業家と肩を並べられるようになるなどという幻想は持っていない。でも、彼らから学び、彼らを手本、あるいは「よき師」とすることはできる。

ここで、最初に挙げた「金持ち父さんの起業家レッスン　その一」を思い出そう。それは「成功するビジネスはビジネスができる前に作られる」という教えだ。起業家にとって一番大事な仕事は、ビジネスを起こす前にしっかりとした設計図を描くことだ。

●ビジネスの設計図を描く

新たに起業家になろうという人の多くは、ある製品、あるいは、たった一つのビジネスチャンスが自分を金持ちにしてくれると信じて、胸を躍らせている。困ったことに、彼らの多くは、製品やビジネスチャンスそのものに焦点を合わせるばかりで、それらをもとにしたビジネスの設計図を描くのに充分な時間を投資しない。

会社を辞める前に、起業家の生き方とはどんなものか、また、これまでさまざまな起業家が作り出してきたビジネスにどんなものがあるか調べてみよう。起業の経験がある人を探して、よき師となってもらうのもいいだろう。起業家としてではなく、従業員としてのビジネス経験しかない人からビジネスに関するアドバイスを受けようとする人がよくいるが、それはあまり役に立たない。

この先で「B－Iトライアングル」を紹介するが、これはビジネスを作り出すのに必要な要素の全体像を示す図だ。この考え方は、規模の大きさ、フランチャイズか個人経営か、家族経営か株式公開会社かといった違いには関係なく、どんなビジネスにも応用できる。ビジネスを構成するさまざまな要素が理解できれば、ビジネスの設計図を描いたり、いいビジネスと悪いビジネスを見分けたりするのがより簡単になる。

私たちは起業家になりたいという人に、昼間の仕事を続けながらパートタイムのビジネスを始めることをいつも勧める。これはお金を稼ぐためではなく、経験を積むためだ。たとえパートタイムのビジネスから一銭もお金が入らなかったとしても、お金よりもずっと大事なものが得られる。それは実社会での経験だ。ビジネスについてだけでなく、自分自身についてもとても多くのことが学べるはずだ。

金持ち父さんの起業家レッスン

その二　不運を幸運に変える方法を身につける

皮肉なことに、人間の頭をよくするものは、同時に頭を悪くもする。

つまり、人間は間違いから学ぶ。

第二章……へまをすればするほど金持ちになる

●失敗も一つの戦略

私の最初のビジネスは一九五六年に失敗した。その時私は九歳だった。

二番目のビジネスが成功したのも同じ年、まだ九歳の時だった。最初のビジネスの失敗がなかったら、二つ目のビジネスの成功はなかっただろう。

早い時期にビジネスで失敗したことは、私の人生を決定づけるとてもいい経験だった。それは、私が大人になってから成功するための戦略を見つけるのに大いに役立ってくれた。私は九歳の時、自分がビジネスについて学ぶ最良の方法が間違いを犯すことであることに気付き始めた。もちろん、あの頃稼いだお金は大した額ではなかったが、失敗を犯し、そこから学ぶことで頭がよくなれば金持ちになれることを教えてくれた。今の私は、ビジネスに関係することで、失敗するかもしれないと知りながら何かすることがよくある。なぜか？　それは、成功するためには失敗が不可欠であることを九歳の時に学んだからだ。

起業家が失敗する主な理由は二つある。一つは、起業家志望者が失敗を恐れるあまり動けなくなって、何もしないからだ。そういう人はいつも、会社を辞めてビジネスを始められない理由を何かしら持っていて、それを大義名分として、毎朝起きては会社に出かける。言いわけとしてよく使われるのは、お金がない、危険すぎる、時期が悪い、養わなければならない子供がいるなどで、挙げればきりがない。

二つ目の理由は、失敗の回数が足りないことだ。スモールビジネスのオーナーや自営タイプのビジネスのオーナーの多くは、ある程度成功すると成長をやめてしまう。そうするとビジネスは横ばいになるか、下り坂になるしかない。ある大きさまで成長したあと、それ以上大きくなれないのだ。ここでも前と同じだ。ビジネスを成長させる前に、起業家は失敗するリスクをとる必要がある。

これほど多くの人が成功できない理由、あるいは自分が望むほどには成功できない最大の理由が、この失敗に対する恐怖だ。これはビジネスに限らず、人生のすべての面にあてはまる。今でも覚えているが、私はハイスクール時代、デートをしたことがなかった。断られるのが恐かったからだ。とうとう卒業式の直前になって、卒業パーティーのパートナーになってくれと、美人の同級生を誘った。驚いたことに「いいわよ」という返事が返ってきた。結局はさんざんなデートに終わったが、少なくとも私は前に進み始めた。

●従業員と起業家のもう一つの違い

最近、ラジオのインタビューで司会者から「あなたはリスクをとるんですね」と言われた。私はこう応じた。「急速に変化する今日の世界では、リスクをとらない人こそがリスクをとっているんです。リスクをとらない人は、どんどん遅れをとっているわけですから」

さまざまな職業や経歴を持つ人を招いてインタビューするその三十分の番組は、『私の成功の秘訣』とでもタイトルをつけられそうな番組だった。司会者が私に成功の秘訣は何かと聞いてきた時、私は、九歳の時、最初のビジネスに失敗し、それが二番目のビジネスの成功に結びついたいきさつを説明した。そして、こう付け加えた。「失敗が成功に通じる道だと気が付いたんです」

「それを九歳の時に学んだって言うんですか？」女性司会者はそう聞いた。

「その通りです。みんなと同じように私も失敗するのは好きではありません。とてもいやです。でも、早い時期にあのような失敗を犯したおかげで、将来を垣間見ることができました。将来どうやって成功にたどりつくか、そのプロセスを見ることができたんです。世の中には、正しい答えをすべて知ることで成功する人もいます。そういう人はだいたい、学校でいい成績をとっていた人です。でも、私のやり方はそうではありません。私は失敗によって成功するタイプの人間です。これまでにこんなにたくさん、いろいろなビジネスをやってきたのはそのためです。成功したものより失敗したものの方が多いですよ。でも、成功したものはかなり成功しています。リッチダッド・カンパニーもそうですし、そのほかに不動産の会社や、すでに株式を公開している金採掘会社と銀採掘会社にも資金を出しています。確かに起業家として仕事を始めた当初はそれほど多くのお金は稼いでいませんでしたが、今ではたいていの人より稼ぎはいいですよ」

「つまり、あなたのビジネスの成功の秘訣は、進んで間違いを犯し、そこから学ぶ姿勢だということですね」

「そうです。それが私の起業家としての仕事です。私の仕事は、新しい目標を決め、計画を立て、間違いを犯し、失敗するリスクをとることです。間違いを犯せば犯すほど私は頭がよくなって、うまくいけば、そこから学んだ教えをもとにビジネスが成長し、成功するというわけです」

「仕事で何度も間違いを犯したら、私は首になってしまいます」。司会者がそう言った。「私にとっては、間違いや失敗は、それ以外の何ものでもありません。だから、間違いを犯さないようにできるだけのことをします。間違いを犯すのはとてもいやです。自分がばかだと感じるのはとてもいやなんです。私には正しい答えを知る必要があるんです。すべてを正しいやり方でやる、つまり、会社がやれというやり方でやることが大事だと思っています」

「だからあなたはいい従業員なんですよ」。私はやさしくそう言った。「従業員は間違いを犯さないことを前提に雇われます。従業員の仕事はルールを守ること、言われた通りにやること、正しいやり方で仕事をこなすことです。自分自身のやり方でやりたがったり、ルールに従わなかったり、あまりに多くの間違いを犯すと、従業員は首になります。なぜなら、そもそもそのために雇われた仕事をやっていないからです」

「つまり、従業員としての私の仕事はリスクをとらないことで、起業家としてのあなたの仕事はリスクをとり、間違いを犯し、時には失敗することだ。あなたはそう言いたいんですか?」

「そうです。その違いが、起業家と従業員との一番大事な違いです」

「リスクをとる。起業家としてあなたがやっているのはそれなんですね？」

「いいえ、それはちょっと違います」。私はにこりとして言った。「私はめったやたらにリスクをとっているわけではありません。これまでに私は、まず、『間違いを犯す科学』と間違いから学ぶ方法を、そして次に、とるリスクを選ぶ方法を身につけなければなりませんでした。起業家として腕が上がるにつれて、よく考えた上でどのリスクをとるか選択する能力も上がりました。今、私はリスクをとることを自分の仕事の一部だと考えています。失敗するのは楽しいことではありませんが、進歩するためには必要なんです」

●失敗から新しい自分が生まれる

「では、あなたは失敗するのが好きなんですか？」

「いいえ、とんでもない。みなさんと同じように失敗するのは大嫌いです。違うのは、失敗がビジネスの成功に至るプロセスの一部であることを知っている点です。私にとって失敗とは、何かを飛躍的に学習するチャンスが目の前にあることを意味します。失敗すると、『新しい私』になるためのスタート地点に自分が立っていることがわかります」

「新しいあなた？」ラジオの司会者は甲高い声でそう言った。「一体それは何です？」

「それはですね……」。私はゆっくりと答えた。「だれでも『新しい自分』になる経験をしたことがあります。たとえば、まだ歩けない赤ん坊はころんでは立ち上がり、それを繰り返して、ある日を境にころばなくなり歩けるようになります。そして、歩けるようになった瞬間、赤ん坊は赤ん坊ではなくなります。『赤ちゃん』ではなく『子供』と呼ばれるようになるんです。同じように、車の運転ができるようになると大人の仲間入りをして、『ヤングアダルト』などと呼ばれます。何か新しい技術を身につけるたびに、新しい自分が現れてきて世界が変わります。新しい私というのはそういう意味です。『新しい』というのは、新しい技術を身につけて、新しい世界にうまく立ち向かえるようになったということです」

「つまり、従業員と起業家は住む世界が違うということですか?」司会者は皮肉っぽくそう言った。

「もちろんですよ」。最初から疑ってかかっている司会者のペースに乗せられないように注意しながら、私はそう答えた。「従業員と起業家は大きく異なる世界に住んでいます。なぜなら、人間としてとても違っているからです。一方はリスクを利用して成長する世界に、もう一方はリスクを避ける世界に住んでいます。世界が違えば人間も違います」

それからほんの少しの間、録音スタジオは沈黙に包まれた。司会者は自分の考えをまとめようとしているようだった。「起業家になれない従業員がこんなにたくさんいるのはそのせいですか?」

「それも一つの理由ですが、唯一の理由というわけではありません」。私はやさしくそう言った。「間違いを避ける世界から、積極的に間違いを犯す世界へ移るのは簡単ではありません」

「でも、あなたの話を聞いていると簡単そうに聞こえます。あなたは失敗について、何でもないことのように話すじゃありませんか」

「私は一度だって『簡単だ』とは言っていませんよ。でも、確かに、私にとってはどんどん簡単になっています。いいですか、私が言いたいのはこうです。起業家は学ばなければいけないことがたくさんあって、しかもそれを短期間で学ぶ必要があります。起業家には、安定した給料をもらうなどという贅沢《ぜいたく》は許されません。間違いを犯し、それをすばやく正す必要があるんです。間違いを犯すことを避けていたり、間違いを犯していないふりをしたり、自分の間違いを人のせいにしたりしていたら、いつまでたっても何も学ぶことができず、起業家は学ぶべきことの多さに圧倒され、ビジネスは失敗します」

「起業家はゼロから何かを作ろうとしているから、すばやく学ぶ必要がある」。司会者がそう続けた。「そして、頼りになるものは自分以外何もない……」

「スタートを切ったばかりの時は特にそうです。でも、だんだん腕が上がるにつれて、ゼロから何ものかへとごく短期間で成長できるようになります。起業家にとっての大きな喜びの一つは、アイディアがわいた時に、短期間でそれをビジネスに変え、成功に導くことができることです。昔、錬金術師たちは鉛を金《きん》に変えようとしました。起業家の仕事はアイディアを金に変えることです」

「ゼロからお金を作ることとほとんど同じですね」

「それに近いですね。これができれば、あなたはもう二度と仕事に就く必要がなくなります。世界中どこでも、好きなところで金持ちになれます。今、私は世界八十カ国でビジネスをしています。私が出資している採掘会社の一つは中国で、もう一つは南アメリカで操業しています。従業員や自営業者のビジネスの規模は、多くの場合一つの町、地方、あるいは国に限られています」

「だから、世界が違うんですね」

「そうです。これが起業家の世界です。腕がよければ、自由に世界を旅してビジネスができます。たいていの場合、従業員として外国で仕事をするためには労働ビザが必要です。起業家ならば、法人としてその国に入ったり、現地の法人と合弁事業を計画することもできます。起業家になる訓練をすることは、無限の富が眠る世界を手に入れる自分の可能性を高めることと同じです」

「そして、そのためにはために失敗を成功に変える方法を学ぶ必要がある……」

「その通りです」

「で、失敗してお金をなくしたらどうなります?」女性司会者はそう聞いた。

「それは起業家につきもののことです。一度もお金を損したことがないなんていう起業家にはあまりお目にかかったことがありません」

「でも、従業員が会社に損をさせたら首になりますよ」。司会者は非難めいた口調で言った。

「多くの会社ではそうかもしれません」。私は静かに言った。「私が言いたいのは、人に一番損をさせるのは、実はお金を失うことに対する恐怖だということです。みんな損をするのをとても恐れている……そのせいで損をするんです。安定した給料をもらえる仕事に就いて満足しているそういう人たちは、大金を損することはないかもしれませんが、莫大な富を手にする可能性をつぶしているという点で損をしています」

●オフレコで語られた本音

「ここでコマーシャルです」。そう言うと、司会者はスタジオと外をつなぐマイクのスイッチを切った。それと同時に、音響エンジニアが番組スポンサーのコマーシャルを流し始めた。

「私はここ何年も、この仕事を辞めたいと思っていました」。放送が中断され、防音の効いたスタジオで緊張のほぐれた司会者がそう言った。

「でも、辞めるには給料がおしい」。相手の思いを汲み取って私はそう続けた。

司会者はうなずいた。「ええ、その通りです。それほどたくさんもらっているわけではありませんが、辞めてほかで働く決心をしようとする私の足を引っ張るのにちょうどの額といったところです。私には給料が必要です。夫と私で結構稼いではいますが、学校に通っている子供が四人いたら、あなたがおっしゃっているようにはできません」

私はこの女性司会者の考え方に賛成したわけではなかったが、気持ちはわかったので、そのことを伝えた。「で、こんな私にあなたはどうアドバイスしますか？　どうしたら私は現状を打破できますか？　ここでの給料は必要です。たくさん給料はもらえなくても、この仕事が必要なんです。今の私の状態は、部屋に閉じ込められて、壁がどんどん迫ってくるような感じです。どうしたらいいでしょう？」

少し間を置いて考えをまとめてから私はこう聞いた。「赤ん坊が歩き始める時の話を覚えていますか？」

「ええ、覚えています。歩けるようになると、赤ん坊ではなく子供になるんでしたよね。そして、車の運転ができるようになるとヤングアダルトになる」

「それが人生で私たちが何事かを学ぶ方法なんですよ。学習はまず、何かを変えたいという願望、何かをもっとよくしたいという気持ちから始まります。あなたはこれまでは自分の仕事を楽しんできたかもしれません。でも、今は変化の時だ、先に進む時だとあなたにはわかっているんです。赤ん坊が何らかの理由で、今は変化の時だ、もうはいはいするのをやめる時だと知るのと同じです。どういうきっかけかはわかりませんが、ある時、赤ん坊はその時が来た、何か違うことをするべき時が来たと知るんです。そして、親のズボンやテーブルの脚につかまって立つことから始めます。バランスを取りながらつかまり立ちを何度も繰り返し、ある日、つかまっていた手を離しますが、すぐころんだり座り込んだりしてしまいます。失敗ですね。でも、多くの大人があきらめてしまいそうなところを、赤ん坊はあきらめず、このプロセスを何度も何度も繰り返します。そして、ある日、赤ん坊の頭も、心も、身体も準備ができて、立つことができるようになり、それからまもなく歩けるようになります。赤ん坊から子供になるんです」

「それから自転車、次に自動車が来るんですね」。司会者がそう言った。「そして赤ん坊は子供に、子供は大人になるんですね」

「そうです。起業家についても同じプロセスがあてはまります。ただ、私の場合は、そのプロセスを九歳の時に始め、同じく九歳の時に失敗も成功も経験したということです。リスクをとり、学習プロセスをたどろうという気持ちがあれば、あなたにも同じことができます」

「じゃ、あなたは起業家としての自分の腕に自信があるんですね？」

「いいえ、すべてに自信があるわけではありません。自信があるのは、間違いを犯し、それを正してビジネスをよりよいものにする能力に関してです。今の私は、前より起業家としての腕を上げています。そして、これからも、もっと腕のいい起業家になるつもりでいます。起業家としての自分の能力に百パーセント自信を持ったことはありません。過去の成功に甘んじるつもりはありませんから。私はいつも、自分の能力以上の力を出さなければならない状況に自分を置くようにしています。いつも緊張した状態でいるように、常に慢心せず自分を試すように心がけています。そうしていれば、向上し続けることができます」

「たとえ失敗しても、あなたが新しいビジネスを立ち上げ続けるのはそれだからなんですね?」

「たとえ成功しても新しいビジネスを立ち上げますよ。だからこんなにたくさんのビジネスを所有しているんです。どれも私がいなくても機能するビジネスです。偉大なる富を得るための私の成功の秘訣はこれです。従業員として働いているほとんどの人は一つの仕事に就いています。起業家として、私は複数のビジネスを所有しています」

「だからあなたは、自営の形で何かやったり、会社を自分で経営したりしたくないんですね」

「そうです。九歳の時に失敗したのがよかったのは、おかげで、自分がいなくても機能するビジネスを始める方法を学ぶことができたからです。この時のビジネスについては、『金持ち父さん　貧乏父さん』に詳しく書いてあります」

「ええ、私も読みました。ただ、あれがそんなに大きな意味を持っていたとは知りませんでした。あそこに書かれていた小さなビジネスが、あなたの人生にこんなにも大きな影響を与えていたとは気が付きませんでした」

私はまたうなずいた。「私は九歳の時に、一生役に立つ人生の戦略を見つけたんです」

●エジソンは千回以上失敗した

音響エンジニアが合図を送ってきた。コマーシャルが終わり、インタビューに戻る時間だった。司会者はマイクのスイッチを入れ、こう言った。「残りの時間も少なくなってきましたので、お話をまとめたいと思います。起業家の仕事は間違いを犯すことで、従業員の仕事は間違いを犯さないようにすることだ。あなたはそうおっしゃっているんですね?」

「ええ、そうです。少なくとも私はそう考えています。きちんと状況を分析した上で、とるべきリスクをとらず、間違いを犯してそこから学ぶことで会社を大きくしようとしなかったら、起業家として、私は首になって当然です。一方、従業員があまりに多くの間違いを犯したら、私はその人を解雇しなければならないかもしれません。間違いを犯すことが大嫌いで、しかも頭のいい従業員を私が雇うのはそのためです。従業員も私も、それぞれがするべき仕事をするというわけです」

「私たちが子供に『いい仕事に就けるように学校に行きなさい』と言うのも同じ理由ですね」。司会者が言った。「学校は、従業員になるように子供を訓練している……」

「そうです。学校でいい成績をとれば、会社や役所でもおそらくうまくやっていけるでしょう」

「あなたは学校が好きでしたか?」

「好きだったとは言えませんね。間違いばかりしていて、成績もよくありませんでした。及第ぎりぎりの成績、CやDもありましたし、落第点のFをとったこともあります。だから、自分はもともと間違いを犯すのがうまいから、間違いのエキスパートになればいいんだと、学校にいる時に気が付いたんです。今私が従業員ではなく起業家でいるのはそのためです。従業員になるには、学校の成績に表れるような頭のよさが足りないんです。高給のとれる仕事のために私を雇おうという人はいません。私は人の命令に従うのが嫌いです。だから、たとえ雇ってもらえたとしても、決して昇進しないでしょうね。変化が好きですし、何事も人から言われたやり方ではなく、自分のやり方でやるのが好きなんです」

「このラジオ局では絶対雇ってもらえないですね」

「仕事はもらえないでしょうが、このラジオ局を買い取って、私より頭のいい人を雇って経営してもらう方法は知っていますよ」。私はちょっとユーモアを交えた口調でそう言った。

「なるほど。では、そろそろ最後のまとめをお願いします。間違いを犯し、失敗することが起業家になるために必要だということを示す例がほかにありますか? あなた以外に同じような考えの人はいますか?」

「もちろんですとも。トーマス・エジソンは、頭が悪くて注意力散漫だと教師から文句が出たため、学校をやめるように言われました。大人になってからも、電球を発明するまでに千回以上失敗し、それについて非難されたこともあります。千回以上失敗したことについてどう思っているかと聞かれた時、エジソンは次のようなことを言いました。『確かに千回以上失敗している。成功にたどりつくまでに失敗した実験の数は、確か千十四回だと思う。電球を発明できるようになるには、少なくとも千回の失敗が必要だ』」

「電球を発明できるようになるには、少なくとも千回の失敗が必要だというのはどういう意味ですか?」司会者が聞いた。

「それは、今あなたが、店で買うのではなく、何もないところから電球を発明しようとしたら、その作り方を見つけるまでに少なくとも千回失敗するということです」

「エジソンは学校で注意力散漫とレッテルを貼られ、のちに電球を発明するまでに千回以上失敗した。彼が発明家だったことはわかりますが、起業家だったというのはどういうわけなんです?」

「エジソンが起こした会社を知っていますか?」

「いいえ」

「ゼネラル・エレクトリック社、世界で最も力のある会社の一つですよ。はじめ、エジソン・ゼネラル・エレクトリックの名で知られたこの会社は、ダウ・ジョーンズ工業平均に最初に名を連ねた十二の会社の一つで、そのうち今日まで存続しているのは同社だけです。頭が悪い、注意力散漫だと言われ、失敗ばかりしていた人間の業績としてはなかなか悪くないですよね」

インタビューはここで終わった。

●間違いから学ぶ

金持ち父さんは間違いから学ぶことが大事だと信じていた。間違いを悪いことだと考えずに、ビジネスや自分自身について何かを学ぶチャンスだと思っていた。金持ち父さんはこう言った。「間違いは赤信号のようなものだ。間違いはきみにこう言っている。『おい、待てよ。少し時間をとって考えろ。おまえにまだわかっていないことが何かありそうだ。今は立ち止まって考えるべき時だぞ』」。金持ち父さんはまたこんなふうにも言った。「間違いは、何か新しいことを学ぶ時が来たこと、きみがこれまで知らなかった何かを学ぶべき時が来たことを教えてくれる信号だ」。同じことを説明するのに、次のようにも言っていた。「怠け者で何も考えようとしない人が多すぎる。そういう人は、新しいことを覚えようとしないで毎日同じことばかり考えている。考えるのは大変な仕事だ。無理やり考えているうちに、頭脳の許容量が増える。頭脳の許容量が増えれば財産も増える」

「だから、いつでも間違いを犯したら立ち止まり、何か新しいことを覚えるチャンスを捕まえよう。その新しいことは、きみが学ぶ必要のあることに違いないのだから。何かがきみの思い通りに行かなかったら、あるいは何かがうまくいかなかったり、失敗したりしたら、少し時間をとって考えよう。そこに隠された教えを見つけることができれば、きみはきっと間違いに感謝するだろう。気分を悪くしたり、怒ったり、恥ずかしいと思ったり、誰かほかの人のせいにしたり、あるいは間違いなど犯さなかったふりをする人は、しっかり時間をとって充分に考えたとは言えない。頭脳の許容量を充分に増やすこともしていないし、学ぶべきこともまだ学んでいない。だから、もっと考え続ける必要がある」

●間違いに対する見方の違い

教育者だった貧乏父さんは、間違いに関して金持ち父さんとは異なる見方をしていた。どちらの「父さん」にとっても、間違いはその人が何かを知らないことを意味していたが、貧乏父さんにとってはそれと同時に、その人が頭が悪いとか、知性の面で問題があることを意味していた。貧乏父さんは何か間違いを犯すとよく、間違いなど犯していないというふりをしたり、間違いを犯したことを認めなかったり、ほかの人のせいにしたりした。何かを学んで知的許容量を増やすためのいいチャンスだとは考えていなかった。だから間違いを避けるために最善を尽くした。金持ち父さんは間違いを犯すことはいいことだと思っていたが、貧乏父さんはそうは思っていなかった。

「不運を幸運に変える方法を身につける」を起業家レッスンその二として取り上げたのは、金持ち父さんと貧乏父さんの間に、間違いを犯すことに関するこのような見方の違いがあったからだ。私が思うに、間違いに関するその人の姿勢が、人生で最終的に成功を収めるかどうかを決定する。

ほかの本にも書いたが、ベトナム戦争から帰った私は、それから先どちらの父を見習って生きるか決めなければならなかった。私は二十代半ばで、二人の父は五十代にさしかかったところだった。当時、私の父はハワイ州の共和党副知事候補として出馬し、敗れたばかりだった。父が支持した知事候補は父の上司の対立候補だったので、選挙に勝った知事は、父が州の政府機関で二度と仕事ができないようにした。おかげで父は五十歳にして失業中の身だった。

問題は、父が知っているのが教育の世界だけだったことだ。父は五歳の時に学校に通い始め、五十歳のその時まで教育の世界から出たことがなかった。仕事がなくなった父は、早期引退をせざるを得なかった。そして、退職金を手に、不本意ながら起業家としてビジネスの世界に足を踏み入れ、有名なアイスクリーム店のフランチャイズ権を買った。それを買ったのは、成功間違いなしのビジネスだと思ったからだ。だが、二年もたたないうちに、成功間違いなしのビジネスは失敗し、父はまた失業した。今度はもうお金もなかった。

●学ばずに他人のせいにする

貧乏父さんは腹を立てた。絶望し、動揺し、ビジネスの失敗と、自分のお金が失われたことをフランチャイザーとビジネスパートナーのせいにした。間違いを犯した時に立ち止まり、考え、学び、正すことの大切さを金持ち父さんが強調していたのはなぜか、私にその理由がわかったのはこの時だった。父の精神的、感情的な性向から考えて、父が何度も「赤信号」を無視して走り続け、間違いから学ぶのではなく他人のせいにしてきたことは明らかだった。父は起業家ではなく、従業員としての頭でしか考えられなかったのだ。

アイスクリームビジネスを始めてからわずか数カ月後、父は問題に気が付いた。友人たちが何度かアイスクリームを買いに来たあと、店にはほとんど客は来なかった。父は空っぽの店に何時間も一人で座っていた。立ち止まり、時間をかけて考え、誰かにアドバイスを求める代わりに、コストを減らすために従業員を首にし、前にも増して長時間、一生懸命に働いた。そして、ビジネスパートナーたちと争いになり、残ったお金をつぎ込んで弁護士を雇い、フランチャイザーの責任を追及しようとした。つまり、父は自分の問題をフランチャイザーのせいにして、そのためにお金を全部使い、お金がなくなったところで、とうとう閉店せざるを得なくなった。父が不運に見舞われ、その不運をさらに大きくしてしまったのは明らかだ。立ち止まり、学び、間違いを正すことも、間違いを犯しているかもしれないと認めることも父にはできなかった。状況を改善するどころか、一層悪くしてしまったのだ。

政治の世界で選挙に負け、最初で最後のビジネスに失敗したあと、ほぼ二十年後に亡くなるまで、父は怒りと絶望を胸に抱いていた。間違いと不運に関するこの教え、「へまをすればするほど金持ちになる」という教えが私にとってとても大事な意味を持っているのは、この父のことがあるからだ。

●幸せな負け犬はいない

プロのフットボールチーム、グリーンベイ・パッカーズの名物コーチ、ヴィンス・ロンバルディは、ある時次のように言った。「幸せな負け犬がいるなら連れて来い。そうしたら、それが本当の負け犬だと教えてやる」。私はずっと、この言葉が持ついろいろな意味について考えてきた。単純に考えれば、ロンバルディの言葉は「負けを何でもないことのように軽く受け止める人は敗者だ」ということを意味しているように思える。私はそういう「幸せな負け犬」だったことが何度もある。そんな時私は「ふん、大したことないさ。勝つことはそれほど重要じゃない。大事なのはゲームでどんなプレーをしたかだ」などと負け惜しみを言った。外から見た限りでは、私は失敗してもあまり気にせず、幸せでいるように見えるかもしれない。でも、本当のところ、心の奥底では負けるのが大嫌いだ。つまり、負けても平気なふりをしている私は、自分自身に嘘をついている。

考えれば考えるほど、ロンバルディの言葉にこめられた深い意味が見えてくる。おそらく彼は次のようなことを言いたかったのだろうと思う。

1．負けるのが好きな人はいない。負けは人が楽しみに心待ちすることではない。
2．負けは勝ちにつながるべきものだ。
3．世の中には、負けるのがつらいからという理由で、すべての負けを避ける人がいる。

私が思うに、貧乏父さんのビジネスが失敗した理由はこの三番目だ。父が長年生きてきたのは、負けることや、間違ったり失敗することは何としても避けるべきだとする世界だった。従業員として父は、安定した給料を与えられ、年金や給付金を保証されている状態を当然と思い、またそれを欲しいと思っていた。私の父も含めて、多くの労働者にとっては、チャンスより安全の方がずっと重要だ。何としても間違いを避けることが大事だと思っている従業員がこんなにも多い理由はここにある。私の父が失敗した理由の一つは、ただ単に、間違いを犯すことをあまりに長く避けすぎたことだと思う。

●高速学習法

二〇〇五年三月、妻のキムと私は、地元のアリゾナ州フェニックスで開催された、ボブ・ボンデュランによる四日間のフォーミュラワン（Ｆ１）・レーシングスクールに申し込んだ。なぜそんなことをしたかは聞かないで欲しい。ただ、おもしろそうで、興奮と刺激を与えてくれるように思えたからだ。私たちはプロのカーレーサーではないし、そうなりたいと思っているわけでもない。

私は子供の頃からずっと、グランプリレースやフォーミュラカーのレースを扱った映画が大好きで、カーレースを趣味とするポール・ニューマンがうらやましくてたまらなかった。私が最初に買ったのは一九六九年型のダットサン２０００だった。それ以来、買ったのはほとんど全部、高性能の車だ——コルベット一台、ポルシェ数台、そしてフェラーリ一台。問題はどの車も、車の馬力が私の技術を超えていたことだ。私がキム（彼女も猛スピードで走れるポルシェを持っている）と一緒に、一度限りと思って、サーキットでレーシングカーを走らせる技術を学ぼうと決心した理由の一つが、この技術不足の問題にあったことは確かだ。

ワークショップの初日から、私たちは間違いを犯したことに気が付いた。ワークショップには二つのクラスがあった。一つは「ハイパフォーマンス・ドライビング」クラスで、私たちがとるべきだったのはこちらだった。このクラスの参加者は、単に普通の車を高速で走らせたいという一般人だった。二つ目は「グランプリ・ドライビング」という名前のクラスで、キムと私が申し込んだこのクラスには、プロのレーサーや、何年ものレース経験のあるアマチュアが参加していた。キムと私は、一つ目のクラスの参加者が高性能のキャデラックを運転しているのに対し、自分たちが高性能のコルベットを運転しているのを見て、やっと選んだクラスが間違っていたことに気が付いた。

クラスを変えてくれるように頼もうかとも思ったが、結局は、プロのドライバーと一緒にいれば、ずっと速く学べるだろうから、これはすごくいい方法かもしれないと私たちは判断した。でも正直に言って、クラスに留まろうと決心すると同時に、私は胃のあたりが締めつけられるように感じた。これから、人生で最大級の恐怖に立ち向かうことになることがわかっていたからだ。キムも同じように感じていた。初日の昼食のあと、私たちはパワーアップしたコルベットでサーキットを走った。恐怖はどんどん大きくなり、自分ではもうコントロールできないくらいだった。

二日目の朝、胃のあたりが締めつけられる感じはさらに強くなっていた。論理的思考を支配する脳の一部が、何とかスマートにクラスをキャンセルする方法はないか、必死で探していた。クラスの途中で、インストラクターがそばへやってきてやさしくこう言った。「スピードが遅すぎます。もっと速く運転しなくてはだめです」。その瞬間、私は「もうやめよう」と思った。もしそのインストラクターが次の言葉を言わなかったら、確実にそうしていただろう。インストラクターはこう続けた。「奥さんのキムさんはがんばっていますよ。あなたよりずっと速く走っています」。私の中の男としてのプライドがすぐさま頭をもたげ、論理的思考など吹っ飛んだ。もう選択の余地はなかった。もしキムが私より速く走っているなら、私は留まるしかない。ちなみに、キムは十二人のクラスで唯一の女性で、男性ドライバーを追い越すことに大喜びしていた。

●恐怖を燃やし尽くす

最初の三日間、車のスピードはどんどん上がり、カーブの接近速度もどんどん速くなっていった。そして、それにつれて、胃のあたりが締めつけられる感じもどんどん強くなった。超高速で学び、実行しなければならないことがたくさんあって、頭もいっぱいで、許容量を超えていた。三日目の昼食時、私はとうとうインストラクターに、なぜスピードを上げろといい続けるのか、その理由を聞いた。ゆっくり運転して、スピードを上げる前に学ぶべきことを、余裕を持ってしっかり学んだ方がいいと思っていたのだ。インストラクターはにこりとして、こう言った。「速く走ればスピードが恐怖を燃やし尽くしてくれるからですよ。あなたの邪魔をしているのは恐怖です。恐怖ににらまれるとあなたはスピードを落としてしまいます。まだあなた自身じゃなくて、恐怖が車を運転しているんです。だから、恐怖をにらみ返して、アクセルを思い切り踏み込むようにして欲しいんです」

私はまた「やめたい」と思った。スピードが足りないと言われたのも二度目だった。学ぶべきことを学ぶためには、速く走るよりゆっくりしたスピードで練習を重ねる方がいいという考えが頭をもたげた。「いいですか」。レスという名のインストラクターが続けた。「自分の中にグランプリレーサーがいることを信じなくてはいけません。速く走らなければこのレーサーには絶対会えません。自分自身に加速して欲しいんです。全速力で走り、このレーサーが前に出てきて、ハンドルを握るようにしむけて欲しいんです。ゆっくり走っていたのでは、あなたの中の臆病者がいつまでも運転し続けます。あなたの中にいるプロのドライバーを前に出させるためには、たった一つの方法しかありません。それは思い切ってアクセルを踏み込むことです。全速力で走ろうとしたら、自分の中のプロのドライバーが代わりに運転してくれると信じるしかありません」

四日目、胃のあたりを締めつけられる感じはさらに強くなり、頭には、このワークショップを「とらなくていい理由」が次々に浮かんだ。この日はコルベットから、タイヤが外側に出っ張った本格的F1レーシングカーに乗り換える日だった。私たちはジャンプスーツとヘルメットに身を固めた。ちょっと太めだった私は、車に乗り込むのに手間取った。まるで棺桶に滑り込んだような気分だった。身動きできなかった。この時もまた、私の中の臆病者がもう少しで勝利を収めそうになった。私はやめたいと思った。頭の中で声が聞こえた。「こんなことする必要がどこにあるんだ？　これができる、あれができると証明しなきゃいけないことなんか何もないんだ。プロのレーサーになど絶対ならないんだから。なぜこんなことをしているんだ？　まったくばかげている！」

一時間後、私はここ何年も味わったことのないような幸福感に満たされていた。車の中にいながら、まるでわが家にいるかのようにリラックスしていた！　三日間の厳しいレッスン、恐怖、うまくできないことに対するじれったさなどが一瞬にして納まるべきところに納まり、私は全速力でフォーミュラカーを走らせていた。私の中に隠れていたドライバーが臆病者をわきに押しやり、運転席に座ったのだ。

その日の午後、上機嫌でワークショップの会場をあとにする私たちのところへ、フォーミュラカーのクラスではなく、高性能の普通車のクラスをとった参加者の一人が寄って来た。「クラスはとてもよかったんですが、今はそちらのクラスをとればよかったと、つくづく思っていますよ」

「それはどうも」と私は答えた。「偶然ですね。私は今日まで、そちらのクラスをとればよかったと思い続けていたんですよ」

●二つの異なる世界

ドライビングスクールの話を持ち出したのは、運転技術が上がったことを自慢するためではない。あの学校が大事なプロセス――従業員が起業家になるプロセス、一つの世界から別の世界へ移るプロセス――を象徴していたからだ。

あの時、私が最初に学んだ教えは、一般道路や高速道路でやるべきことと、サーキットでやるべきことは正反対だということだ。たとえば、高速道路では、目の前の車が事故を起こしたらたいていの人はブレーキを踏むが、ドライビングスクールではアクセルを踏み込むように教えられた。

サーキットの外の世界では、車が横滑りし始めたらたいていの人はブレーキを踏む。ドライビングスクールでは、ブレーキを踏むべき時とアクセルを踏むべき時を知らなければいけないと教えられた。横滑りの仕方が違えば、それに対する反応も違うからだ。ブレーキを踏むのは簡単だ。嘘じゃない。むずかしいのは横滑りをしている時にアクセルを踏むことだ。それは常識に反している。そうするためには、精神的、肉体的能力を強化しなければならない。

外の世界では、たいていの人は制限速度を超えずに運転するように要求される。ドライビングスクールでは、アクセルを踏み、自分の中にある制限速度を破るように教えられた。私のスピードと恐怖の許容量は確実に増えた。

私とキムがボブ・ボンデュランのハイパフォーマンス・レーシングスクールで過ごした四日間は、人生で最も急勾配の学習曲線を経験した四日間だった。このスクールでの学習曲線は、海軍の飛行学校でのかなり急勾配の学習曲線よりさらに急だった。確かに、ボブ・ボンデュランはＦ１のすばらしいドライバーであるだけでなく、すばらしい教師でもある。教える分野は違うが教師のはしくれである私は、ただ恐怖に縮こまっていた時間も相当あったが、ボンデュランの教え方をじっくり見せてもらった。私が感心したのは、教室とサーキットで使われているカリキュラムだった。四日間、ボンデュランとそのもとで働くインストラクターたちは、高い安全性を確保しながら、私たち生徒が恐怖に打ち勝ち、精神的・物理的限度を打ち破れるように、常に気を配ってくれた。サーキットに出た私は、物理的に安全かどうかはあまり心配しなかった。一番心配だったのは、妻のキムが私を追い越していくのではないかということだった。実際、何回かそういう事態は起こった。見た目は変わりなかったと思うが、キムが私を追い越すたびに、私の自尊心はぼろぼろになった。

一般道路を走るドライバーからサーキットを走るドライバーへ移るプロセスで、私はそれまでに学んだ多くのことを忘れる必要があった。つまり、一般道路でやるべきことをやっていたら、サーキットではそのせいで死んでしまうこともある。また、スピードを落とすといった一般道路では「賢い」判断が、サーキットでは「愚かな」行為になる場合も多い。従業員から起業家へ移るプロセスにも同じことが言える。従業員の世界と起業家の世界は異なっていて、一方では正しいことが他方では間違っている場合もある。

先ほど、貧乏父さんが政府で働く従業員の世界から起業家の世界に移ろうとした時の話をしたが、それは、今言ったようなことをわかりやすく説明するためだ。つまり、政府の役所ではそうするのが正しかったことが、起業家の世界では間違っていたということだ。

起業家になる人は、ゼロから何かを作り出しているわけだから、間違いがあって当然だ。成功したかったら、新米起業家たちは次のようなステップをできるだけ短時間で踏む覚悟を決める必要がある。

1. ビジネスを始める

2. 失敗して学ぶ

3.「よき師」を見つける
4.失敗して学ぶ
5.セミナーや講座をとる
6.何度も失敗して学ぶ
7.成功したら立ち止まる
8.成功を祝う
9.儲けたお金、損したお金を数える
10.このプロセスを繰り返す

●分析麻痺という病気

私の見たところ、起業家になりたいと思っている人のうち九十パーセントは、今挙げた一つ目のステップすら踏まない。プランはあって、完璧なビジネスを頭の中や紙の上では作り上げているかもしれないが、「分析麻痺《まひ》」という名で知られる恐ろしい病気が彼らにとりついている。私はこれまでにそういう起業家志望者をたくさん見てきた。彼らはプランを作っては、それを作り直してばかりいる。あるいは、「今はまだその時ではない」とか「このプランではだめだ」とか、何かしら言いわけを見つけて前に進まない。何かやってみて失敗するのが大事なのに、そうはしないで、ただ失敗しないようにと一生懸命に働く。こういう人は分析麻痺の世界にはまり込んでいる。

ビジネスを始めないで起業家になるのは不可能だ。それは自転車なしに自転車に乗る練習をするようなものだ。あるいは、レーシングカーにも乗らず、サーキットを走ることもなく、レーサーになりたいと望むのと同じだ。金持ち父さんはこう言っていた。「ビジネスを始める最大の理由は、実習するためのビジネスを持つことだ。練習するための自転車がなかったら、自転車に乗れるようになるわけがないし、実習用のビジネスがなかったら、起業家になれるわけがない」

ボンデュランのハイパフォーマンス・ドライビングスクールのカリキュラムは、「正しい」やり方でやることに焦点を合わせてはいなかった。速度を自分の限界まで上げながら、運転中に「間違い」を犯すことに焦点を合わせていた。高速運転中に間違いを犯し、それを正す能力が高まるにつれ、私たちは自信をつけていった。そして、最後の四日目、私は高速でひどい間違いを犯し、カーブで車のコントロールを失ったが、すぐにコントロールを取り戻し、車をコースに戻して再び全速力でレースを続けることができた。もしスクールの初日にそんなことをやろうとしたら、病院送りになっていただろう。

もう一度言うが、このドライビングスクールの話を持ち出したのは、ものの考え方の違いをはっきり示すいい例だと思ったからだ。貧乏父さんは間違いを避けることに焦点を合わせた考え方をしていた。だからこそいい従業員だったのだ。一方、金持ち父さんは間違いを犯すことを奨励する考え方をしていた。だからいい起業家だったのだ。

●へまをしよう

この章は喜劇俳優ジム・キャリーに捧げるつもりで、タイトルを「へまをすればするほど金持ちになる」とした。ジム・キャリーの映画を見たことがある人はご存知と思うが、彼は映画でまぬけな役をやればやるほど成功し、金持ちになっている。起業家の場合も同じだ。もしあなたが、つねに格好よく見えて、頭がよさそうに話ができて、決して間違いを犯さず、正解をすべて知っていなければ気がすまないタイプの人間だったら、起業家より従業員や自営業者になった方がいいかもしれない。

起業家として第一歩を踏み出した時の私は、街中で一番の笑いもののピエロのようだった。私が始めたビジネスは、うまくいったと思うとすぐにどれもだめになった。まもなく、ホノルルのビジネス界での起業家としての評判は地に落ち、笑い話の種になった。金持ち父さんが私を指導してくれて、間違いから学び、また外に出てさらに多くの間違いを犯すように励ましてくれなかったら、私は起業家になるプロセスの途中でやめていただろう。映画の中ではなく実生活でジム・キャリーを演じるのはかなりつらい。

月日がたつにつれ、私が犯す間違いはどんどん大きくなっていったが、前ほどつらくなくなった。その理由は簡単だ。間違いを犯す「達人」になっていたからだ。赤信号をいくつも無視して突っ走るのではなく、私はそのたびに立ち止まり、考え、学び、間違いを正し、起業家としての能力を高めてから先に進んだ。正直言って今の私は、学校でいい成績をとり、早い時期に高給の仕事に就いた同年輩の仲間の多くよりも金持ちだ。その理由はただ一つ。何年もの間、自ら進んでへまをしてきたからだ。これが成功のために支払うべき代価の一部だ。

●不運を幸運に変える

ハイスクール生活が始まると、金持ち父さんは息子のマイクと私に、不運を幸運に変える方法を教えてくれた。二年生の頃、マイクと私は転落の道をたどっていた。というのも、私たちは二人とも文章を書くのが苦手で、英語の授業で単位を落としそうになっていたのだ。

金持ち父さんは私たちに腹を立てることもなく、こう言った。「学校でのこの失敗につぶされて弱くなるんじゃなくて、それを利用して強くなるようにしろ。この苦い経験をいい経験に変えることができれば、簡単に単位のとれた同級生よりもずっと先に進める」

「でも、落第点のFをとったんだよ」。マイクが反論した。「この成績は大学に行ってもずっとついて回るんだ」

「そうだ。成績はきみたちについて回る。でも、人生で学ぶ教えもそうだ。長い目で見れば、今この失敗から学ぶ教えの方が、成績なんかよりずっと大事なものになるかもしれない。きみたちがもし、この不運な出来事を幸運に変えることができればの話だけれどね」

マイクと私は英語の教師に本気で腹を立てていた。ひどくがっかりしていて、負け犬になった気分だった。金持ち父さんはそんな私たちを見て、クスリと笑った。「先生の勝ちだな。負け犬のような態度でいる限り、きみたちの負けだ」

「ぼくたちに何ができるっていうんですか?」私はそう聞いた。「先生には力があります。もうぼくらに落第点をつけてしまったんですよ。それは全校生徒が知っています」

「先生はきみたちを落第させる力を持っているだけだ」。金持ち父さんはにこりとした。「一方きみたちは、怒りに任せてもっとばかなこと、たとえば先生の車のタイヤに穴を開けるなんてことをやる力を持っている。たぶん、そんなことを考えたんじゃないかい? でも、それと同時に、何かいいこと、たとえば怒りをバネにして、もっといい成績をとるとか、フットボールやサーフィンでがんばるといったようなこともできる。怒りを何かすばらしいことに変えるんだ。そうすればきみたちは勝つ。怒りに任せて先生の車のタイヤに穴を開けたりしても、状況をさらに悪くするだけだ。今きみたちが考えているようなことをやったら、刑務所に入れられるかもしれないよ」

●感情をプラスに利用する

私たちが落第しそうになっていたあの時、金持ち父さんは私たちに、人間は次のような四つの基本的な感情を持っていると教えてくれた。

1. 喜び
2. 怒り
3. 恐怖
4. 愛情

金持ち父さんは、ほかにもいろいろな感情があるが、基本的なものはこの四つだと言った。そのほかの感情の多くは、この四つの感情が二つ以上組み合わさったものだ。たとえば、悲しみは怒りと恐怖と愛情が組み合わさったものである場合が多いし、時にはそこに喜びが混じっている場合もある。

金持ち父さんは次に、感情には基本的に二つの使い方があると教えてくれた。それは、プラスに利用するかマイナスに利用するかの二つだ。たとえば、喜びを感じた時、私たちはその感情を口実にして、外に出て思いっきりお酒を飲むこともできる。これは喜びという感情をマイナスに利用した場合だ。一方、同じ喜びという感情をプラスに利用して、自分を助けてくれた人たちに感謝の手紙やメールを送ることもできる。このことは、四つのすべての感情にあてはまる。愛情さえも例外ではない。

私は今でも、あの英語の教師に好意が持てない。でも、私に落第点をつけたことには感謝している。もしあの落第点がなかったら、心を入れ替えて一生懸命勉強することもなかっただろうし、大学も卒業できず、世界的なベストセラー作家にもなれなかったかもしれない。十五歳の時にとったあの落第点が、九歳の時のビジネスの失敗と組み合わさって、その後私を何度も大金持ちにしてくれた。あの時私は人生と自分について多くの教えを学んだが、中でも一番よかったのは、自分の怒りを喜びに変える方法を学んだことだ。また、へまをすればするほど金持ちに、そして幸せにもなれる場合があるということも学んだ。

これが不運を幸運にするステップの一つだ。金持ち父さんはこう言っていた。「不運を幸運にすることができれば、愛情、人生、健康、お金のすべての面で二倍の幸運を手に入れることになる」

金持ち父さんの起業家レッスン

その三　ジョブ（職業としての仕事）とワーク（自分のための仕事）の違いを知る

第三章……

なぜ、ただ働きをするのか？

●ジョブとワークの違い

「ジョブとワークの違いを知っているかい？」ある日、金持ち父さんがそう聞いた。

私はよくわからなかった。「それって同じじゃないですか？ ジョブもワークも同じでしょう？」

金持ち父さんは頭を横に振った。「人生で成功を収めたいと思ったら、その違いを知らなくちゃいけない」

「なぜそんなことが大事なの？」マイクは私と一緒に肩をすくめながらそう聞いた。それから、私たちは金持ち父さんの次の言葉を待った。私たちがその教えを学びたいと思っているかどうかには関係なく、金持ち父さんが先を続けることはわかっていた。

「仕事に就くことについてきみのお父さんはいつもどんなふうに言っているかい？」金持ち父さんが聞いた。

ちょっと考えてから私はこう答えた。「学校に行って一生懸命勉強して、いい仕事に就けといったようなことを言っています」

「お父さんは『いい仕事《ジョブ》に就けるように宿題《ホームワーク》をやれ』と言うだろう？」

「ええ。そんなようなことを言います」

「じゃ、ジョブとワークの違いは何だと思う？」

「わかりません。どちらも同じように思えます」

「あ、わかった」。マイクが口をはさんだ。「ジョブはお金を払ってもらえるけれど、宿題のようなワークにはお金を払ってもらえない。ワークはジョブの準備のためにやるんだ」

金持ち父さんはうなずいた。「そうだ。それがワークとジョブの違いだ。ジョブをすればお金を払ってもらえるが、ワークは払ってもらえない」。そう言ってから、金持ち父さんは私の方を向いて聞いた。「家で家事《ハウスワーク》をしたらお母さんがお金を払ってくれるかい？　庭仕事《ヤードワーク》をしたらお金をもらえるかい？」

「いいえ。うちでは何ももらえません。小遣いだってもらっていないんですから」

「宿題をやるとお金をもらえるかい？　本を読むとお父さんはお金をくれるかい？」

「そんなわけないですよ」。私は少し皮肉っぽく言った。「宿題は仕事に就くための準備をぼくにさせる。そう言いたいんですか？」

「そうだよ」。金持ち父さんはにこりとした。「お金に関して言うなら、宿題をやればやるほど仕事でより多くのお金を稼げるようになる。宿題をやらない人は、従業員だろうと起業家だろうと、宿題をやる人より稼ぎが少ない」

私は長い間考えてから、やっと口を開いた。「じゃ、学校で出された宿題をやらなかったら、給料の高い仕事には就けないというのは本当なんですね？」

「ああ、そう言っていいと思うよ。少なくとも、宿題をやらなかったら医者や会計士、弁護士などの職業には就けない。従業員になったとしても、訓練を受けて何か技術を身につけているか、大学の卒業証書を持っていなかったら、昇進したり給料を上げてもらったりするのはむずかしい」

「で、もし起業家になりたかったら、違う種類の宿題をする必要がある。そういうことですね？」

金持ち父さんはうなずいてこう言った。「だけど、その宿題をきちんとやらないまま仕事を辞めてしまう起業家志望者がたくさんいる。だからこんなに多くのスモールビジネスが失敗したり、経済的に苦境に陥っていたりするんだ」

「だからあなたは、ぼくたちが起業家になれるように宿題をやらせているんですね？」

「その通りだ。きみたちにお金を払わないのもそのためだよ。ただで私のために働くのがきみたちにとっての宿題なんだ。従業員の多くは、ただで働くことの意味がわかっていない。何をやってもそれに対してお金を払ってもらうことを期待する。彼らが起業家になれないのはそのせいだ。従業員のような考え方しかできないからだ。安定した給料が欲しいんだ」

●ワークはたくさんあるがジョブがない

「町には貧しい人が住んでいる地域もあるけれど、そういった地域の多くでは、やらなければならない仕事、ワークはたくさんあるが、お金のもらえる仕事、ジョブはほとんどない」。金持ち父さんはそう続けた。

しばらく考えたあと、私は金持ち父さんの言葉を繰り返した。「ワークはたくさんあるけれど、ジョブはない？」それは私にはおかしな話に思えた。もっと考えないと理解できそうになかった。

「なぜそうなの？」マイクがそう聞いた。

「そうだな……理由の一つは、たいていの人が学校で受ける訓練がジョブを探すための訓練だからだ。ジョブがないと、やらなければならないワークがたくさんあっても、みんなワークをやらなくなる。工場が閉鎖されたり、海外に移転されたりすると、ジョブを失ったたくさんの従業員があとに残される」

金持ち父さんは説明を続けた。「ジョブがなくなった従業員は何もしない。一方、起業家はそこに多くのチャンスを見つける。彼らはワークをやればジョブが生まれることを知っている」

「つまり、本当は、従業員は新たに訓練を受けなければいけないんですね。宿題をする必要がある。やらなければならないワークというのはそれですね」。私はそう付け加えた。

「それもワークの一部だね。いいかい、私が言いたいのは、ワークとジョブの違いがわからない人が多すぎるってことだ。そして、ジョブのための訓練がただで受けられると思っている人が多すぎる。たとえ仕事に就いていても、雇い主が自分に訓練を与えると同時にお金も払ってくれると期待する従業員が多すぎる」

「自分が教育を受ける費用を会社に払ってもらいたいというんですか？」まだ二十歳にもならず、大きな会社に勤めたこともない私には、訓練を受けるのにお金を払ってもらうという考えはとても奇妙に思えた。

「仕事のための訓練をただで政府から与えてもらいたいと思っている人もたくさんいるよ」。金持ち父さんはそう続けた。

「パパがそういう人を恵まれない人と呼ぶのは、それだからなんだね。経済的に恵まれないだけじゃない。教育や訓練に対する姿勢、つまり、お金を払って身につけるべきスキルを手に入れて、自分自身に準備をさせることに対する姿勢も足りないんだ」

金持ち父さんはマイクの言葉にうなずいた。「私も見かけたことがあるけれど、せっかく訓練が受けられるクラスに出席しているのに、時計ばかり気にしている従業員はよくいる。そういう人は終了時刻になると、たとえ講師がまだ授業を終えていなくても、さっさと帰り支度をして教室から出て行く。あるいは、雇い主がお金を払ってくれているクラスなのに、出席すらしないで、教室の外でタバコを吸ったりおしゃべりをしたり、バーに出かけてお酒を飲んだり、テレビのスポーツ番組を見たりしている従業員もよくいる。そんなことだから、お金の面で先に進めないでいる人がこんなに大勢いるんだ。たとえただでも、たとえお金がもらえても、何も学ぼうとしない人が多すぎる。これは従業員にも起業家にも言えることだけれどね」

ただで教育を受けられることが大事だと考える政府関係の教育者が親戚にたくさんいる家庭に育った私には、金持ち父さんの言っていることがよくわからなかった。「ワークとジョブの違いをもう少し詳しく説明してもらえますか?」

●プロはすでに宿題をすませている

「いいとも」と金持ち父さんは答えた。「医者は医者として支払を受ける前に、医者になるための勉強に多くのお金と時間をかけている。医者がたいていの人より多くのお金を稼ぐのはそれだからだ」

「医者は支払を受ける前に宿題をすませているんだ」。マイクが付け加えた。

「その通りだ」と金持ち父さんは続けた。「たくさんお金を稼ぐプロのスポーツ選手もそうだ。偉大なスポーツ選手で、そうなるための練習に対して支払を受けていた人なんて、私は一人も知らない。たいていのプロの選手は、そのスポーツを若い時に始めて、普通の選手よりもずっと長い時間とエネルギーをかけて練習をしてきた人だ。何年も練習してきて、レッスンを受けるためにお金を払ってきた人も多い。プロの選手として支払を受けるずっと前から、とても多くの時間をつぎ込んでいる。プロとしての仕事を得るために、宿題をやらなくちゃいけなかったんだ」

「あなたがぼくたちに支払わないのもそれだからなんですね」。私は小さい声でそう言った。「ぼくたちはただであなたのために働いている……」

金持ち父さんはにこりとした。「ビートルズだって、世界的に有名になって大金持ちになる前に、たくさんただで働いたんだよ。医者やプロのスポーツ選手と同じように、支払うべきものを支払ったんだ。先に宿題をやったんだ。レコードを出す約束や、安定した給料、医療保険などの保障を手にしてから演奏活動を始めたわけじゃない」

「ぼくもビートルズのレコードはたくさん買った。つまり彼らが金持ちになる手助けをしたわけだ」。マイクが言った。

「彼らが金持ちになったのは彼ら自身のおかげだ。きちんと宿題をしたからだよ」。金持ち父さんは笑顔で言った。「宿題をすることの大切さは、お金のことだけに限らない。健康にだってあてはまる。宿題をしないせいで健康を損なっている人はたくさんいるよ」

「運動をしない人ですね。だから健康に恵まれない……」。私はそう言った。

「『恵まれない《プア》』という言葉に気が付いたかい？　お金に恵まれないとか、健康に恵まれないとか言うよね。怠け者で自分にきちんと規律を課すことのできない人は、健康状態も経済状態も最悪である場合が多い」

「つまり起業家になりたいと思ったら、宿題をする必要があるということですね」。私はそう話をまとめた。

「きみたちがずっと私のためにただ働きをしてきたのも、そのためだよ。きみたちは起業家になるための宿題をしてきたんだ。従業員になるための訓練をさせるのなら、きちんと時給を払うよ」

「公立学校の教師であるぼくの父さんが、あなたがぼくをただで働かせていると聞いてあんなに怒ったのはそれだからなんですね」

金持ち父さんはまた大きくうなずき、クスクス笑いながらこう言った。「きみのお父さんは従業員の考え方をしているんだ。だから、私がきみに支払うべきだと思っている。ただで働くことの意味がわかっていない。きみがお金には代えられない教育を受けていることが理解できないんだ。その理由は簡単で、その教育が、お父さんが大事だと思っている教育と違う種類の教育だからさ。従業員に必要な教育と起業家に必要な教育とは種類が違うんだ」

「だから父さんは、あなたがぼくたちをだましていると思っているんだ」

「それは私にもわかっている」。金持ち父さんはにこりとした。「いいかい、これから何年かたったら、きみは私が今きみたちに教えていることのおかげでとても金持ちになる。今きみたちが学んでいることは、はした金でしかない給料なんかよりずっと価値があるんだよ」

●基本的なビジネスの基本的な仕事

一つのビジネスはいくつもの異なる仕事から成り立っている。会社を辞めて自分でビジネスを始めようという人は、ビジネスにはどんな仕事が関わっているか、前もって知っておく必要がある。

金持ち父さんはこう言った。「従業員としてすごく成功している、たとえば会社のセールス部門で優秀な成績を収めているからといって、その人がビジネスで成功するとは限らない」。金持ち父さんがそう言った理由は、セールスがビジネスに必要なたくさんの仕事の一つに過ぎないからだ。金持ち父さんはまた、ビジネスがうまくいかないのは、そのビジネスを形作る仕事のうちどれかがまったく遂行されていないか、あるいはうまく遂行されていないからだとも言った。「起業家がいくら一生懸命働いていても、一度に一つの仕事を相手にしているのではだめだ。自営型のスモールビジネスのオーナーの多くが、ビジネスがうまくいかなくて苦労して、結局は働きすぎて燃え尽きてしまうのはそれだからだ。そういう人は確かに一生懸命働いているかもしれないが、ビジネスに必要なすべての仕事をこなしているとは限らない」

金持ち父さんシリーズの第三弾『金持ち父さんの投資ガイド　上級編』で紹介した「B－Iトライアングル」は、ビジネスを形作るこれらの仕事を説明するためのものだ。BとIは、それぞれキャッシュフロー・クワドラントのビジネスオーナーと投資家を表している。

金持ち父さんが私に教えてくれたB－Iトライアングルをここでもう一度見てみよう（図③）。

金持ち父さんはこう言った。「起業家、あるいは投資家として成功したかったら、B－Iトライアングルを完全に理解しなくてはいけない」。まだ十代だった私には、この図の重要性を強調する金持ち父さんの気持ちが本当にはわからなかったし、それほど大事だと思ってもいなかった。今はもちろんよくわかる。

●よい製品だけではビジネスは成り立たない

「すごい新製品のアイディアがあるんだ！」などと言う人はよくいる。でも、B－Iトライアングルを見ればわかるように、製品は「氷山の一角」にすぎない。

ビジネスを形作るさまざまな要素は、会社の中のいろいろな部門・職種と同じように考えることができる。ビジネスを成功させるためには、それらの機能を果たすのに充分なスキルを持った人間が必要だ。B－Iトライアングルの一番上の製品のレベルから見ていくと、その製品を市場に出すまでに必要な仕事がどんなものかわかる。簡単に言えば、製品、法律、システム、コミュニケーション、キャッシュフローの五つが、ビジネスをうまく機能させるために必要な仕事のすべてだ。そのうち一つ、あるいは複数の仕事がなされていなかったり、なされていたとしてもきちんとなされていなかった場合、ビジネスがうまくいかず、失敗に終わることも多い。

貧乏父さんが始めたアイスクリームビジネスがうまくいかなかったのは、製品が悪かったからではない。実際、あのアイスクリームは製品としてはすばらしかった。私の考えでは、あのビジネスの失敗の原因は、父がセールスとマーケティングの腕を持っていなかったからだ。父はスピーチを通して人とコミュニケーションをとるのは得意だった。それでも、B－Iトライアングルの「コミュニケーション」という仕事を充分にこなすことはできなかった。

父のアイスクリームビジネスを例にもう少し考えてみよう。父はセールスとマーケティングの意味が本当にはわかっていなかった。それが単に広告を出したり、客に少しでも多くアイスクリームを買ってもらうことだけではなく、それ以上の意味を持っていることがわかっていなかったのだ。成功に必要なのは「ブランド名」だけだと父が思った時点で、問題はすでに始まっていた。父の店は、そこそこの規模のショッピングセンターの、あまり目立たない隅の方にあった。つまり、用もないのに前を通る歩行者も、車もなかった。父は有名ブランドのアイスクリームなら、その名前の力だけで客を店まで呼べると思ったのだ。父のビジネスはビジネスができる前にすでに失敗し始めていた。

③B－Iトライアングルはビジネスを作り上げる際の指針となる

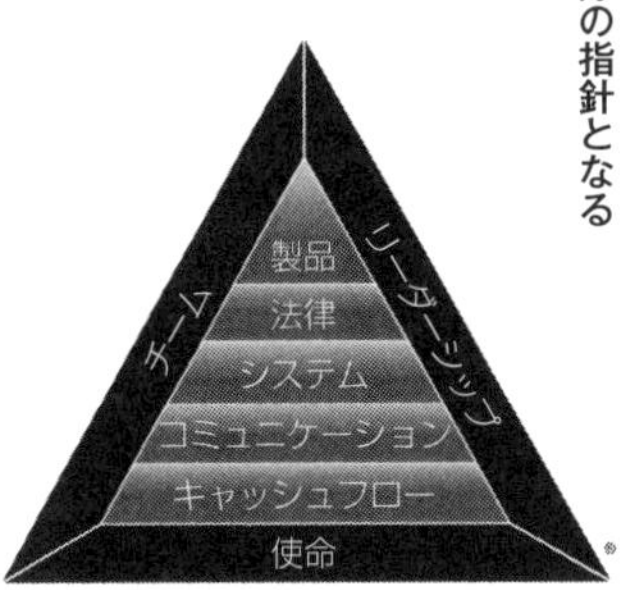

●あと一歩だった！

今から思えば、父は製品を選ぶ段階では成功していた。フランチャイズに関する法律的なこともきちんと処理していたし、アイスクリームを作るシステムは完璧だった。それに、フランチャイザーはしっかりした会計システムも持っていて、それをビジネスの一部として組み込むことを徹底したから、B－Iトライアングルのキャッシュフローの部分もOKだったはずだ。ただ、そのキャッシュフローの量が充分ではなかっただけのことだ。こうして見ると、父は五つの仕事のうち四つまではうまくこなしていたことになる。あと一歩で成功も夢ではなかったのだ。

父がうまくできなかったのは、B－Iトライアングルのコミュニケーションのレベルの仕事だった。先ほども言ったように、父にはセールスとマーケティングの複雑な内容が完全にはわかっていなかった。製品が売れなくなると、ビジネス全体が崩れ始めた。早々と損を見切って、もっといい場所に移って再出発する代わりに、父は、売上が落ち、金詰りになった時にたいていの人がやるのと同じことをやった。つまり、従業員を減らしたり、宣伝費を減らしたりした。本当なら前よりお金をかけるべきところにかけず、反対に財布の紐を締めたのだ。

その代わりに父がお金を使ったのは、弁護士や訴訟にかかる費用だった。父は自分が抱える問題をフランチャイザーのせいにした。訴訟にお金をかけることほどばからしいことはほかにあまりない。それでも、問題が起きた時、そこから学ぼうとせずに他人のせいにする人は多い。自分がやったことを振り返り、間違いに対して自分で責任をとる代わりに、父は自分は正しいと主張し続けた。そして、最後には文無しになった。正しくあるためには死んでもいいという人たちのことを歌ったこんな詩がある。

ジャスティン・グレイの遺体がここに横たわっている

彼は自分の正しいと信じる道を守るために死んだ
彼は正しい……彼の主張は誰にも負けない
だが、死んでしまった今となっては間違っていたも同じだ

交通量の激しい道路を渡るのに、自分のために車が全部止まってくれるのを期待して悠然と歩いている人を見かけると、そのたびに私はこの詩を思い出す。常に自分が正しくないと気がすまない人、何かうまく行かないと他人のせいにする癖のある人、人の話に耳を傾けずすぐ議論になってしまう人、自分はすべての答えを知っていると思っている人、世界が自分を中心に回っていると思っている人、そんな人に会うといつも私はこの詩のことを考える。そしてまた、自分がジャスティン・グレイになりかけていると思った時はいつも、この詩を心で唱え、自分に聞かせる。

●金銭的な成功を支えるB－Iトライアングル

B－Iトライアングルはキャッシュフロー・クワドラントの右側、BとIのクワドラントだけにあてはまるわけではない。図④にあるように、B－Iトライアングルはどのクワドラントにも存在する。

たとえば、Eの従業員のクワドラントで、会社で受付係をしている人がいるとしよう。この人の製品は「上手に電話の受け答えをすること」だ。つまり、これがこの人の仕事の「製品」だ。私が思うに、受付の仕事は会社で一番大事な仕事の一つだ。受付係がきちんとした仕事をやれば、その会社はそれだけスムーズに機能する。反対に受付係が提供する製品の質がよくなければ、たとえば、電話の応対の仕方がぶっきらぼうだったら、会社におけるその受付係の価値は下がる。そんな受付係がいたら、注意したり、再教育したり、あるいは会社を辞めさせたりする必要がある。誰でも態度の悪いそんな受付係に一度や二度は出会ったことがあるのではないだろうか？

B－Iトライアングルに話を戻そう。受付係は「法律」で保護された権利を持っている。会社がその権利を侵せば、受付係はそれに対して何らかの措置を講ずることができる。

B－Iトライアングルの次のレベルの「システム」に関して言うと、受付係は会社というシステムの中で大事な役目を担っている。また、結婚していれば、家庭や家などと呼ばれるシステムの中で、リーダーの役目を担っていることもあるだろう。家庭生活が幸せなら、会社でもいい仕事をする可能性が高い。反対に、家庭や家のシステムのどこかがこわれかけていたら、たとえば暖房機がこわれていたり、水道が出なかったり、天井から水が漏れたり、家族の誰かが問題を抱えていたりしたら、家庭でうまくいっていないシステムのせいでその人がうまく機能できず、会社のシステムにも悪い影響が出るかもしれない。

受付係は会社の「コミュニケーション」システムの要となる役目を担っているから、その人のコミュニケーション技術が劣っていたら、その場合も会社のシステム全体に影響が出る。そんな受付係はもう一度教育し直すか、首にしなければいけない。家庭でいつも愛情に満ちたコミュニケーションをしている人なら、それは受付係としての仕事にも反映される。家でのコミュニケーションがぎすぎすしていれば、仕事に大きな影響が出ることもある。

「キャッシュフロー」の管理は、家庭でもとても大事だ。この受付係がすごい浪費家だった場合は、家庭生活に影響があるだけでなく、仕事場でのその人の態度にも影響が出るかもしれない。夫婦喧嘩の最大の原因はお金だ。残念なことだが、家庭のキャッシュフローに問題があって、それが原因で離婚するケースも多い。

●B－Iトライアングルを使ってチェックする

起業家になろうと思っている人は、今勤めている会社を辞める前に、たくさん宿題をやらなければいけない。つまり、新しく始めようとしているビジネスにB－Iトライアングルをあてはめて、五つの仕事がどれもしっかりカバーされているか、確かめる必要がある。

1. 製品
2. 法律
3. システム
4. コミュニケーション
5. キャッシュフロー

この五つの仕事のうち、たとえ一つでもしっかりカバーできないものがあれば、ビジネスは失敗するか、お金の面で苦労をするか、失敗しないまでも成長できないかいずれかの道をたどるだろう。「成功するビジネスはビジネスができる前に作られる」という教えを一番最初に取り上げた理由はここにある。

言うまでもないが、ビジネスを五つの仕事に分けたB－Iトライアングルはとても単純化されている。実

④どのクワドラントにもB－Iトライアングルがある

際のビジネスはもちろんもっとずっと複雑だ。でも、単純化されているとはいえ、この「チェックリスト」は長年大いに私の役に立ってくれている。今でも私はビジネスをチェックする時、このリストをよく使う。ビジネスがうまくいかなくなってきた時も、このリストを使うと、問題がどこにあるかを見つけ、それを分析するのに役立つ。

新製品のアイディアを持っている人は、まずこの簡単なリストを使ってチェックしてみるといい。そうすれば、その製品を市場に出すためにどんなことが必要か、現実的なことがわかってくる。多くの場合、起業家志望の人がアイディアを現実のものにするのをあきらめてしまうのは、喜んで宿題をやろうという気がないからだ。そういう起業家は、ビジネスを始めたらすぐに、新製品が氷山の一角――B－Iトライアングルの一角――にすぎない理由を知ることになるだろう。

多くの起業家志望者があきらめてしまう理由の一つは、自分が五つの仕事のうち一つに関する訓練しか受けていないことに気付き始めるからだ。たとえば創造性あふれるアーティストの場合、正式に受けた教育は製品のデザインに関する教育だけということもあるだろう。また、弁護士なら、正式に受けた教育はB－Iトライアングルの法律のレベルに関するものだけかもしれない。同じように、エンジニアは、製品やシステムに関する訓練は正式に受けていても、ほかのレベルのことについては何も知らないかもしれないし、セールスやマーケティングに関する学位を持っている人は、コミュニケーションのレベルの訓練しか受けていないかもしれない。会計士だったら、キャッシュフローのレベルの訓練しか受けていない場合もあるだろう。

起業家を志す人がこの五つの仕事のリストを見れば、すばらしい新製品のアイディアで大儲けする前に、もっとたくさんの宿題をやらなければならないことがわかるだろう。

●専門的な職業の自営業者

高度な教育を必要とする専門的な職業に就いている人は、普通の人より成功する可能性が高いと言えるが、これは彼らの受けた教育が五つの仕事のうち、複数の仕事をカバーしている場合が多いからだ。たとえば、弁護士の仕事をB－Iトライアングルにあてはめて考えてみよう。

1．製品――製品は弁護士自身だ。弁護士は教育・訓練によって身につけたサービスを提供し、それに対して支払を受ける。

2．法律――弁護士には資格が必要だ。それによって、資格のない人で同じようなサービスを提供しようとする競争相手から自分たちの仕事を守っている。一般的に言って、弁護士事務所には、所員の権利と義務、および相対報酬を明記した契約書が用意されている。さらにそれに加えて、たいていの場合、依頼人との関係を明記した合意書も取り交わす。

3．システム――弁護士はサービスを提供することから、そのサービスに対して請求書を送り、支払を受けるまでのビジネスシステムを確立するための訓練を受けている。この業界では、経験豊富な弁護士の仕事の効率を上げるためのシステムが採用され、一般的なやり方として認められている。それは、たとえば、迅速で費用効果の高い調査を行うために、経験が少なく、比較的費用のかからない弁護士を使い、適用可能な判例を見つけるといった初期調査をやらせ、その結果をもっと経験豊かな弁護士が分析するというやり方だ。請求書を作ったり支払を受けるシステムとして、一般に売られているソフトウェアが使われることも多い。

4．コミュニケーション――弁護士は、成功するためにはいい評判と依頼人とのいい関係を保つ必要があることをよく知っている。最近では宣伝に頼るところも出てきたが、大部分の弁護士事務所は口コミをマーケティングの手段としている。世の中の人はたいてい弁護士の仕事がどんなものか知っているから、その点ではほかの職業よりコミュニケーションや説明の必要は少ない。

5．キャッシュフロー――私たちは弁護士に仕事をしてもらったらそれに対して支払うのは当然だと思っている。でも、それだからといって、弁護士がキャッシュフローのことを考えなくていいわけではない。弁護士はサービスを提供しても、だいたい月末まで請求書は送らない。それに、客の支払が遅れる場合も多い。請求書を送ってから支払いを受けるまで、三カ月から四カ月かかるのも珍しくない。その間も、弁護士は給料が必要だし、生活費を払わなければいけない。

断っておくが、この弁護士の例も非常に単純化されている。でも、このように考えれば、弁護士や会計士、医者、歯医者、水道管やガス管の修理や電気工事をする人、トラックやタクシーの運転手、ベビーシッターなどが自分でビジネスを始めるのが楽なのはなぜか、その理由がわかるのではないかと思う。こういう人たちが提供するサービスには市場が存在する。つまりそのサービスを必要としていて、そのために喜んで支払おうという人たちがいる。

学校の教師やソーシャルワーカーのような職業に就いている人が起業家になり、自営型のビジネスを起こして高い報酬を受けるのはもう少しむずかしい。できないことはないだろうが、残念ながら、現実的に言って、自営の教師を雇う人より自営の弁護士を雇ってサービスを受ける人の方が多い。

私の父は高い教育を受けて学校の教師になった。父のような人が起業家になろうとした時、とても苦労する理由の一つは、受けた職業訓練がB－Iトライアングルの五つのレベルの仕事をこなすための準備とは異なっているからだ。同じように消防士、看護師、司書、秘書といった職業の人の多くは、とても大切なサービスを提供するための訓練を受けているが、それはビジネスを形作る五つの仕事に必要なサービスとは異なっている。そういう人は、今の仕事を辞める前にしっかり宿題をやることが大事だ。

●勝つためには「一番」である必要はない：製品

トーマス・エジソンが電球を最初に発明し、それをもとにゼネラル・エレクトリック社が創立されたと思っている人は多い。でも、本当は、電球を発明したのはエジソンが最初ではなかった。記録によると、電球の発明者のリストでのエジソンの位置は実は二十三番目だ。ではなぜエジソンが発明者として歴史に名を残し、彼が作った会社が世界一大きな会社になったのだろう？　その答えもB－Iトライアングルと、そこに含まれる五つの仕事、そしてエジソンの人生の中に見つけることができる。

一八四七年、エジソン誕生。
十二歳から十五歳まで、蒸気機関車の中でお菓子や自分で作った新聞を売る。
十五歳から二十二歳まで、電信手として働く。
一八六九年、二十二歳の時、最初の特許をとる。
一八七六年、ニュージャージー州に自分の研究室を設ける。
一八七八年、錫《すず》を利用した蓄音機を発明。
一八七九年、電球を発明。
一八八二年、ニューヨーク全市に電力システムを敷設。

●お金を集める：コミュニケーション

略歴を見て気が付いた人もいると思うが、エジソンは十二歳から十五歳の間、学校には通わずセールスの仕事をしている。列車内を行ったり来たりして、お菓子や自分で作った新聞を売っていたのだが、これは、B－Iトライアングルのコミュニケーションのレベルで働いていたことになる。

私が一九七四年に海兵隊を除隊した時、金持ち父さんはこう言った。「きみはセールスの仕事をやらなくてはいけない。人に何か売ることができるというのは、どんな起業家にも必要な基本的技術だ」。この年、私はゼロックス社に入社し、最初の二年間はとても苦労した。というのも、内気で、売り込みを断られるのがいやで仕方なかったからだ。でも、一九七七年には、売上成績の上位五位までに入り、その次の年まで常にその座を守った。

今の私は、起業家になりたいという人にたくさん出会う。彼らは新しい製品やビジネスに関するすばらしいアイディアを持っている。そういう人たちの大部分に共通する問題は、売り方を知らないことだ。それではお金は集まらない。起業家志望の人の多くが、あきらめてもとの仕事に戻る最大の理由は、お金を集められないことだ。

●売ることができなければ起業家にはなれない：キャッシュフロー

売れなければ起業家にはなれない。売れなければお金は集まらない。人にものを売ることを思っただけでぞっとするという人は、まずデパートで働くことから始めるといい。あるいはゼロックス社のように、企業を回って製品を売る会社に就職しよう。そして、度胸がついてきたら、起業家になるためのトレーニングをしてくれるネットワークビジネスや訪問販売ビジネスをやってみるのもいい。

起業家は次のような方法でお金を集める。

1. 友人や家族から
2. 銀行や起業支援機関から
3. 顧客から
4. 納入業者から

5．投資家から

6．株式市場を通して

私はエジソンに関する本を何冊か読んだが、それらによると、エジソンはセールス能力に恵まれていて、そのおかげで、彼のプロジェクトにはベンチャー・キャピタルからの資金流入が絶えなかったそうだ。「セルフ・プロモーション（自己ＰＲ）」というコンセプトを理解し、総合的に活用することにかけて、エジソンは時代の先端を行っていたと言えるだろう。実際は二十三番目だったにもかかわらず、電球の発明者として名を残すようになった理由の一つは、この自分を売り込む能力だった。

一般的には、お金を集めた人、つまりそのビジネスを始めるためのお金を用意した人が一番大きな割合でそれを所有する。だから、起業を目指す人はまず売り方を学ぼう。そして、それを学び続けよう。私にとっては、売り方を学ぶことはレーシングカーの運転の仕方を学ぶのと同じようなものだった。どちらの場合も、克服しなければならなかったのは自分の中にある恐怖だった。

起業家になりたいと思っているのに、売るのを怖がっている人の話を聞くと私はとても残念に思う。

●特許をとる：法律

一八六九年、トーマス・エジソンは二十二歳で最初の特許をとった。知的財産を法律によって守ることで、起業家としてやるべき仕事をきちんとやったのだ。このステップが起業家にとってどんなに重要かは、あとで詳しくお話しする。

●電信会社で働く：システム

電信会社で働くことを通して、トーマス・エジソンはシステムの持つ力を理解するようになった。電球の発明に力を注ぐ一方で、電球に電力を供給するための電力システムの設計もやっていたのはそのおかげだ。電信会社で働いていなければ、そのようなシステムの重要性はわからなかったかもしれない。

システムはネットワークと言い換えることができる。世界で有数の大金持ちたちが、テレビやラジオの放送網、チェーン展開するガソリンスタンド、ネットワークビジネス、流通販売網といった「ネットワーク」をコントロールしているのはそのためだ。

スモールビジネスのオーナーとビッグビジネスのオーナーの大きな違いは、システム（あるいはネットワーク）の重要性を理解しているかどうかだ。リッチダッド・カンパニーの成功の大部分は、網目のようにめぐらされたシステムのおかげでもたらされた。たとえば、私たちの本は、出版社の書籍販売網を通して市場に出される。また、私たちが出演するラジオ番組は、ラジオの放送網を通じて世界中に配信される。

●仕事を辞める前にやる「宿題」

もうおわかりと思うが、これまでに挙げた例はとても単純化されている。でも、B－Iトライアングルの五つのレベルの仕事がすべてしっかりカバーされることの重要性はわかっていただけたと思う。もう一度言っておくが、五つの仕事のうち一つあるいはそれ以上の仕事がきちんとできていないとビジネスはなかなかうまくいかないし、失敗することもある。ビジネスはそれができあがる前に、成功もすれば失敗もする。だからこそ、たとえただ働きになるとしても、宿題をしっかりすることが大事なのだ。

本書ではこれから、B－Iトライアングルの五つのレベルについてさらに詳しく説明していく。みなさんには、今の仕事を辞める前に、ぜひこの五つのレベルの仕事を一つ一つ、じっくり検討して欲しい。ただし、だからといって、それぞれのレベルの専門家にならなくてはいけないというわけではない。大事なのは、起業家としての仕事は一つだけではなく、五つあることを知っている必要があるということだ。だから、今の仕事を辞める前に、それぞれのレベルについてもう少し詳しく学ぶために時間を割こう。

金持ち父さんの起業家レッスン

その四　成功が失敗をあばく

第四章……実社会での頭のよさと学校での頭のよさ

●実社会での成績表

「学校でいい成績をとっていれば、実社会でも成功しますか？」私は金持ち父さんにそう聞いた。

「それはどういう意味で『実社会』と言っているかによるね」

貧乏父さんが有名フランチャイズのアイスクリーム店を閉めてから、私にとってＢ－Ｉトライアングルがより大きな意味を持つようになった。当時五十代だった父は、早めにもらうことになった退職金と、それまでせっせと貯めていたお金を店につぎ込み、すべてを失った。起業家の多くは、一つビジネスに失敗しても巻き返しを図るが、父の場合は坂道をころげ落ちていくばかりだった。

ほかのビジネスを試す代わりに、父は教員組合のトップとなり、今やハワイ州知事となったかつての上司と対立し、教員の給料と給付金の引き上げを要求する立場に立った。つまり、間違いから学び、同じ道を歩み続けてよりよい起業家になるという選択肢もあったのに、従業員に戻り、従業員の権利を守る道を選んだ。

父が再起を図らなかった理由の一つは、お金がなかったからだ。次のビジネスのためにお金を集める方法を学ぶ代わりに、父は単純に就職する道を選んだ。結果的にそれは同じことの繰り返しを意味していた。つまり、資金集めの方法を学ぶなど、何か新しいことをやるのではなく、自分が知っている範囲で何かやることと、他人のために働いてお金を貯めることを意味していた。父は自分が慣れ親しんだ従業員の世界へ戻ったのだ。

●コミュニケーションのスキルを学ぶ

父の足を引っ張ったのがB－Iトライアングルのコミュニケーションのレベルでのスキルの不足だと気が付いていた私は、ＩＢＭとゼロックスのセールスの仕事に応募した。私が欲しかったのは会社からもらう給料ではなく、セールスのトレーニングだった。金持ち父さんからも、起業家になりたかったらコミュニケーションのレベルで宿題をやるのが一番いいと言われていた。

ＩＢＭで二回の面接を受けたあと、この会社が私に合っていないことがよくわかった。ＩＢＭの方も私が自社向きの社員ではないと思っていたに違いない。一方、ゼロックス社の方は、五回目の面接まで受け、四人の求人に対する候補者十人のリストに残った。最後の面接はホノルル営業所長との面接だった。その日、最終審査まで残った十人のうちの六人が、所長室の外の椅子に座って待っていた。残りの四人の候補者はすでに面接を終えていた。

当時、まだ海兵隊に所属していた私は制服を着ていた。所長室の前の廊下に並べられた椅子に座ってほかの候補者たちを観察していると、とても不安になった。みんな大学を卒業したばかりで私より若かった。男女ともとても魅力的で、すでに会社の幹部といった感じの、ぱりっとした服装をしていた。

ベトナム戦争はまだ続いていて、社会の一部ではとてもいやがられていた。つまり、制服姿の人間をいやがる人が一部いたということだ。だから、当時、軍の基地から出てホノルル市内で民間人と肩を並べるのは、あまり気分のいいことではなかった。実際につばを吐きかけられたことはないが、私を見て、地面に向かってつばを吐く人はいた。だから、髪を刈り込み、カーキ色の半袖シャツに緑のズボンという海兵隊の制服にバッジなどをつけた姿で、ビジネススーツを着込んだ若者たちの隣に座っているのは実に場違いな感じがした。

しばらくしてやっと秘書が私を呼び、所長が私と話をすると言った。私は部屋に入り、所長に向き合って椅子に座った。手を伸ばして私と握手をした所長は、無駄口は叩かずにすぐに本題に入った。「きみのファイルは見た。これまで面接したわが社のスタッフはみんなきみを強く推している。みんな、きみがわが社のセールスチームにとって強力な戦力になると思っている」

それを聞いた私は静かに大きく深呼吸して、いい知らせか悪い知らせかはわからないが所長の次の言葉を待った。いい話ばかりしていたが、所長が私の目を見て話そうとしないことに私は気付いていた。視線はずっと私のファイルに釘付けになっていた。

それからやっと所長は目を上げてこう言った。「だが、申し訳ないが、私としてはきみを不採用とすることにした」。所長は立ち上がり、腕を伸ばして握手を求めながら言った。「応募してくれてありがとう」

私は立ち上がって握手をしたが、体中の血が煮えたぎっているような感じだった。

なぜ採用されなかったのか聞きたかった。失うものは何もないと判断した私は、所長に向かってこう言った。理由が知りたかった。

「失礼かとは思いますが、なぜ私を採用できないのか、理由を教えていただけないでしょうか？　あなたは私に面接のチャンスさえ与えてくれていないじゃないですか。私が候補者にもなり得ないと、あなたがそれほど確信を持てるのはなぜか、その理由を教えてください」

「今回はタイミングが悪いということだ。今、ここには十人の優秀な候補者がいるが、採用できるのは四人だけだ。もっと空きがあればいいんだがね。一年待ってまた応募してくれたまえ。次回はチャンスがあるかもしれない。さあ、もういいだろう。残りの候補者の面接があるんでね」

相手の目をまっすぐ見て私はこう言った。「理由を教えてください。面接をしないで、なぜ甲乙がつけられるんですか？　それに、これはとても失礼なやり方だと思います。こんなに遠くまでわざわざ呼びつけておいて、面接のチャンスさえ与えないなんて……。面接もしないでどうして決められるのか、教えてください。私が知りたいのはそれだけです」

「オーケー。知りたければ教えてあげよう。候補者の中でＭＢＡ（経営学修士号）を持っていないのはきみだけなんだ。きみは大学卒業資格しかもっていない」。所長はそう言うと、立ち上がってドアの方に歩き出した。私を追い出そうというわけだった。

●MBAより大事なもの

「ちょっと待ってください」と私は言った。「商船アカデミーで学士号をとって卒業してから、私は五年間を海兵隊で過ごし、誰も戦いたくない戦争を戦ってきました。私は石油関係の会社で働いていたので、戦争に行かなくてもよかったんです。スタンダード石油に勤めていたから兵役は免除されていました。それでも志願して戦争に行ったんです。そんな私に、修士号をとるために学校に戻らなかったから雇えない、そう言うんですか? 私にはほかにやらなければならないことがあったんです。戦わなければならない戦争があったんです。あなたは、そんな私よりも、徴兵を逃れて学校に戻った人間の方を雇いたいと言うんですか?」

「ここはそんなことを議論する場所じゃない。私たちは今、戦争や政治について意見を戦わせるためにここにいるわけじゃない」。私と同じ年頃の所長はそう言った。「きみの質問に答えるとしたら、答えは『イエス』だ。私は学校に戻った人を雇う。求職市場の状況は厳しい。資格を持った応募者はたくさんいる。だから会社側は選り好みできるんだ。今はうちではMBAを持った人間しか雇わない。これが決定を下す基準だ。学校に戻ってMBAをとってくるんだ。そうしたらまた話は違ってくるかもしれない」

「じゃ、なぜもっと早くそのことを言ってくれなかったんですか? そのことを言うためだけに、なぜここまでやらせたんですか?」

「それは例外的な人間には例外を設けているからだ。きみは修士号は持っていないが、これまでの選考員は、わが社が必要としているほかの資質をきみが持っていると判断したんだ。これまで、ほかの会社幹部はきみが優秀だと認めてきた。だが、例外的と言えるほどではなかったということだ」

その時、私は例外的な人間になることに決めた。というか、少なくとも相手にとって忘れられない人間になろうと決めた。所長はドアを開けたまま、もう一度手を伸ばし、わずかに笑みを浮かべて、おざなりな握手を求めてきた。私はその手を無視し、大きな声で聞いた。「教えてください。大学の学位とセールスとどう関係があるんですか?」MBAを持った応募者たち全員の顔が、半開きのドアの方に向いた。

「それは人間性を表す。献身と高い知性があることを教えてくれる」

「それで、大学の学位がセールスとどう関係があるんですか?」私はもう一度聞いた。

「わかったよ。じゃあ聞くが、なぜ自分にセールスができると思うんだい、ミスター海兵隊? より高い教育を受けているこの応募者たちに比べて、きみの方がセールスの仕事にふさわしいと思うのはなぜだい?」

「それは、私がこの五年間、違う種類の教育を受けてきたからです。学校では学べない教育です。ここにいる若者たちが大学の試験のために詰め込み勉強をしている間、私はベトコン(南ベトナム解放民族戦線)のマシンガンの弾が飛び交う戦場に向けてヘリコプターを飛ばしていました。私が受けてきたのはリーダーシップに関する教育です。私たちはみんな、恐怖に震えていました。そんな状況で、部下の兵士たちから最大限の能力を引き出すこと、それを学んだんです。プレッシャーの多い状況でどう考えたらいいか、教室で学ぶだけでなく、実際の戦闘の中で考えなければならなかったんです。中でも私が一番大事だと思うのは、自分のことを考える前に使命のことを考える、あるいは部下たちのことを考えるような訓練を受けてきたことです。ここにいる大学生たちは、いい成績をとるためにただおべっかを使う訓練を受けてきただけです」

　驚いたことに、所長は私の話に耳を傾けていた。どうやら私は彼の注意を引いたようだった。そこで私は、演説の最後を締めくくることにした。

「MBAを持っていなくたって、自分にガッツがあること、勇気があること、そしてプレッシャーのもとで考える能力があることはわかっています。それがわかっているのは、すでに試されてきたからです。教室ではありません。戦場でです。あなたの仕事がIBMを打ち負かすことであるのは知っています。私の仕事はベトコンを打ち負かすことでした。一年間、私は戦闘用ヘリコプターを飛ばしてベトコンと戦ってきました。ベトコンはIBMのどんな営業マンより手ごわくて、勝利のためなら何でもすると腹をくくっている強敵です。五年間かけて受けた訓練は、その強敵を打ち負かすための訓練でした。たとえMBAを持っていなくても、海兵隊での教育がIBMを打ち負かす準備を私にさせてくれたんです。もしあなたが、MBAを持っているこの若者たちが、実社会でIBMを打ち負かす訓練を受けてきたと信じているのなら、どうぞ彼らを雇ってください。私にはそうは信じられませんけれどね。でも、自分のことは信じられます。私にはわかっています。ベトコンを打ち負かせるなら、IBMの営業マンだって打ち負かせます。たとえ相手がMBAを持っていて私は持っていなくても同じです」

廊下はしんとしていた。ブリーフケースを床やひざの上にきちんと置き、期待に胸をふくらませて座っている応募者たちの方を見ると、動揺しているのが見て取れた。みんな私の話を聞いていたのだ。

所長の方に向き直ると、私は握手をして、話を聞いてくれたことにお礼を言った。もう言いたいことは全部言った。私は笑顔で付け加えた。「こちらのライバル会社で働くことにしますよ」

「ちょっと待ちたまえ」。所長が小声で言った。「私のオフィスに戻りたまえ。会社の雇用条件がどうあれ、私には例外を設ける権限が与えられている」

ゼロックスへの就職が決まったあと、私は金持ち父さんのところへ報告しに行った。そして、自分が採用されないだろうとわかった時、所長に向かって言ったことを伝えた。金持ち父さんはにこにこ顔で言った。「失うものが何もない時に一番多くを勝ち取るということがあるんだよ」。それから、こんなふうにも言った。「たいていの人にとって一番むずかしいのは、何もないところに向かって突き進むことだ。たいていの人は何もないところに突き進むより、少しでもいいから何かあるところにしがみついていて、結局は何も手に入れられない」

●失敗する速度を速くする

セールスの方法を学ぶのはヘリコプターを飛ばす方法を学ぶよりずっとむずかしかった。実際のところ、ホノルルの町をうろつき、ドアを叩き続けるより、ベトコンのマシンガンの巣窟に向かってヘリコプターを飛ばす方がましだと何度思ったか知れない。私は本来とても内気な人間だ。今でも、パーティーとか社交的な集まりはとても苦手だ。だから、知らない人の家やオフィスのドアを毎日叩いて回るというのは恐怖でしかなかった。

最初の二年間、私はゼロックスのセールス部門で最悪の営業マンだった。廊下で例の所長と出会うたびに、私は穴があったら入りたい気持ちになった。所長の顔を見るたびに、面接の日に大得意でぶち上げたベトナムの英雄さながらのスピーチを思い出した。半年毎の売上成績見直しの時に、所長はいつも、私を見込んで雇ったのに見込み違いだったと思い始めている、といったようなことを言った。

もう首になるかもしれないという事態になって、私はとうとう金持ち父さんに電話をして会ってくれるように頼んだ。ランチを食べながら、私は金持ち父さんに窮状を訴えた。売上も収入も落ちていて、営業成績番付ではいつもビリ……。「何が問題なのだと思いますか?」

金持ち父さんはいつものように笑った。その笑いは、私に「大丈夫、ただ学習プロセスで行き詰まっているだけだ」とわからせるための金持ち父さん流のやりかただった。「一日に何軒くらいセールスに回るんだい?」金持ち父さんはそう聞いた。

「調子のいい時で三、四軒です。たいていはオフィスでデスクワークをやって時間をつぶしているか、どこかのコーヒーショップで、次のドアを叩く勇気を奮い起こしているかどちらかです。飛び込みセールスをやるのは大嫌いです。断られるのがとてもいやなんです」

「飛び込みセールスをしたり、断られたりするのが好きだなんていう人は私もお目にかかったことがないよ。でも、その恐怖に打ち勝つことを学んだ人は何人も知っている。恐怖があったにもかかわらず、それを克服して大きな成功を手にした人たちだ」

「じゃ、ぼくはこの失敗し続けている状況から抜け出すのにどうしたらいいんですか?」

金持ち父さんはまた笑い、こう言った。「失敗し続けている状態をとめる方法は、失敗する速度をもっと速くすることだよ」

「失敗する速度を速くするって、どういうことですか?」私は訴えるように言った。「ぼくをからかっているんですか? 何が悲しくて失敗する速度をもっと速くしたいなんて思わなくちゃいけないんです?」

「速度を速くしようがしまいが、きみは失敗する」。金持ち父さんはにこりとした。「いいかい、きみは今、学習プロセスの途中にいる。このプロセスを通り抜けるには、失敗をたくさん犯して、その失敗から学ばなくてはいけない。より速く失敗を犯せば、より速くプロセスを通過して向こう側に着くことができる。あるいは、ここでやめてしまうこともできるよ。そうすれば、プロセスがきみを吐き出す」

金持ち父さんが言っていたのは、電球を発明する前に何度も失敗したことについてトーマス・エジソンが言ったのと同じことだった。それはまた、最近私がレーシングカーを高速で運転する方法を習った時に、運転のプロのインストラクターから言われたこととも同じだった。彼らはみんな、もし、あるプロセスをより速く通り抜けたいと思ったら、自ら進んで、失敗する速度をもっと速くする必要があると言っていた。

●失敗に続く失敗

それから数週間、金持ち父さんのアドバイスをしっかりと心に刻み込んだ私は、セールスのためのオフィス訪問の件数を増やすことに全力を尽くした。そして、レーシングカーさながらの高速で、次から次へとドアを叩き続けた。問題は、それでもまだ自分が話すべき相手まで行き着かなかったことだ。私のようなうるさい営業マンをボスの目に付かないところで追い返すことにかけて、秘書たちは一流の腕を持っていた。

高速で失敗することにも失敗しかけている自分に気が付いた私は、また金持ち父さんに電話をしてアドバイスを求めた。金持ち父さんはまた前と同じように笑って言った。「昼間の仕事はそのまま続けて、夜できるセールスの仕事を見つけるといい。でも、その仕事は、きみをもっと速く失敗させてくれる仕事じゃなくちゃいけないよ」

当然ながら、この時も私はぶつぶつと文句を言った。夜働くなんていやだった。私は独身で、ここはハワイだ。夜はワイキキの盛り場で遊んでいたかった。夜、セールスをするなんてとんでもない！　私のぼやきやら愚痴《ぐち》やらに耳を傾けたあと、金持ち父さんはただこう聞いた。「どれくらい強く起業家になりたいと思っているんだい？　起業家にとって一番大事なスキルはセールスの能力だ。起業家になるためのプロセスのこの部分をしっかり学ぶ気がなければ、従業員でいた方がましだ。これはきみの人生だ。きみの未来、きみの選択だ。今失敗する道も選べるし、あとになって失敗するのがよければそうすることもできる」

それはすでに学んだことのある教えだった。もう何度も聞かされていた。テーマはそのたびに違っていて、今回のテーマはセールスだったが、教えはいつも同じだった。それは、成功したければ、自ら進んで失敗を犯す気持ちでいなければいけないという教えだ。

父がビジネスに失敗したばかりで、まだそのことが強く印象に残っていた私には、セールスについてのこの教えがどんなに大事かよくわかった。Bクワドラントで起業家になりたかったら、セールスの仕方を身につけなければいけない。でも、ドアを叩き続けるのがいやなことに変わりはなかった。私は毎日、いやでたまらなかった。ある日、「うちはいらない」という返事を四回、「オフィスから今すぐ出て行かないと警察を呼ぶぞ」という返事を一回聞かされたあと、私はどん底まで落ち込んだ。そして、オフィスではなくそのまま家に戻り、ワイキキの小さなアパートの一室で椅子に座り、仕事を辞めることを考えた。学校に戻って法律の学位をとろうかとまで考えたが、頭痛薬を飲んで横になると、すぐにそのアイディアは消えた。もっと速く失敗するために、別のやり方を試すべき時がきていた。

●失敗のおかげで成功率が上がる

夜、お金のもらえる仕事を探すのはやめた。喜んでただ働きしようという気があれば仕事を見つけるのは簡単だという金持ち父さんのアドバイスを思い出したのだ。そして、寄付を集めるために電話をかけるスタッフを必要としていた慈善団体を見つけた。ゼロックスでの仕事を終えると、オフィス街をあとにしてこの団体の事務所に行って、夜七時から九時半まで、寄付を求める電話をかけた。電話越しではあったが、この二時間半の間に、私は自分としては最高の速度で失敗を繰り返した。これまでは一日に三件から七件、売込みをするのがせいぜいだったが、この夜の仕事では二十本以上の電話をかける日もあった。それにつれて断られる件数、失敗の件数も上がった。だが奇妙なことに、それと同時に、首尾よく寄付をもらえる件数も次第に増えてきた。それに、電話の本数が増えれば増えるほど、断られた時の対処方法もうまくなった。成功した電話で何がよかったのかを学び、寄付をもらえた時と断られた時の自分の話し方を研究して、それを元にアプローチを変えた。一方、この仕事で失敗する速度が速まるにつれて、昼間のゼロックスでの仕事の成功率は上がってきた。まもなく営業成績番付のビリを脱出し、順位を上げ始めた。その結果、夜の仕事ではお金をもらっていなかったが、昼の仕事からの収入が増えてきた。

この数時間の余分な仕事は、私の「お遊びの時間」にも影響を与えた。というのは、慈善のための寄付を断られる件数が増えれば増えるほど、夜のワイキキの遊び場で、前より楽しめるようになったのだ。私は突然人が変わったように、夜の遊び場で出会う美女たちに話しかけるのが怖くなくなった。ぎこちなさがとれ、断られるのが怖くなくなり、そのうちに、かっこいいと思われるようにまでなった。女性たちの間での評判も上がり、文字通り、女性たちが私のまわりに集まるようになった。四年間、男ばかりの軍隊式商船アカデミーに通い、そのあと数年を海兵隊で過ごした私にとって、たくさんの美しい女性に囲まれるのはなかなかいいものだった。カウンターの隅っこに陣取って、遠くからきれいな女性たちを眺めているだけの孤独な野暮男に比べたら雲泥の差だった。

夜の十時から午前一時まで、私は『サタデー・ナイト・フィーバー』のジョン・トラボルタさながらのディスコ野郎に変身した。白いスーツに襟の立ったシャツ、足にはディスコ・ブーツ、首には貝殻のネックレスというでたちまで揃えた。そして、どこへ行く時も、ビージーズの『ステイン・アライブ』を頭の中で歌いながら、そのリズムに合わせて歩いた。私の生活時間帯はめちゃめちゃだったし、格好も人にはめちゃめちゃに見えたに違いないが、このやり方は利いた。私は失敗の速度を上げ、B－Iトライアングルのコミュニケーションレベルで自分がやるべき宿題を着々とこなしていった。

ゼロックスでの三年目と四年目には、私は営業成績番付のビリどころか、トップに躍り出た。それに従って、収入も増えていた。失敗が効果を現し始めたのだ。四年目には営業成績のトップを常に維持することができた。トップを極めた時、私は自分がもう一歩先に進む時期が来たことを悟った。セールスについて学ぶ「学生時代」は終わった。何か別の、新しいことを学ぶ時が来ていた。だが、この時の私は、セールスでのこの成功が、ビジネスにおける人生最大の失敗を準備しつつあったことにまったく気付いていなかった。

●四つのビジネススクール

金持ち父さんは息子のマイクと私に、ビジネスを教えてくれる「ビジネススクール」には四つの種類があると説明してくれた。

1．伝統的なビジネススクール——このタイプのビジネススクールは認可された大学の中にあり、MBAなどの学位がもらえる教育課程が用意されている。

2．ファミリービジネススクール——金持ち父さんは家族で経営する「ファミリービジネス」を持っていたが、このようなビジネスの多くは、あなたがその家族の一員であれば、ビジネス教育を受けるのに最適の場所だ。

3．企業内ビジネススクール——会社の中には、有望な若い学生たちのために研修制度を設けているところがたくさんある。研修を受けた学生は、卒業後、会社が雇ってくれて、キャリアを積むための指導をしてくれる。また、さらに進んだ教育を受けるための授業料を出してくれる会社も多いし、中には、そのための時間をくれるところもある。学校での正式な教育を受けたあと、有望な社員は社内のいろいろな部署に回されることが多い。これは、ビジネス全体を把握させ、現場での実地体験をさせるためだ。
4．実社会のビジネススクール——起業家志望者たちが学校や家庭、会社などの「セーフティーネット」から外に出た時に通い始める学校がこれだ。この学校に通うと、実社会で生き残るための知恵が身につく。

今挙げた四つのビジネススクールにはそれぞれに長所、短所がある。私はここで、どれが悪くてどれがいいなどと言うつもりはない。私の場合は、幸運にもいろいろな形で四つ全部の学校に通うことができた。

●伝統的なビジネススクール

ゼロックス社に勤めていた頃、私はMBAをとるつもりで地元の夜間大学に通った。だが、一年もたたないうちにやめた。自分に向いていないと思ったからだ。教師たちは学校に雇われている人か、あるいはどこかの会社に勤めている人だった。学生の大部分は、教師たちと同じような、高い教育を受けて高給をとる従業員になりたいと思っていた。彼らは企業内の昇進のはしごを登ることを目指していた。一方、私はそのはしご自体を作りたいと思っていた。その方法を学ぶにはまったく別の環境とカリキュラムが必要だった。だから私は夜間大学をやめた。

●ファミリービジネススクール

マイクと友達だったおかげで、私は金持ち父さんのファミリービジネススクールで学ぶことができた。これはすばらしい学校だった。理由は簡単だ。この学校が四年だけで終わらず長く続いたこと、そして、金持ち父さんが実社会で成功した本物の起業家であるばかりでなく、すばらしい教師だったことがその理由だ。

●企業内ビジネススクール

ゼロックス社に勤めていたおかげで、私は世界で最高級の企業内セールストレーニングプログラムに参加することができた。一九七四年、就職が決まるとすぐに、会社のお金でホノルルからバージニア州リーズバーグまでファーストクラスで飛んだ。そこにはセールストレーニングのための施設があり、私はそこで二週間を過ごした。すばらしい経験だった。教室でのトレーニングが終わるとすぐに私たちは街に出て、習ったばかりのことを実際に使う訓練を受けた。セールスマネジャーたちは教師としても、また、人生を導くよき師としても、すばらしい人たちばかりだった。彼らは、現場で遭遇するさまざまな場面に教室で習ったことをどう応用したらいいか、私たちにしっかり教えてくれた。新人の私たちは、セールスの技術だけでなく、ライバル会社の製品やセールス戦略についても多くを学んだ。当時ゼロックス社は打倒ＩＢＭという大きな目標を掲げていた。ＩＢＭは強敵で相手にとって不足はなかった。だから、そのために精一杯がんばる必要があった。

●実社会のビジネススクール

私にとって一番大変だったビジネススクールはこの四つ目のビジネススクールだ。ゼロックス社を辞めて一人で実社会に飛び出した時、私は文字通り世間の荒波にもまれた。実社会のビジネススクールは怖い学校だった。教師は残酷なまでに厳しく、成績のつけ方もとても厳しかった。自分の心の中に巣食う大きな恐怖に負けそうになったり、自信喪失の深い穴に落ち込んだこともよくあった。それでも、この学校は私にとって最高のビジネススクールだった。私が必要としていたのはまさにこのような学校だった。実社会のビジネススクールの成績はＡやＢといった評価ではなく、いくら稼いだか、いくら損をしたかによって測られた。

一九七八年、私はゼロックス社の「企業内ビジネススクール」を卒業し、「実社会のビジネススクール」

に入学した。それは私にとって、感情面でもとてもつらい変化だった。ファーストクラスで飛び、快適なオフィスと高給を与えられ、すべて会社が払ってくれる世界から、紙を止める小さなクリップから出張の費用、従業員の給料や保険料まで自分で支払わなければいけない世界へ移ったのだから……。企業内ビジネススクールを出る前は、ビジネスを機能させるのにどれくらいお金がかかるのか、まったく知らなかった。新たにビジネスを起こした私と二人のパートナーは、経費を抑えるために、最初の二年間は給料をもらわなかった。また「ただ働き」をしたわけだが、この時私は、金持ち父さんが息子のマイクと私をただで働かせて、その重要性を強調した理由がよくわかった。金持ち父さんは、私たちに起業家の世界に入る準備をさせていたのだ。この世界では、自分以外の人がまず支払いを受け、自分は最後に支払いを受ける。それも、その支払いをするだけのお金が残っていればの話だ。

●成功が失敗をあばく

四つ目の金持ち父さんの教えは「成功が失敗をあばく」ということだ。言い換えると、「強みが弱点をあばく」ということになる。この教えの意味も、自分のビジネスが成功してはじめてわかるようになった。

ナイロン製のサーファー用財布のビジネスは、B－Iトライアングルの五つのレベルのうち二つでは成功していた。コミュニケーションと製品のレベルだ。私たち三人はこの二つのレベルをうまくこなすためのトレーニングはすでに何年も受けていた。問題は、二つのレベルでの私たちの熟練度があまりに高く、ビジネスの成功があまりに大きく、あまりに短期間に訪れたことだった。それはまるで、庭で使うゴムホースを消火栓につないだようなものだった。私たちの会社は世界に飛び出し、そこでも成功を収めたが、システムに圧力がかかりすぎて会社自体が吹き飛んだ。強みが弱点に一気に圧力をかけたせいだ。つまり、強みが弱点をあばいた、成功が失敗をあばいたということだ。私たちは法律、システム、キャッシュフローのレベルを強化することを怠った。何とかカバーはしていたが、成功の速度に合わせて強化しようとしなかったのだ。

●計画段階に逆戻り

私たち三人の企てがみごとに崩れ去ったあと、二人のパートナーは会社を去った。私も辞めたかったが、金持ち父さんからこう言われた。「ビジネスを立て直すんだ。きみがいつも通いたいと思っていたビジネススクールはそこにある」

それから六年の間、私はビジネスの設計図を書き直すために何度も製図板の前に戻った。失敗を重ねるたびに、そこから受ける打撃は次第に軽くなり、回復にかかる時間が短くなっていった。そして、失敗した時にどうすればよいか、次に何を学んだらよいかがわかってきた。実社会のビジネススクールが私を導いてくれたのだ。失敗するたびに私の頭は鍛えられ、自信が持てるようになった。そのたびに、失敗を前ほど恐れないようになり、次に学ぶべきことを学ぶのが楽しみになった。失敗はどれも挑戦であり、次の世界へと続く扉だった。成功すればそのドアは開き、失敗して挑戦に敗れればドアは私の鼻先で閉まった。ドアが目の前で閉まった時は、もっと賢くなる必要がある時だった。もっとよく考え、次の世界へ通じる道を見つけるために創造性を発揮する必要があった。これは多くの点で、ドアを叩き、飛び込みセールスをする営業マンの仕事に似ていた。まるでゼロックス時代に戻ったようだった。

お金がないのに何年も一体どうやって生活してきたのかと聞かれることがあるが、その問いに対する答えはこうだ。「わからない。ただ、一日一日を何とか切り抜けてきただけだ」。二人のパートナーが会社から手を引き、もうどうしようもなく思われた時、新たな二人のパートナーが現れた。そのうちの一人は弟のジョンだ。二人はお金もつぎ込んでくれたが、会社にとってもっと重要な意味を持っていたのは、新しい活力とスキルをもたらしてくれたことだ。もう一人の新しいパートナーであるデイブは、B－Iトライアングルのシステムのレベルでの経験を活かして働いてくれた。製造に関する彼の腕は一流だった。一方、ジョンはキャッシュフローのレベルを担当してくれた。会社にお金を貸してくれている人たちを満足させ、納入業者たちに原料の供給を滞りなく行わせるのが彼の得意とするところだ。

私たちはまた、新しい顧問もメンバーに加えた。それは会計事務所を引退した会計士で、めちゃくちゃになった会社の財務を立て直す手伝いをしてくれた。彼は喜んでただで働いてくれた。引退後の彼にずっとうちにいられるより外に出てくれていた方がいいと奥さんが思っていたので、彼自身、どこか行くところができただけで満足していた。それに、私が思うに、若造の私たちがじたばたしているのをなかなか面白いと思って見ていてくれたようだ。私と二人の新しいパートナーがたくさんの問題を抱えてあだこうだと悩んでいるのを横目で見ながら、よく苦笑していた。彼はめちゃくちゃになった部分を立て直すだけでなく、プロの起業家としてもっとふさわしいやり方で資金を集める方法を教えてくれて、資金集めも助けてくれた。

先ほども言ったように、私たちはただ一日一日を何とか切り抜けてきた。私にわかっていたことは、アイスクリーム店の経営に失敗した父がしたように、従業員の生活には戻りたくないということだけだった。いろいろな意味で、当時の私は「引き返すには遠すぎるところまで来てしまった」と腹をくくっていた。

金持ち父さんは正しかった。あの十年間、私は最良のビジネススクールに通った。一九七四年のゼロックス社に始まり、ビジネスを立ち上げて成功に導いた一九八四年までの十年間は、作り上げては失敗し、間違いを正してまた作り上げ、そしてまた失敗する……というプロセスの繰り返しだった。私にとって、それは最良の学習方法だった。会社ではなくレーシングカーを作っているように感じることもよくあった。会社を作り上げてはそれをサーキットに持って行き、アクセルを踏み込んだらエンジンが吹っ飛んだり、油圧系統がだめになったりして、また自動車工場に持って帰る。それが私たちのチームがやっていたことだった。

●システムが集まってできたシステム

実際のところ、ビジネスを作り上げるのは車を作るのによく似ている。車はさまざまに異なる複数のシステムが集まってできた一つのシステムだ。電気系統、燃料系統、ブレーキ系統、油圧系統など、どれもシステムだ。それらのシステムのうちどれか一つでもこわれたら、車は動かなくなったり、安全に運転できなくなったりする。

人間の身体もシステムが集まってできたシステムだ。私たちの身体の中には血管、呼吸器、消化器、骨格などたくさんのシステムがある。それらのシステムのうちどれか一つでもこわれたら、身体も動かなくなってしまうことがある。

いろいろなことを学んで起業家になる過程は、多くの点で、車の技術者や医者になるために学校に通うのに似ている。医者が患者のレントゲン写真や血液検査の結果をチェックするように、起業家はB－Iトライアングルを見てビジネスの健康状態や体力を分析する。

ナイロン製財布のビジネスを立ち上げ、それを何度か立て直し、その後、ほかのビジネスをいくつか立ち上げたり立て直したりしているうちに、ビジネスを分析することが前ほどむずかしくなくなった。今では、恐怖の代わりに興奮を感じる。大きなリスクの代わりにチャンスが見える。今は、すべてをなくしてもまた立て直すことができるのがわかっている。四つのビジネススクールに通うこと、つまり学校での頭のよさと実社会での頭のよさを身につけることが最良の教育だと私が言う理由はここにある。

●異なる「賢さ」が必要

「起業家にとって、学校での頭のよさと実社会での頭のよさでは、どちらの方が大事ですか？」よくそう聞かれるが、今の私はこう答える。「両方とも大事だ」

起業家として成功するために、あなたとあなたのチームは、学校での頭のよさと実社会での頭のよさの両方を身につける必要がある。その理由はB－Iトライアングルを見ればわかる。そこにある五つのレベルはどれも実社会での賢さを必要とする。一方、法律とキャッシュフローのレベルには、学校で訓練を受けた専門家が絶対に必要だ。法律のレベルは弁護士に任せたいし、キャッシュフローのレベルは税理士や会計士、できたら公認会計士に面倒を見てもらいたい。これはごくあたりまえのことに思えるかもしれないが、実際には、会計士や弁護士をチームに加えずにビジネスを作り上げる方法について私にアドバイスを求める人がたくさんいる。その数を聞いたらあなたもびっくりするだろう。

起業家は学校での頭のよさと実社会での頭のよさの違いを知っている必要があるが、もっと大事なのは、チームとしての頭のよさだ。起業家はこの点でも賢くなければいけない。つまり、やるべきことをきちんとやるために、必要な人々をうまく組み合わせて最良のチームを作る方法を知っていなければいけない。ビジネスの世界で勝ち残るための最終兵器は、チームとしての賢さだ。

ジム・コリンズはベストセラー『ビジョナリーカンパニー2　飛躍の法則』の中で、バスに適切な人を乗せること、そして、それぞれに合った席に座らせることの必要性を説いている。適切でない人たちをバスから降ろすこともまた大事だ。起業家としてあなたは、B－Iトライアングルに含まれる五つのすべての仕事に必要な才能を持った人たちを集めて、ひとつのチームを作る必要がある。

●三つの大きな間違い

私が見たところ、法律と会計の専門家に関して起業家が犯しやすい基本的な間違いには、次の三つがある。

1. ビジネスを立ち上げる前に、法律・会計面で適切なアドバイスを求めようとしない。

2. 自分が雇った弁護士や会計士のアドバイスに耳を傾けすぎる。

一体誰が会社を動かしているのか、起業家か、会計士か、弁護士か？　そんな質問をしなければならない起業家に私は何人も出会っている。いつも忘れないようにしよう。会計士や弁護士は、その道ではあなたより賢いかもしれないが、お金を出して彼らを雇っているのはあなただ。会社の進むべき道を決めるのはあなたなのだ。

3．弁護士や会計士をチームの一員にしない。

だからといって、弁護士や会計士をフルタイムで雇わなければいけないというわけではない。ただ、雇ったからには彼らを全面的に信頼すべきだということだ。彼らにはすべてを知る必要があるし、知りたいとも思っている。あなたは彼らと親密な関係を築く必要がある。金持ち父さんはよくこう言っていた。「パートタイムの会計士や弁護士を雇うのは、パートタイムの夫や妻を持つのと同じようなものだ」

●考え方のタイプには四つある

Aタイプ **分析能力・批判的思考**	**Tタイプ** **技術的能力・熟練**
Cタイプ **創造的思考・柔軟性のある論理**	**Pタイプ** **人間関係・リーダーシップ**

この表は、異なる考え方をする人が持っている特性・能力を表したものだ。上の二つは、一般に、学校での頭のよさを備えた人が持っているとされる特性で、下の二つは実社会での頭のよさを備えた人の持つ特性だと言える。金持ち父さんはこう言った。「起業家として成長したいと思ったら、この四つの分野の能力をすべて伸ばす必要がある」

この四つの特性については、もっとよくわかるように、またあとで例を挙げて取り上げるので、ここでは簡単に説明しておく。

Aタイプの考え方をする人（A：Analytical skills）

私たちのまわりには、分析能力にすぐれた人が必ず一人や二人いる。たとえば、学校で数学の問題を解くのが大好きだった人がこのタイプだ。こういう人に新しいアイディアを話すと、おそらく、柔軟性を持ってそのアイディアを受け入れてはくれず、批判的なコメントや皮肉の混じったコメントが返ってくるだろう。Aタイプの人にとっては、すばやく決断を下すのではなく、時間をかけて考えて状況を分析するのが普通だから、決断を下す前にもっと詳しいことが知りたいと言って、またあなたの話を聞きにくるかもしれない。

Cタイプの考え方をする人（C：Creative thinker）

仕事において創造性を発揮する芸術家タイプの人も、一人や二人必ずどこにでもいる。芸術家といっても画家などとは違う。創造的な人という意味だ。実際は会計士でも弁護士でもいい。このタイプの人は物事を全体的に見るのが好きだ。枠にはまらず自由な発想をする。そのせいでAタイプの人が相当いらいらさせられることも多い。論理に柔軟性があるというのは、納得して新しい考え方を受け入れる幅が広いということだ。たとえば、私が「株式市場が暴落している時の方が多くのお金を儲けられる」と言ったら、Cタイプの人はAタイプの人よりもその論理をよく理解できるだろう。言い換えるなら、Cタイプの人は非論理的なことを取り入れて、それを自分の論理の中にはめ込むことができる。一方、Aタイプの人は自分の考え方に合わないものは何でも拒絶する。

Tタイプの考え方をする人（T：Technical skills）

技術的なことにとにかく強いという人も私たちのまわりに必ずいる。火星人にしかわからないような言葉で話すコンピュータマニアがそのいい例だ。あるいは、車のトランスミッションをはずして修理する方法を知っているカーマニアもそうだ。Tタイプの人は次のPタイプの人と正反対である場合が多い。なぜなら、Tタイプの人は、自分と同じ技術分野に興味を持っている人以外とはあまり打ち解けられないからだ。コンピュータマニアは仲間と会うことだけを目的に、コンピュータ関連の会議や見本市に出かける。車好きは、話し相手を探すことだけを目的に車のパーツ屋をうろうろする。

Pタイプの考え方をする人（P：People skills）

このタイプの人の多くは、ハイスクールで生徒会の会長に立候補したり、クラスで「一番人気のある生徒」に選ばれたりしたことのある人だ。Tタイプの人とは違って、誰にでも話しかけられる。パーティーでは花形だ。彼らが来ると盛り上がるので、みんなパーティーに呼びたがる。ビジネスの世界では、スタッフや従業員に好かれる。この人のためなら何でもやろうという気持ちになる。このタイプの人がビジネスに必要なスキルも持ち合わせていれば、すばらしいリーダーになれる。彼らの言うことにはみんな耳を傾ける。

●考え方のタイプが違えば起業家としてのタイプも違う

もう気が付いた人もいると思うが、考え方のタイプが違えば、起業家としてビジネスを始める場合にやりたいと思うビジネスのタイプも違ってくる。たとえば、Tタイプのカーマニアは自動車のパーツの店を開きたいと思うかもしれないし、Aタイプの弁護士は弁護士事務所を開きたいと思うかもしれない。またCタイプの医者は整形外科医院を始めようと思うかもしれないし、Pタイプの人は、常に選挙に打って出て、休みなく働く政治家になるかもしれない。Pタイプの人は、教会の牧師になって教区の人たちの役に立ちたいと思うかもしれない。世間の注目を浴び、それに対して支払を受ける芸能人にもPタイプの人が多い。

金持ち父さんはこう言った。「ビジネスにとっては、考え方の四つのタイプすべてが大事だ。スモールビジネスが小さいままだったり、失敗したりするのは、この四つのうちどれかの考え方が足りないからだ」。私のナイロン製サーファー用財布のビジネスが失敗した原因の一つは、パートナーたちが創造性に富むCと、人間関係が得意なPの考え方に偏っていて、分析的なAと技術的なTのタイプの考え方がとても弱かったからだ。

自営型の起業家の多くはAあるいはTのタイプの能力がとても高い。Aタイプの人は弁護士、Tタイプの人は電気技師などとして成功する可能性が高い。こういう人はとても頭がよく、一つの分野を極めて、そこで一人でがんばる。でも、CとPの分野が弱いので、ビジネスを大きくしようとすると苦労することが多い。

投資の世界でも、AあるいはTタイプの人と、CあるいはPタイプでは投資の仕方が異なる。AとTの人はきちんと決まった方式に従って投資したいと思う。何度も数字をチェックして分析したがる。一方、CやPのタイプの投資家は普通とは変わった取引に興味を持ったり、取引に関わっているのがどんな人たちか知りたがったりする。投資においてはもちろん人間が重要な要素になるが、Pタイプの人にとってはことさらそれが大事だ。

投資についてのセミナーなどをやると、よく「どうしたらよいか教えてください。あなたはどんな方法を使ったんですか?」と聞かれる。このような質問をする人は、たいていAかTタイプの人だ。そういう人は、「私たちは投資を作り出しただけです。何人か集まり、話をまとめてたくさんのお金を稼いだ。それだけです」という私の答えを聞くと、頭の中がごちゃごちゃになってしまうようだ。なぜそうなるかというと、私たちの投資方法が彼らの論理的思考体系と適合しないからだ。AやTタイプの人にとっては「お金を貯め、借金を返し、長期的に分散投資する」といった方式に従うのが楽なのだ。こういった方式は、投資の方法として最良とは言えないが、それでも、投資に関して論理的体系を必要とするAやTタイプの人の欲求は満たす。彼らが私のやり方に不満を感じるのは、柔軟性のある論理が受け入れられないからかもしれない。

●金持ち父さんのアドバイス

私が起業家になることについて、金持ち父さんは心配していた。それは、私が四つの思考パターンすべてに弱かったからだ。A、T、P、Cのどのタイプの考え方をするにも力不足だった。金持ち父さんはこう言った。「きみは自分に合ったものを一つ選んで、その分野で強くなるようにしなくちゃいけない」

そう言うと、金持ち父さんは大判のレポート用紙にB－Iトライアングルの五つの仕事を書き出した。

製品
法律
システム
コミュニケーション
キャッシュフロー

次に金持ち父さんはこう言った。「B－Iトライアングルの五つのレベルの中で、法律とシステムとキャッシュフローに関しては、現実的に言ってきみには見込みがないと思う。学校では成績がよくなかったし、これからだって学問的なことでいい成績を収めることは決してないだろうからね。きみが学校に戻って弁護士や会計士、エンジニアになるなんていうのはありえないと思う。となると、きみに残されているのは製品とコミュニケーションだ。二つのうち一つを選び、これから一生かけて、その分野で第一人者になる努力をするんだ」。私が海兵隊を辞めてゼロックス社に勤めることにしたのは、この言葉のためだ。一九七四年、私は起業家として成功する自分の可能性を最大にするために、人とのコミュニケーションの分野を極めることに決めた。私は生まれつきPタイプの人間というわけではなかったが、一生かけて自ら進んで学ぶことができるのはこの分野だと決めたのだ。

今、私は、学問的にすぐれている人や、創造的で製品のデザインのできる人、法律を学ぶことを一生の仕事と決めた法律家、システムを作ることに長けたエンジニアといった人たちに大きな尊敬の念を抱いている。また、お金の流れがどうなっているか、細かく動きをチェックできる、頭の切れる会計士たちも大いに尊敬している。

B－Iトライアングルのうちの一つのレベルで専門家にならなければいけない理由を聞くと、金持ち父さんはこう答えた。「最高の人材を集めたチームを作りたかったら、きみ自身も何かの分野で最高の人材でなければいけない。もしきみがコミュニケーションの分野で月並みの能力しかなかったら、実際のところ、きみには最高の弁護士も、エンジニアも、デザイナーも、会計士も必要ない。自分が月並みなら、必要なのは月並みな人材だけだ」

●すべてのレベルを極める必要はない

すべてを一人でやる自営業タイプの人の中には、五つすべてのレベルで専門家にならなければいけないと感じているために、かえって自分の力が最大限に発揮できなくなっている人がいる。多くの場合、そういう人は、五つのすべてのレベルをある程度はこなせても、必ずしもすべてに強いわけではない。彼らがキャッシュフロー・クワドラントのSクワドラントにとどまっている理由は、このあたりにあるのかもしれない。

Bクワドラントで成功したいと思ったら、一つのレベルを極め、次にほかのレベルをカバーするために、自分のまわりにすぐれた専門家を集めてチームを作る必要がある。

自分で言うのもなんだが、内気な性格を克服したあと、私はセールス、マーケティング、ものを書くこと、話をすること、情報提供を目的とした製品を作り出すことなどの腕をかなり上げた。このようにして、コミュニケーションレベルでのトレーニングと、人間関係に重点を置いたPタイプの考え方を自分の中に育てることに長い時間をかけなかったら、リッチダッド・カンパニーはこれほど成功しなかっただろう。

今、リッチダッド・カンパニーには、強力な製品デザインチームと、押しが強く頭の切れる法律チームに加え、アメリカ国内だけでなく世界も含めた流通システムやマーケティング、コミュニケーションのシステム、キャッシュフローを確保することにかけて最高の腕を持った会計チームが揃っている。ビジネス全体を考えると、世界中で何千人もの人がリッチダッド・カンパニー、あるいはその製品のために働いている。古い言い回しを使うなら、リッチダッド・カンパニーは確かに「一夜にして」成功を手にしたと言えるかもしれない。でも、実際はそうなるまでに多くの年月がかかっている。

●自分自身を強くする

実社会のビジネススクールはとても厳しい学校だ。ナイロン製の財布を売っていた頃、お金はどんどん減るばかりで、製品を買ってくれるところを探してニューヨークの町を歩き回り、ドアを叩き続けた時のことは今でもよく覚えている。私はニューヨークが大好きだが、成功には程遠く、まだ名前も知られていない会社や人間にとって、この町がどんなに残酷な町になり得るかもよく知っている。

リッチダッド・カンパニーのオフィスはアリゾナ州にあるが、ビジネスを動かす動力源は、ニューヨークをはじめ世界中の大都市にある。アメリカン・エクスプレス、ABC、NBC、CBS、フォーチュン誌、ビジネスウィーク誌、フォーブス誌、ニューヨークタイムズ、ニューヨークポスト、CNNといった世界でも最強の会社とつながりを持つというのは、考えるだけでも胸がわくわくする。つながりだけでなく、一緒にビジネスをしたり、ビジネスの話を持っていくとなれば、その興奮度はもっと高まる。私たちの会社は過去数年間で急成長し、かなりの成功を収めてきたが、私はいつも、顧客を求めてニューヨークの町を歩き回ったあの頃のことを覚えている。また、B－Iトライアングルの五つのレベルのうち一つでも弱いところがあった時、あの町がどんなに冷たく、厳しい町になり得るかも忘れない。

会社を辞める前にやるべき仕事で最も重要なのは、自分自身を強くすることだ。このことはよく肝に銘じておこう。偉大な起業家になることに専念してがんばれば、チームのメンバーになってくれる優秀な人たちを見つけるのは簡単だ。そして、すばらしいチームを作ることができれば、どんな環境でも、成功するのが楽になる。どの分野で賢くなるかは問題ではない。覚えておいて欲しいのはただ一つ。実社会での賢さと学校での賢さの両方を、できる限り身につけることがとても大事だということだ。

金持ち父さんの起業家レッスン

その五　ゴールよりプロセスが大事

第五章……

お金がものを言う

●人生で何を求めるか？

「六カ月間、ぼくたちは金持ち気分を味わいました。お金がどんどん入ってきて、それから突然、天井が落ちてきたんです」

私がそう言うと、金持ち父さんはくすくすと笑いながらこう言った。「なるほど。わずか六カ月とはいえ、少なくとも大金持ちだったんだね。たいていの人は、金持ちがどんなものか永遠に味わえないんだよ」

「ええ、そうですね。で、今のぼくは経済的にめちゃくちゃな状態です」。私は訴えるように言った。「六カ月の成功のあと、しっぺ返しが何年も続くってわけです」

「まあまあ、少なくともきみはいい生活を少しは味わったんだから」。金持ち父さんはにこりとして、何とか私を元気づけようとした。「たいていの人は、世界を相手にビジネスを築いて国際的な成功を収めることがどんなものか知らないままでいるんだ。お金がどんどんふところに流れ込んでくるっていうのがどんなものかだって、決して知ることはない」

「で、たいていの人は、国際的な失敗を犯して、ふところからどんどんお金が流れ出ていくのがどんなものかも決して知ることはない……」。私は今度は半分笑いながらそう言った。

「きみはなぜ笑っているんだい？」金持ち父さんがそう聞いた。

「よくわかりません。たぶん、今は確かにとてもつらいけれど、この経験が何ものにも代えがたいものだとわかっているからだと思います。あなたの言う通り、ぼくは違う世界を垣間見たんです。ほんの少しの人しか見られない世界、ぼくがもう一度見たいと思っているその世界を、少なくともチラと見ることができたんです。少しの間でしたけれど、とてもわくわくする経験でした」

金持ち父さんは椅子の背にもたれて上体を後ろに倒すようにした。それから長い間、何も言わずに座っていた。勝利と敗北に彩られた自分の人生を振り返っているようだった。そして、しばらく物思いにふけってからやっと話し始めた。「たいていの人はこの世の中で何とか保証を得ようとして、毎朝家を飛び出して仕事に行く。多くの人にとって仕事と家庭は、競争の激しい今の世界の厳しい現実から逃れる場所だ。彼らが求めているのは、安定した給料と、家庭以外で同じように安心した気持ちでいられる場所だ」。金持ち父さんはまたしばらく黙ってから続けた。「でも、ほかのものを求める人もいる」

「保証とお金以上のものを求める人がいるということですか？」

金持ち父さんは遠い昔を振り返るような目をして答えた。「そうだ。求めるものが安定した仕事と給料、家庭と同じように安心していられる場所だけだったら、私は決して起業家にはならなかった」

「じゃ、あなたは何を求めていたんですか？　保証とお金以上の何を？」

「違う世界、違う生き方さ。きみも知っている通り、私が生まれ育った家庭はとても貧しかった。私はたくさんのお金以上のものが欲しかった。大きな家、いい車だけじゃなくて、それ以上のものが欲しかった。ほとんどの人が経験することのないような生活をしたかったんだ。成功より失敗する可能性の方が大きいことはわかっていた。起業家の道には、いい時も悪い時もあることも知っていた。みんなと同じように、激しい浮き沈みがあるのは不安だったけれど、それでも、まったく違うレベルの生活ができるかもしれないと考えれば、危険を冒すだけの価値があると思った。金儲けをすることも大事だったけれど、それだけでなく、人生で冒険をするかどうかが大事だったんだ」。金持ち父さんはそのあと、また長い間黙っていた。

金持ち父さんはしばらくしてやっと口を開き、こう続けた。「私にはわかっている。人生の終わりを迎えた時、そういった浮き沈みはすばらしい冒険の思い出にすぎなくなっているだろう。成功した取引、失敗した取引、新しくできた友達、失った友達、稼いだお金、失ったお金……それらはすべて、一つの冒険の思い出にすぎなくなる。それらはただ、私たちの次なる冒険に参加しようと、ドアから入ってきて、その冒険が終わったらそこからまた出て行く見知らぬ他人たちが残した思い出にすぎない。そして、そのような冒険を続ける中で、運がよければ、私たちは『その場所』を見つける。それは、きみが心の中で存在を信じている、豊かで美しい生活の送れる場所、きみが夢の中で実現を信じている場所だ」

「で、あなたはその場所を見つけたんですか？」

金持ち父さんは黙ってうなずき、満足そうに微笑んだ。

●未来を垣間見る

金持ち父さんのその反応で、もう充分だった。それ以上話すことはなかった。私には自分が何をすべきかわかった。債権者と話をし、ビジネスを修復して立て直さなければいけない。学ぶべきことはまだたくさんある。すぐに仕事に戻らなくてはいけない。私は荷物をまとめると、金持ち父さんと握手をし、ドアに向かって歩き出した。

「あと一つ……」と金持ち父さんが声をかけた。

私はドアの前で振り向き「何ですか？」と聞いた。

「世界の頂点にいた六カ月のことはまだ覚えているね」

「ええ」

「その時きみは未来を垣間見《かいまみ》たんだよ」

「垣間見た？」私はそう繰り返した。「どういうことです？　未来を垣間見たというのは？」

「一九七四年、お父さんのアドバイスではなく私のアドバイスに従おうと決めた時、きみは旅を始めた。一つのプロセスに足を踏み入れたんだ。プロセスには始まりと終わりがある。何年かかるかわからないが、終わりは必ずある。きみが今、何とか脱出しようともがいているこの状況もいつか突然終わり、新しい人生と新しいプロセスが始まる。最後までやり抜くつもりでがんばれば、きみは必ず勝つ。今の段階では、次々と新たな試練にぶつかり、その度に多くのことを学んでいく。このプロセスはきみにいろいろ教えてくれると同時に、きみを試してもいるんだ。試験に失敗したからといって、再試験を受けずにやめてしまったら、きみはこのプロセスからはじき出される。あの六カ月の夢のような生活は、きみに未来を垣間見せてくれたんだ。きみが探し求めている世界、きみを待っている世界だ。未来をチラと見せることで、人生はきみに、『がんばれ。道は間違っていないのだから』と言っている。このプロセスをやり抜き、先に待っている試練に立ち向かう勇気と、前に進み、学び続ける理由を与えてくれたんだ」

「でも、なぜそういうことがわかるんですか？　あなたもそれが必要だった時に、未来を垣間見るチャンスを与えられたんですか？」

金持ち父さんはまた黙ってうなずき、にこりとした。

●十年周期のプロセス

今振り返ってみると、プロセスについての金持ち父さんの教えは、私の人生でとても大事な教えだったことがわかる。私の場合、プロセスはだいたい十年周期で次のように変わってきたように思う。

1．一九七四年から一九八四年：学習のプロセス

この時期、私は起業家に必要な実戦用のスキルを学んだ。学校で学ぶ時期は終わり、実社会のビジネススクールが私を仕込んでくれた。私は大きな間違いをたくさん犯したが、それは学ぶべきことがたくさんあったからだ。この時期、私はアジアでナイロン製財布を製造して世界中で売る会社を起こし、起業家としての自分のスキルを試した。そのほかに、デュラン・デュランやヴァン・ヘイレン、ジューダス・プリースト、

ピンク・フロイド、ボーイ・ジョージといったロックバンドのオフィシャルグッズを企画する仕事もした。私はB－Iトライアングルのすべてのレベルについて、できる限りのことを学んだ。私にとっては、この時期が前の章でお話しした実社会のビジネススクールに通っていた時期にあたる。

2．一九八四年から一九九四年：お金を稼ぐプロセス

この時期、私はお金をたくさん稼ぐと同時に、しっかりした財産の基礎も築き始めた。間違いと引き換えに学んだ教えが、ここにきて利益をもたらしてくれるようになったのだ。そのお金を不動産に投資することで、キムと私は不労所得を生む資産の基礎を築くばかりでなく、不動産投資家としての経験も積んでいった。また、同じ時期に、私は起業家精神と投資について教えるという、もう一つの自分の夢も追った。私たちは、「起業家向けビジネススクール」と「投資家向けビジネススクール」の二つのビジネス講座を始めた。私はいわば、教師だった貧乏父さんの仕事と、ビジネスと投資に関する金持ち父さんの教えとを組み合わせようとしていた。この時期はまた、伝統的な教育とはまったく違う教授方法を学ぶことで、B－Iトライアングルの五つのレベルのうち、コミュニケーションレベルでの私のスキルが高まった時期でもあった。前の章でもふれたように、まず私は、どのレベルを極めるか決めなければならなかった。五つのレベルの基礎を学んだあと、自分に一番成長の可能性があると私が決めたのはコミュニケーションのレベルだった。このレベルで自分のスキルを最大限に伸ばすことで、ほかのレベルで高いスキルを持つ優秀な人材をチームのメンバーとして迎えるチャンスが増えた。

3．一九九四年から二〇〇四年：お金を社会に還元するプロセス

働かなくてもキムと私が生活するのに充分なお金が手に入るようになった時、私は自分たちのお金を社会に還元する時が来たことを知った。そこで、起業家や投資家を対象とする教育会社を売り、今度は金持ち父

さんの教えをもっと多くの人に、もっと安く教えられるビジネスの設計図を、じっくり時間をかけて描き始めた。この時のコンセプトが元になってできたのがリッチダッド・カンパニーだ。次に、それまで五千ドル以上の受講料で開催していたビジネススクールのセミナーに代わるものとして、キャッシュフローゲームを開発した。この時期、私の焦点はお金を稼ぐことから、どうやったらもっと多くの人の役に立てるかを考えることへ移っていった。逆説的ではあるが、結果的には、より多くの人の役に立つことに焦点を合わせれば合わせるほど、お金を稼ぐことに焦点を合わせていた時より多くのお金が儲かった。二〇〇四年、キムと私は、自分たちが作り出したビジネスが充分成長し、それを次のレベルに乗せてさらに先に進めるためには、新しい経営チームを迎え入れる必要があると判断した。起業家としての私たちの仕事は終わった。

私の場合、この十年サイクルはあらかじめ計画されていたわけではない。ただ、結果としてそうなっただけだ。過去を振り返って、はじめて十年サイクルが見えてきたように思う。

今の私は、一九七八年に垣間見たのと同じ生活を送っている。プロセスはしっかり約束を守ってくれた！

●ゴールよりプロセスが大事

目標を決めることが大事だという話は誰でも聞いたことがあると思うが、金持ち父さんは目標についてちょっと違った考え方をしていた。「ゴールは大事だ。だが、ゴールにたどり着くまでのプロセスの方がもっと大事だ」。金持ち父さんはそう言ったあと、よく次のように説明した。「『億万長者になりたい人、いますか？』と聞けば、たいていの人が手を挙げるだろう。つまり、億万長者になるという目標は持っている。彼らに必要なのは、その目標を達成するためのプロセスを選ぶことだ。億万長者になるという目標に達成するにはたくさんの方法がある」

「ゴールよりプロセスの方が大事な理由は、プロセスによって、ゴールを達成するまでにきみがどんな人間になるかが決まるからだ。いくつか例を挙げて説明しよう」。金持ち父さんはそう言うと、金持ちになるプロセスの例として次のようなものを挙げた。

1．遺産を相続する

遺産を相続して金持ちになるのは確かに可能だ。でも、みんな知っている通り、遺産を相続しようと決めて、あなたを喜んで養子に迎えてくれる金持ちを探そうと思っても、それはなかなかむずかしい。

2．財産目当てに結婚する

これも可能だが、問題は金持ちになるまでにお金のために身も心も売るような人間になってしまうことだ。

3．けちに徹する

けちに徹して金持ちになることは可能だが、問題はそうやって金持ちになっても、けちでしみったれた人間であることに変わりないことだ。世の中の人は金持ちでけちな人が大嫌いだ。実際のところ、金持ちでけちな人がいるおかげで、金持ち全体が悪く思われている。

4．ペテン師になる

この方法が抱える問題も、たとえ金持ちになってもあなたがペテン師であることは変わらず、同じようなペテン師しか友達に持てないことだ。正直な金持ちはいかさまをやる金持ちが大嫌いだ。

5．運に頼る

金持ちになるために運に頼る方法はたくさんある。プロの運動選手や映画スターのように、人並み以上の才能に恵まれて生まれるのもその一つだし、ただタイミングよく、いい場所に居合わせるのもそうだ。この方法の問題は、そうやって手に入れたお金を失った場合、それを取り戻すのにまた運に頼らなければいけないことだ。

6．賢い起業家になる

金持ちの起業家になるためには、賢い起業家になる必要がある。私はこの方法が気に入っているが、その理由は、このプロセスで金持ちになるには賢くなる必要があり、賢くなることこそ、金儲けよりずっと大事なことだからだ。たとえお金を損したとしても、このプロセスはそれを取り戻し、さらに賢くなる方法を教えてくれる。

●お金はあなたを金持ちにしてくれない

アメリカでは宝くじの賞金が何百万ドルにもなることがよくある。その理由は簡単だ。運に頼って金持ちになりたいと思う人が大勢いるからだ。私は、この方法で金持ちになるのは一番リスクが高く、成功率が一番低いと思う。それればかりでなく、このプロセスはあなたのファイナンシャル・インテリジェンスをまったく高めてくれない。実際のところ、宝くじに当たったおかげで、その人の本当のファイナンシャル・インテリジェンスがどんなに低いかが明らかになることも多い。次に挙げるのは、運を頼りに億万長者になろうとした人たちの話だ。

「宝くじに当たっても大金持ちになるとは限らない」。ニュージャージー州の宝くじに一回のみならず二回も当たり、総額五百四十万ドルを手にしたエヴリン・アダムズはそう言う。今、賞金はすっかりなくなり、アダムズ一家はトレーラーに住んでいる。

「私はアメリカン・ドリームを手に入れたが、それを失うという体験もした。落差の激しい転落だった。どん底に突き落とされるとはまさにこのことだ」

「みんなが私のお金を欲しがった。お金をくれと手を伸ばしてきて、私はとても簡単な一言、『ノー』と言うことを知らなかった。もう一度やり直せたらいいのにと思う。今度こそ、もっと賢くできると思う……」

ミシガン州の宝くじで百万ドルを当てた時、ケン・プロキシマイアーは機械工だった。その後、彼はカリフォルニア州に移り、兄弟たちと一緒に車のビジネスを始めた。そして五年後、ケンは自己破産を申告した。

「父は幸運に恵まれたただの貧しい若者だった」。ケンの息子のリックはそう説明する。

ウィリアム・バッド・ポストはペンシルバニア州の宝くじで千六百二十万ドル当てたが、今は生活保護を受けて生活している。

「宝くじになんか当たらなければよかったよ。あれは悪夢以外のなにものでもなかった」とポストは言う。

ポストの前の恋人は、賞金の一部は自分のものだと主張して訴訟を起こした。法律がらみの事件はそれだけではなかった。兄弟の一人は、遺産目当てに彼を殺そうと殺し屋を雇った罪で逮捕された。残りの兄弟たちは、フロリダ州サラソタで車のビジネスとレストランをやるのに投資しろと彼にしつこくつきまとい、結局お金を出させたが、どちらのビジネスもまったく儲からず、兄弟の関係が悪くなっただけだった。

ポスト自身も、つけを取立てに来た集金人に向けて発砲し、しばらく刑務所に入れられた。宝くじに当たってから一年もたたないうちに、ポストは百万ドルの借金を抱えるようになった。今、ポストは、確かに自分はばかで不注意だったと語る。家族を喜ばせることばかり考えていた彼は、生活保護と政府が低所得者のために発行する食券《フードスタンプ》を頼りに生活している。

●十億ドル損をしたらどうする？

ずっと以前のこと、十億ドルが今よりずっと多くの価値を持っていた頃、リポーターがヘンリー・フォードに「十億ドル損したらどうしますか?」と聞いた。

フォードの答えはこうだった。「五年以内に取り戻す」

ヘンリー・フォードの答えと、今例に挙げた宝くじに当たった人たちの答えとを比べてみたら、運だけで百万長者になるプロセスと起業家になることで億万長者になるプロセスの違いがよくわかると思う。

ヘンリー・フォードの話を何かで読んでから、私はよくこう自問するようになった。「すべてを失ったら、私は五年以内にどれくらい取り戻せるだろう?」

これまでの自分を振り返ってみると、文無しになるたびに――実際何度もそうなっている!――がむしゃらに働いて立ち直り、損したお金より多くのお金を儲けてきた。ヘンリー・フォードのように十億ドルものお金は稼いでいないが、私のビジネスはこれまでに数億ドルの収入をあげている。私が思うに、起業家になるプロセスは金持ちになるプロセスとして一番いい。なぜなら、それをやり遂げるだけの心と気力と体力があれば、大きな富を得るまでに多くを教えてくれる教育的なプロセスでもあるからだ。

起業家になる教育的プロセスを通り抜けるには、B－Iトライアングルの五つのレベルについて学び、経験を積む必要がある。この五つすべての分野である程度有能になれば、かなりいい人生が送れる。前にも話した通り、私の場合は、実社会のビジネススクールに通って基本的なスキルを身につけるのに十年かかった。もっと短期間で五つすべての分野のスキルを身につけることは可能だろうか? それはもちろん可能だ! この本を書いた目的の一つは、この五つのレベルについてみなさんによく知ってもらうことだ。あらかじめ知識があれば、どこに焦点を合わせて勉強したらいいか、あるいはどのような点で自分を成長させたらいいか、もっとよくわかると思う。

●基礎となるのはキャッシュフロー

起業家志望者の多くは、B－Iトライアングルの一番上の製品レベルに焦点を合わせる。確かに製品は大事だが、B－Iトライアングルを見ればわかるように、内側の三角形の一番下にあるのはキャッシュフローで、ほかの要素がその上に乗る形で全体が形作られている（図⑤）。

起業家として歩み始めたばかりの頃、私は新しい製品やアイディアのことを考えると胸がわくわくした。ナイロン製の財布のビジネスを始めたきっかけもそうだった。この財布は、当時私が考えていた五十近い製品アイディアの一つに過ぎない。このほかに考えていたのは、木製パズル、目の粗い麻布で作った箱にハワイの写真を貼り付けた砂糖のパッケージ、新しい雑誌などいろいろで、中には、弾丸の形のキャンディーを詰めた箱に、歯をくいしばってがんばれという意味の"Bite the Bullet"（弾丸を嚙め）と書いて売り出すアイディアまであった。もうおわかりのように、当時一緒に仕事をしていた私たち三人のCタイプの思考には限りがなかった。

数あるアイディアの中からナイロン製の財布を自分たちの会社の製品にしようと決めたあと、私たち三人が外に飛び出して投資家を探し始めるまでにそう時間はかからなかった。話を持っていった投資家の大部分は、じっくり時間をかけて、製品とそのパッケージを見てくれた。そして、興味を持った人はみんな同じ質問をした。それは「数字を見せてもらえるか？　財政的な見通しはどうなっている？」という質問だ。質問に答えられないでいると、みんな投資を断った――それも即座に。

実際のところ、金持ち父さんまでもが私たちへの投資を断った。みんなと違ったのは、礼儀正しく断ったりしなかったことだ。金持ち父さんはひどく怒った。二人のパートナーを部屋の外に追い出してドアを閉めると、激しい口調で私を叱った。実の父親と金持ち父さんのどちらからも、あれほど強く叱られたことはなかった。この時のことについては、ほかの本にも書いたので詳細は省くが、私が学んだ教えは繰り返す価値があると思うのでもう一度お話しする。その教えとは、ビジネスマン、あるいは投資家として成功する人にとって、数字がとても大きな意味を持っているということだ。

年齢を重ね、少しは賢くなって、あの頃よりずっと金持ちになった今でも、何か新しい製品やビジネスの先の見通しを聞かれた時はいつも、何年も前、あの投資家たちが私たちに向かってしたのと同じことをする。つまり、数字を見せてくれと言う。

だからといって、数字を読んだり理解する私の能力が一九七八年の頃より上がっているわけではない。前と違うのは、数字を聞いたら、そのあと、数字を読む特別の訓練を受けている人に頼んで一緒に見てもらう点だ。私が得意なのはコミュニケーションレベルで、ビジネスプランのその部分に関しては自分で注意深くチェックする。でも、苦手だからといって、キャッシュフローのレベル、あるいはそのほかのレベルを見逃していいというわけではない。起業家として、また投資家として、私は自分が興味のある部分、得意な部分だけでなく、ビジネス全体を把握する必要がある。

起業家志望者が新しい製品を見せたいと言ってくると、私はまず財政的な見通しの計算ができているかどうか聞く。あるいは、すでにビジネスになっている場合には、財務諸表を見せてほしいと言う。前にも言った通り、私は数字に強いからこのような質問をするわけではない。その人が起業家になるために必要な知識を持っているかどうか、テストするために聞くのだ。

起業家志望者が実際の数字、財政的な見通しをすでに用意していたら、私は会計の専門家を呼んで、数字

⑤B-Iトライアングルの基礎はキャッシュフロー

の意味を説明してもらう。数字は物語を語る。数字を読み、それを翻訳して物語として語ってくれる人が私には必要だ。起業家として、数字に隠された物語を語れるというのはとても大事なことだと思う。

●仕事を辞める前に会計士に相談する

起業家になることを真剣に考え始める前に、やってみるといいことが一つある。それは経験豊富な会計士を雇い、予算とキャッシュフローの分析を手伝ってもらうことだ。これはあなたにとって、おもしろい体験になるだろう。たとえ実際に製品を作ったりビジネスを起こしたりする段階まで行けなかったとしても、この作業はとてもためになる。その理由は、この作業をやってみると、ビジネスを起こし、稼動させるためにどれくらいお金がかかるか、よくわかるようになるからだ。予算の目安がつけば、ビジネスを維持するために製品をどれくらい売らなければならないか、つまりコミュニケーションレベルでどれくらいがんばらなければいけないか、大体の見当がつく。経験豊かな会計士はまた、あなたが気が付かないような費用についても指摘してくれるかもしれない。私もナイロン製のサーファー用財布のビジネスを始める前にこの作業をやっておけばよかったと、今になって思う。そうすれば、あれほどたくさんのお金を損しなくてすんだかもしれない。正式な教育と訓練を受けた会計士を雇って指示を受けるのにかかる費用は、私が失ったお金に比べたらすずめの涙ほどの額だ。さらに、それより大事なのは、会計士に支払うお金は、あなたが起業家として成長するための教育費として、いずれお金には代えられない価値を持つようになることだ。

会計士に聞いてみたら、おそらくほとんどの会計士が、起業家は会計に関する法律や実務の知識に欠け、会計記録をつけるのがとても下手だと答えるだろう。数字に緻密でない起業家は、あとになって問題を抱える場合が多い。知識不足が、最終的には知識を得るための費用より高くつく。言い換えれば、あとになって比べものにならないほど多くのお金を払うより、早めに少しのお金を払っておいた方がいいということだ。

●ボードゲームを開発した理由

私がボードゲーム『キャッシュフロー』を作った大きな理由の一つは、一九七〇年代に金持ち父さんにひどく叱られたことにある。それまでも金持ち父さんはいつも数字の重要性を強調していたし、私もよくわかっていたつもりだった。でも、金持ち父さんがなぜあれほど数字の大切さを強調したか、その理由を私が本当に理解し始めたのは、大金を失い、金持ち父さんにこっぴどく叱られてからだ。だから今はよくわかる。

このボードゲームは、あなたとあなたの会計士との間の、コミュニケーションの架け橋として役に立つ。このゲームをやったからといって、会計士になれるわけではないが、会計の仕事に関わるTタイプとAタイプの論理的思考に慣れるのに役に立つ。

もしあなたが私のような人間だったら、つまり会計や数字に弱い人間だったら、教材としてキャッシュフローゲームを使うことを強くお勧めする。

もう一度言っておくが、今の仕事を辞めてビジネスを始めることを考えている人は、その前にぜひ、そのビジネスを起こし、稼動させるためにどれくらい費用がかかるか、経験豊富な会計士と膝を突き合わせて、予算を細かくチェックするようにして欲しい。そして、その数字にショックを受けてもあわてず、大きく一つ深呼吸して、一日、二日よく考えよう。あなたには、費用に関する考え方の枠組みを広げるための時間が必要だ。ビジネスを立ち上げ、稼動させ、成長させるための費用は、多くの場合、はじめに考えていた額よりずっと多い。

費用の額にびっくりして逃げ出したくなったら、もしかするとあなたは起業家向きではないかもしれない。経費の問題はビジネスにはつきものだ。毎日突きつけられるこのチャレンジを受けて立つのが、起業家として一番大事な仕事の一つだ。これを乗り切るには、A、T、P、C、すべてのタイプの思考力が必要だ。個人的には、私自身はチャレンジがあまり好きではないが、それに立ち向かい乗り越えるたびに、私がよりよい起業家、より賢く、より自信に満ちた起業家になってきたのは確かだと思う。

●数字を含んだビジネスプランを作る

資金を出してくれと頼んでくる起業家志望者には、次の二つのタイプがある。

1．ビジネスプランを持ち、財政的見通しをしっかり持っている人
2．何も持っていない人

何も持たずにやってくる人は、起業家になるプロセスのまだごく初期段階にあるか、自分が何をやっているかまったくわかっていないか、そのどちらか、あるいは両方だ。財政的な見通しなしに製品の話だけをするのは、その人がプロセスの全体についてしっかり考えていないことを意味する。それでもその製品に興味を持った場合は、私は彼らに、企画段階に戻り、B－Iトライアングルに照らし合わせてビジネスを見直し、次に会計士を雇い、数字を含んだきちんとしたビジネスプランを作るように勧める。

「ビジネスを始めるお金をどうやって集めたらいいですか？」と聞かれると、私は「ビジネスプランを持っていますか？」と聞き返す。いいビジネスプランとすばらしいプレゼンテーションを組み合わせれば、必要なお金は集まる。一方、ビジネスプランもプレゼンテーションもよくなければ、損をすることもある。

だからといって、ビジネスプランの数字は絶対的なものというわけではない。立ち上げたばかりのビジネスの金銭的成果は、大体、最初の計画通りには出てこないし、見込み通りの数字が達成されることは少ない。数字を含んだビジネスプランを作るプロセスは、AとTのタイプの思考を要する。起業家は計画全体を細かく見て、紙に書かなければいけない。第一章で言ったように、成功するビジネスはビジネスができる前に作られる。「ビジネスができる前」とは、ビジネスプランを紙に書くこの段階を指す。

プランは特に洗練されていなくていい。とてもシンプルなものでかまわない。投資してくれそうな人に、

起業家の頭の中にある考えを見せるのが目的なのだから。これはまた、あなたがそのビジネスについて本気であることを投資家に知らせるチャンスにもなる。

たとえビジネスが形にならなくても、ビジネスを作るまでのプロセスを一通り考え、紙に書き、そのプランが語る「物語」を数字で裏付けるというこの作業をすることは、絶好の学習のチャンスであり、現実を見つめるよい機会にもなる。また、この作業をすると、学校での頭のよさと実社会での頭のよさのバランスがとれる。

●数字が語る物語

何年か前、若い男性が電話をしてきて、私に会いたいと言った。訪問の目的をたずねると、「ビジネスのアイディアがあって、それをあなたに提案したいんです」と答えた。

「投資して欲しいということですか？」私はずばりと聞いた。

相手は口ごもりながら「え……ええ、そうです」と答えた。

私は、普通はこのような初期段階のビジネスを見せてもらうことはないが、この時は少し好奇心もあって、ランチをとりながら話を聞くことにした。

一週間後、地元のレストランでこの青年と会った。きちんとした身なりの青年が持ってきたビジネスプランは、実にしっかりしていた。前にも言ったように、私は数字を読むのは得意ではないが、ビジネスプランを見る時は、そのプランと数字が語る物語にできる限り耳を傾ける。私が最初に見るのは財政的見通しのうちの給料、賃金の部分だ。私にとってはそこが物語のはじまりだ。

この青年は、自分の給料を年に十二万ドルとしていた。私の最初の質問はこうだった。「まだ存在もしていない会社から、なぜこんなに高い給料をもらう必要があるんですか？」

「それは、今の会社からそれだけもらっているからです」。青年は少し怒ったように言った。「それに、私には妻と学校に通う三人の子供がいます。この額は生きるために必要最低限の額です」

「なるほど」。私はビジネスプランのチェックを続けた。先ほども言ったように、ビジネスプランと財政的見通しを示した数字は物語を語る。そこにあった給料の額は、この物語の主役、ヒーローがどんな人間か私に教えてくれた。主人公の頭の中、彼がどんなふうに考え、どんなふうにお金を使い、人生で何が大事だと考えているかを垣間見せてくれたのだ。

給料の要求額と、彼の頭の中を少し見せてもらって私が感じたのは、彼がまだ従業員のような考えをしているということ、つまり高給がとれる仕事を探しているのだということだった。私にとっては、もうこのミーティングは終わったも同然だった。物語の主人公がどんな人間かを見ただけで、このビジネスには投資したくないと決めるには充分だった。

●財務諸表とB－Iトライアングルの関係

でも、まだ料理の注文もしていなかったので無作法に席を立つわけにもいかず、私は給料以外のほかの支出に目を向け、B－Iトライアングルに照らし合わせてみた。つまり、まずPタイプの思考能力を使って、目の前の人物について知ったあと、C、A、Tタイプの考え方を使って、財務諸表とB－Iトライアングルの五つのレベルの仕事との関係を調べることにした。私の頭の中には次のような図が浮かんでいた（図⑥）。

私の二つ目の質問はこうだった。「今勤めている会社では何をしているんですか？　やっているのはどんな種類の仕事ですか？」

「専門は機械工学です。今はカスタマーサービス部門で働いています。会社のシステムを通して顧客からの注文をトラッキング（追跡調査）する仕事をしていますが、その経験をもとに製品を開発したんです。それについて説明させてください」

「ちょっと待ってください。財政的見通しについてちょっと質問させてください」。私は「広告」と「販売促進」と書かれた欄を指差しながら聞いた。「一カ月に一万ドルというこの費用は何ですか？　どんなマーケティングプランを持っているんですか？」

「ああ、その点についてはまだあまり考えていません。マーケティングは広告代理店を雇って任せようと思っています」

「セールスやマーケティングの経験はたくさんお持ちですか？」

「いいえ。これまでずっと、会社の中のシステムに関する仕事をしてきました。新しい製品のアイディアもそこで見つけたんです。注文のトラッキングのやり方を革命的に変えるやり方です」

⑥B―Iトライアングルと財務諸表

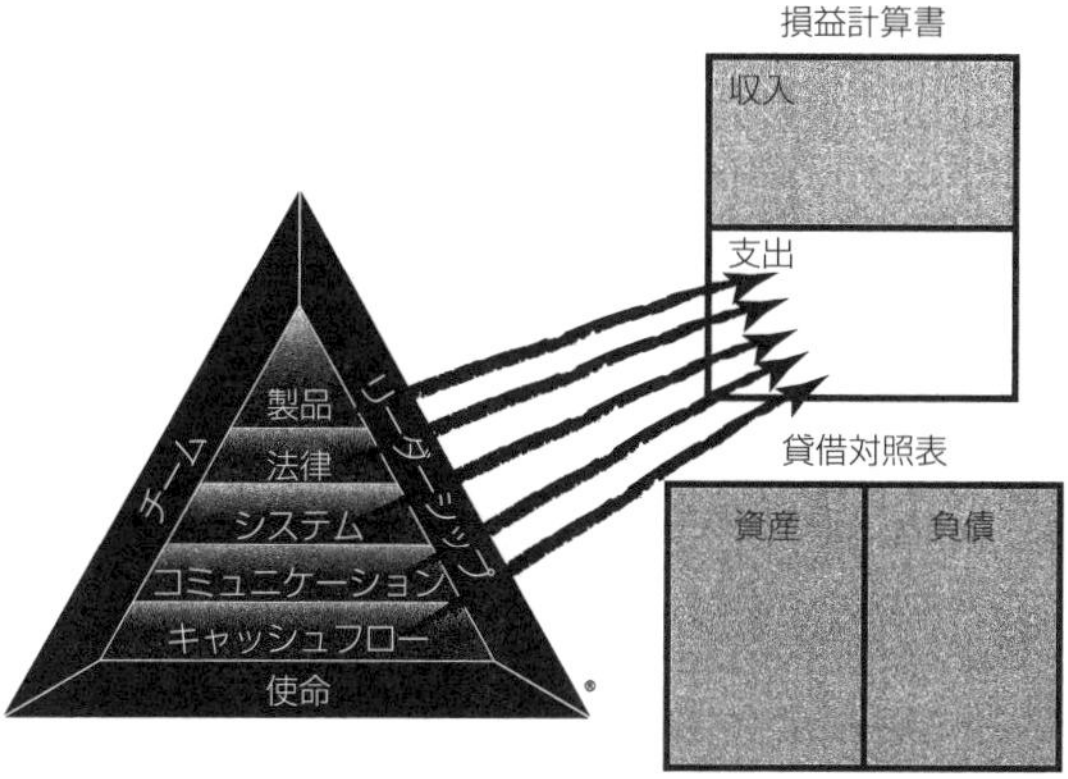

「そのアイディアを守るために、知的財産権を扱う弁護士と話をしましたか?」

「ちょっと調べてみましたが、まだこれといった人は見つかっていません」

「このビジネスプランでは、弁護士の費用として四千ドルしか見込んでいませんね。なぜこの数字にしたのですか?」

「それは費用を抑えたかったからです。あとでお金が入ってくるようになったら、もっと弁護士を雇います。今のところ、ビジネスを始めるにあたっては四千ドルくらいが適当だと思ったんです」

「この見込み計算書は誰に手伝ってもらって作ったんですか? 会計士への支払項目がないようですが?」

「ええ、その通りです。含めるのを忘れました。会計処理のためにはいくらあてておいたらいいでしょう?」

「わかりません。私は会計士ではありませんから。本当に知りたければ、会計士に聞くのがいいでしょう」

「いい人を見つけるにはどうしたらいいですか?」

「私の会計士に電話してもらってもいいですが、とても高いですよ。それに今の段階ではあなたには彼のような会計士はまだ必要ないでしょう」

「そうですね。支出を抑えたいわけですから、もっと安い会計士を探します」

この青年のビジネスについて隅々まで検討したわけではなかったが、「物語」はもう充分に聞いたという気がした。結局、製品も見せてもらったが、知的財産権を扱う弁護士のアドバイスを受けていたら、そんなふうに軽々しく他人に見せてはいけないと言われていただろう。実際は見る前に、「製品について他言はしない」といった内容の書類に署名するようにも言われなかった。このことから、彼に実社会での経験がまったくないことがよくわかった。

●私が間違いから学んだ教え

もし私があの製品を本当に気に入っていたら、アイディアだけもらって、自分でそれを作って売り出していただろう。そんなことをする人間がいることを、私は苦い経験を通して学んでいた。私もあの青年と同じ間違いを犯したことがあったのだ。一九七七年、ランニングシューズにつけるナイロン製の小さな財布を考え出した時、その特許を申請すべきところを、私はわずかな費用を惜しんで特許弁護士を雇わなかった……。ボードゲーム『キャッシュフロー101』のアイディアが浮かんだ時、キムと、ゲームの開発を担当するエンジニア以外、誰にもゲームの話をしなかったのは、以前の苦い経験のおかげだ。私が一番に探したのは知的財産権を扱う弁護士だった。

これも不運を幸運に変えるいい例だ。経験の不足と、特許をとるためのお金をけちったおかげで、何百万ドルものお金を損したが、その間違いから私が何かを学んだ時、不運は幸運に、間違いは教えに変わった。

B－Iトライアングルで、法律のレベルが製品のレベルのすぐ下に来ている理由の一つは、起業家のアイディアが会社にとって最も重要な資産である場合が多いからだ。弁護士の仕事は、会社とその製品、つまり会社の所有する知的財産を、その製品や会社が世に出る「前に」守ることだ。あなたにとって一番大事な資産であるアイディアを守るようにして欲しい。

●悪いのはビジネスではなく起業家自身

私が話をした若いエンジニアは、見かけはなかなかよかった。ビジネスリーダーとして成功しそうな、見込みのある顔つきをしていたし、新しい製品も将来性がありそうだった。それでも、私は「あなたのビジネスには投資できません」と返事をした。B－Iトライアングルのキャッシュフローレベルが、起業家としての彼の強みと弱みをあばいていた。私は彼の製品やアイディアに対して「ノー」と言ったわけではない。彼自身がやらなければならない宿題がまだたくさんあったからそう言ったのだ。

製品はなかなか将来性がありそうに見えたものの、この起業家志望の若者が語る物語自体はそれほど説得力がなかった。成功する可能性はないとは言い切れないが、成功するとは断言できなかった。それに、たとえ成功したとしても、ビジネスを成長させ、投資家である私に出資金を返すところまで大きくできるかは、非常に疑問だった。だから、私はこの時、投資をするチャンスを見送った。

金持ち父さんはよくこう言っていた。「悪い投資はないが、悪い投資家はたくさんいる」。またこうも言っていた。「悪いビジネスチャンスはないが、悪い起業家はたくさんいる」。私が思うところ、あの若いエンジニアはすばらしい新製品のアイディアを持っていた。でも、ビジネスに関する彼のアイディアはそれほどすばらしくはなかった。

金持ち父さんがマイクと私の頭に叩き込もうとしていたのは、世界には何億ドルもの価値があるチャンスがごろごろしているが、そういうチャンスの数が、実際に何億ドルも生み出せる起業家の数より多いのが問題だということだ。B－Iトライアングルのキャッシュフローのレベルがとても重要な理由はここにある。キャッシュフローは、チャンスについてではなく起業家についての物語を語る。このことは、ビジネスを立ち上げる段階、まだビジネスが具体的な形になっていない段階に特によくあてはまる。

●危険信号を読み取る

銀行にお金を借りに行った時、学校の成績表を見せろと言われたり、成績の平均や専攻した科目などを聞かれたりしない理由の一つは、銀行はあなたの学術的な知性の度合いを知りたいと思っているわけではないからだ。銀行が知りたいのはあなたのファイナンシャル・インテリジェンス（お金に関する知性）だ。つまり、金銭的なことであなたがどれくらい責任がとれるか、いくら稼げるか、どんなことにお金を使うか、あるいは、どれくらいお金を持ち続けられるかといったことを知りたがる。私がビジネスの将来的な見込みを示した数字——すでに会社が存在しているなら、見込みではなく実際の数字——を見る時も、同じようなことに注目する。これは経験から学んだことだ。見込みであれ、実績であれ、数字を見て私が危険信号を読み取るのは、次のようなところからだ。

1. 給与

もうおわかりだと思うが、私が最初に見るのは給与の数字だ。これは起業家本人について多くを語ってくれる。そのうちの一つは、起業家にとってビジネスと自分の生活のどちらが大事かだ。ビジネスに充分な栄養を与え、大切に育てる代わりに、そこから略奪し、食べ物も与えず、痛めつけるばかりの起業家に私はこれまで何人も出会っている。

ビジネスコンサルタントをしている友人が、デンバーにあるビルの物件管理会社から相談を受けたことがある。キャッシュフローに問題があるという話だった。その会社は、駐車場を所有するオフィスビルやアパートを相手に、夏は清掃、冬は雪かきをする仕事を請け負い、手広く商売をしていた。経費はあまりかからずマージンの大きい仕事で、本当ならかなりうまく行っていていいはずだった。でも、実際はいつもお金に困っていた。

詳しく調べてみた結果、友人は会社のオーナーがベイルとアスペンに最高設備をそなえた高価なスキーロッジ（キャッシュフローゲームで言う「無駄遣い《ドゥーダッズ》」だ）を持っていることを発見した。それに加え、社用車として数台の高級車を所有し、派手なパーティーをしょっちゅうやっていた。どれもこれも会社の経費でだ。さらに悪いことに、このオーナーはＩＲＳ（国税庁）と州の税務署に嘘をついていて、そのやり方は節税の域を超えて脱税の範疇に入りつつあった。

私の友人が、別荘や車を売り、出費を抑えて、質の高い会計事務所を雇うように勧めると、彼はすぐに首になった。友人の指摘を聞いたあとも、オーナーはビジネス自体にどこか悪いところがあると思っていたのだ。これは、起業家がビジネスのニーズよりも自分のニーズを優先させた極端な例だ。ビジネスの数字はビジネス自体と起業家についての物語を語る。

2. いい支出と悪い支出

これは、金持ち父さんの教えの中で最も大切な教えの一つだ。金持ち父さんはこう言った。「貧乏な人がこんなにも多い理由は、お金を使うのが下手だからだ。言い換えれば、支出にはいい支出と悪い支出があるということだ」。また、こうも言っていた。「金持ちが金持ちなのは、自分を金持ちにするような支出をするからだ。貧乏な人が貧乏のままでいるのは、自分を貧乏にするような支出をしているからだ」。起業家について金持ち父さんはこう言った。「たいていの人はいい起業家にはなれない。なぜなら、賢くお金を使うのではなく、お金をひたすら使わないようにする人が多いからだ」

ナイロン製のサーファー用財布のビジネスが失敗した原因の一つは、特許弁護士に払う七千ドルを節約したいと思ったからだ。数千ドルのお金を節約したことが、結局は何百万ドルもの価値のあるビジネスを失敗に追い込んだ。私が学んだ教えは、自分にお金をもたらしてくれるようなお金の使い方を身につけることだ。

友人のそのまた友人に、自分が始めたビジネスがうまくいかなくていつも困っている女性がいた。一緒に昼食を食べている時、この女性が私に、住んでいるマンションの内装を五万ドルかけてやり直していると話してくれた。持ち家なのかと聞くと、「いいえ。頭金がないので、借りています」という答えが返ってきた。自分の物でもないマンションになぜそんな大金をかけるのかたずねると、彼女は怒ってこう答えた。「だって、快適に住める場所が必要だからです!」この時、私は彼女のビジネスがうまくいかない理由の一つがわかったような気がした。単純に言って、この女性はお金の使い方がわかっていない。

B－Iトライアングルがキャッシュフロー・クワドラントのB(ビッグビジネスオーナー)とI(投資家)の頭文字をとって名づけられている理由の一つは、クワドラントの右側のBとIに属する人は、お金の使い方と、そこから相当なリターンを得る方法を知っていなければいけないからだ。EとSのクワドラントの人が起業家になるのに苦労する理由の一つは、ただ単に、彼らがお金のために働くことしか知らず、お金を使い、より多くのお金とともにそのお金を取り戻す方法を知らないからだ。お金を使ってお金を生み出し、元金とともに取り戻すこの能力は、BとIのクワドラントの起業家や投資家に不可欠な能力だ。

一九九七年から二〇〇五年にかけて、アメリカでは不動産市場に活気があった。でも、市場に勢いがあっても不動産に投資してお金を儲けられなかった人、不労所得を生み出すことができなかった人がたくさんいた。私から見ると、これは、その人がお金を使ってお金を生み出し、元金とともに取り戻す方法を知らなかったことの証拠だ。こういう人はいい起業家にはなれないかもしれない。もしそうなりたければ、ビジネスに関するスキルを高める必要がある。ビジネスの数字を見る時、私は起業家のこの能力に、つまりお金を使い、そこからより多くのお金を生み出し、元金とともに取り戻す能力に注目する。これは起業家として必須のスキルだ。

3. お金がものを言う

金持ち父さんはこう言った。「business（ビジネス）とbusyness（忙しいこと）との間には大きな違いがある」。たいていの人がいい起業家になれない理由は忙しいからだ。たいていの人は一生懸命働くがお金は生み出さない。起業家はお金を生み出さなければいけない。そして、その結果はB－Iトライアングルのキャッシュフローのレベルに現れる。

二〇〇一年九月十一日の同時多発テロ事件のあと、会社から解雇された夫婦に関する記事を読んだ。二人ともマーケティング部門の重役として高給をとっていた。ニューヨークの会社に勤めていた二人の給料を合わせると二十五万ドル以上になった。マーケティングの専門家として自分たちでビジネスを始めた二人の一年後の稼ぎは、一年で二万六千ドルにも満たなかった。なぜだろう？　私が思うに、その理由の一つは、彼らが従業員として高給をとっていた時には、勤めていた会社の最終的な損益にまったく責任を持たなくてよかったことにある。自分が起業してビジネスオーナーになったら、会社の財政的なことにしっかり責任がとれなければいけない。二人は大企業の中で発揮していた自分たちのマーケティングスキルが、外の社会での金銭的成功につながらないことを思い知った。

自分自身がオーナーになってはじめて、二人はビジネスを所有することが単に忙しくせっせと働くことだけを意味するのではないと気が付いた。ビジネスを所有するというのは、自分の活動が収入や支出を生み、それがそのまま最終的な損益に反映されることを意味する。金持ち父さんはよくこう言っていた。「従業員は忙しくしていることに対して給料をもらえるが、起業家は結果に対して報酬を受ける」。この結果がよく「帳尻」と呼ばれる最終的損益だ。だからこそ、キャッシュフローのレベルがB－Iトライアングルの土台となっている。金持ち父さんはよくこう言っていた。「言いわけをしまっておく貸金庫は必要ない」

●人生にもある危険信号

私にとって、いくつかの危険信号は、起業家が成長のプロセスで足踏みをしていることを意味している。危険信号が見えた時、そのプロセスから何かを学び、先に進むか、同じ過ちを犯し、その信号を無視し続けるかは起業家次第だ。

危険信号はビジネスだけでなく人生にもある。何かにたどりつくプロセスでつまずいている人を見ると、人生が危険信号を出していることがわかる。それは、健康が損なわれたり、不運が続いたり、人間関係が変になったりといった形で現れる。金持ち父さんはこう言っていた。「危険を知らせる赤旗は警告だ。私たちは警告に耳を傾け何かを学ぶこともできるし、それを無視することもできる。警告に耳を傾けなければ、プロセスが方向を変え、別のプロセスになっていくかもしれない」

私の父は一日に二箱から三箱のタバコを吸っていた。父の人生には常に危険を知らせる赤旗がはためいていたが、父はその警告に耳を貸さず、とうとう肺ガンの宣告を受けた。そして、やっとタバコをやめたが、もう遅すぎた。一つのプロセスが終わり、新しいプロセスが始まった。父にとっての次のプロセスは生きるための戦いだった。一年後、父はその戦いに敗れた。

●最終的責任は起業家にある

「お金がものを言う」と昔からよく言われるが、お金が一番大きな声で話すのは、財務諸表の決算損益の欄においてだ。起業家のあなたは会計士になる必要はないが、報告責任のとれる人間になる必要がある。今の仕事を辞める前に、次の二つのことを思い出してよく考えて欲しい。

1．従業員や顧問は最終的結果に責任はない。責任をとるのは起業家だ。

2．キャッシュフロー・クワドラントでEとSの側の人は財務諸表を誰からも要求されない。一方、BとIの側の人は財務諸表を要求される（図⑦）。なぜなら、お金は「ものを言う」からだ。お金が語る物語は、BやIのクワドラントに属する人の個人的な財務能力に関する話だ。BやIにいる人は、金銭的な成功によって成功度を測られる。

B－Iトライアングルのキャッシュフローレベルのスキルを伸ばしたいと思っている人には、キャッシュ

⑦BとIの側の人は財務諸表を求められる

E…従業員（employee）
S…自営業者（self-employed）
スモールビジネスオーナー
（small business owner）
専門家（specialist）
B…ビッグビジネスオーナー
（big business owner）
I…投資家（investor）

フローゲームを何度もやることをぜひお勧めする。このゲームはＣＦＯ（最高財務責任者）の考え方をあなたに教えてくれる。ＣＦＯは起業の際のチームの重要メンバーの一人だ。

ＣＥＯや起業家は責任を転嫁することはできない。言いわけをしたり、部下に責任をなすりつけるなどとんでもない。意思決定の責任はすべて起業家、あるいはＣＥＯのもとにある。キャッシュフローのレベルがＢ－Ｉトライアングルの底辺になっているのはそれだからだ。つまり、すべての責任がキャッシュフローレベルにかかっている。そして、Ｂ－Ｉトライアングル全体の責任は、起業家としてのあなたにかかっている。だから、仕事を辞める前に、最終的な責任をとるのが起業家であること、そして、お金がものを言うことを肝に銘じておこう。

金持ち父さんの起業家レッスン

その六

最良の答えは頭の中ではなく心の中にある

第六章……

三種類のお金

「きみはベトナムで何を学んだ?」金持ち父さんがそう聞いた。

「使命とリーダーシップとチームの大切さを学びました」

「何が一番大事だったかい?」

「使命です」

「よし」。金持ち父さんはにこりとした。「きみはいい起業家になれる」

●はじめての戦闘経験

一九七二年、ベトナムにいた私の仕事は、UH-1ヒューイ戦闘用ヘリコプターを飛ばすことだった。戦闘地域に配属されてから二カ月、私と副操縦士はすでに何度か使命を帯びて飛んでいたが、敵の攻撃に見舞われたことはまだなかった。だが、その状態も長くは続かなかった。

ある日、とうとう私は敵に遭遇することになった。私にとっては、その前から状況はかなり緊迫していた。私たちが乗ったヘリコプターはドアを開け放したまま飛んでいて、機内は風がビュンビュン吹き抜けていた。私は戻るべき我が家とも言うべき航空母艦を見下ろしながら、学生時代は終わり、今自分は戦闘地域のど真ん中にいるのだということを改めて肝に銘じた。それまでの二年間、私が訓練を受けてきたのは、まさにこのような任務を果たすためだった。

私たちは何度か海岸線を越えて内陸部を飛んだが、そのたびに私は、実弾を込めた本物の銃を手にした敵兵たちが地上で待ち受けているのを感じた。同乗していたのはマシンガンの射撃手二人と乗組員隊長の三人だった。その三人の方を振り返り、私は機内通信装置を通して聞いた。「準備はいいか？」三人は何も言わずに、ただ親指を上に向けてＯＫの合図を返してきた。

乗組員たちは、私がまだ新米で、実戦経験のないことを知っていた。私がヘリコプターを飛ばせることは知っていたが、実戦のプレッシャーのもとでどれくらいのことができるのかは知らなかった。

もともとこの任務には二機のヘリコプターがあてられていた。ところが飛び立ってから二十分ほどたったところで、先導ヘリコプターは戻らなければならなくなった。機体の電気系統に異常が見つかったようだった。彼らは空母に留まり、そこで待機せよとの命令を受けた。その時、私たちのヘリコプターの中の緊張が高まるのがわかった。なぜなら、先導ヘリコプターにはもっと経験豊富なパイロットたちが乗っていたからだ。彼らはすでに八カ月以上戦闘に加わっていた。それに、彼らのヘリコプターには空対地ロケット砲が備わっていた。私の乗っていたヘリコプターにあるのはマシンガンだけだった。Ｕターンして空母へ向かう先導ヘリコプターを見送る私たちの不安は、まぎれもなく本物だった。誰一人として、一機だけそこに取り残されたことを喜んではいなかった。

私たちは世界で最も美しい浜辺をいくつも越えて、北へ北へと向かった。左手には緑の水田、右手には紺碧の海原、眼下には白い砂浜……。突然、無線が鳴り響き、二機の陸軍のヘリコプターが助けを求める声がした。水田の向こうの丘陵地帯で五十口径のマシンガンの攻撃を受けている！　近くにいた私たちはそれに応答し、現場に急行した。雲のすぐ下を飛んでいくと、まもなく、地上のマシンガンと戦っている二機の姿が見えた。地上からはほかにもたくさんの銃が火を噴いていた。兵士が携帯する三十口径の銃と、もっと重たい五十口径のマシンガンからの攻撃の違いは明らかだった。三十口径の銃の曳光弾は、小さい赤みがかったオレンジの点が、濃い緑色の空に向かってピョンピョン飛んでくるように見えたが、五十口径のマシンガンのそれは、ケチャップの瓶がドカドカ舞い上がってくるようだった。私は大きく一つ深呼吸すると飛行を続けた。

刻々と近づく戦場を見つめながら、私は二機のヘリコプターが地上のマシンガンをやっつけて、助けを必要としなくなるように祈り続けた。でも、そうはうまくいかなかった。陸軍のヘリコプターのうち一機が被弾して落下し始めた時、私はこの戦闘に参戦するしかないことを悟った。味方のヘリコプターが煙を上げ、回転しながら地面に落ちていく間に、機内の緊張はさらに高まった。乗組員の方を振り返りながら、私はただこう言った。「戦闘準備。銃を使えるようにしておけ。行くぞ！」私は自分たちがこれから何をするのか、よくわかっていなかった。ただ、最悪の事態に備えておかなければならないことはわかっていた。

残ったヘリコプターが応戦をやめ、墜落したヘリコプターの乗組員を救助するために降下した。これで、残されたのは私たちだけになった。三十口径のマシンガンしか備えていないたった一機のヘリコプターで、おそらく十五小隊はいると思われる、銃と五十口径のマシンガンで武装した敵と一戦を交えようとしている……。私はUターンして逃げ出したかった。そうすることが賢い選択だということはわかっていた。それでも、仲間にいくじなしと思われたくなかった私は、そのまま五十口径のマシンガンに向かって飛んでいった。もう残っていたのはカラ元気だけだった。あとは何とかなるようにと祈るばかりだった。

二機のヘリコプターが空から消えると、地上からの攻撃の目標は私たちに移った。まだ遠くからとはいえ、本物の銃が自分に向けて発射されているという、あの光景と感覚は一生忘れられない。

私以外の乗組員はこういう状況をすでに経験したことがあったから、彼らが黙っているのは、今回の状況がとくに悪いからだということは私にもわかった。五十口径のマシンガンが機体をかすめるようになった時、乗組員隊長が私のヘルメットをコツコツと叩き、端を引っ張って私の目を覗き込むようにしてこう言った。

「少尉、この仕事で何が問題か知っているか？」

「いいえ」。私は頭を横に振り、力なく答えた。

ベトナム駐留は二度目という隊長は歯を見せてにやりと笑い、こう言った。「この仕事で問題なのは一番しかなくて二番がないことだ。戦うと決めたら、今日家に帰れるのはおれたちか、やつらか、どちらかだ。両方家に帰るわけにはいかない。どちらか一方は死ぬんだ。それがどちらなのか、やつらかおれたちか、決めるのはきみだ」

私は射撃手たちの方を振り返った。そしてそこにいる十九歳と二十歳の若者に向かって、マイクを通して叫んだ。「用意はいいか？」二人は親指を立てた。優秀な海兵隊員ならみんなそうするように教えられている。準備ＯＫだ。二人は上官が有能だろうが無能だろうが、その命令に従うように教えられてきた。彼らの命が自分にかかっていると思うと一層緊張した。この瞬間に、私は自分のことばかり考えるのをやめて、仲間全員のことを考え始めた。

心の中で私は自分に向かって叫んだ。「考えるんだ！　引き返すべきか、それとも戦うべきか？」引き返すべき理由が頭に次々と浮かんできた。「ぼくたちは一機だけだ。少なくとも二機いなくては無理だ。一機だけで戦ってはいけないという規則があったんじゃないか？　先導ヘリコプターは帰ってしまった。あのヘリコプターにはロケット弾が積んであった。今ぼくたちが引き返したって、誰もそれを責めたりはしない。あの降下して陸軍のパイロットたちを助けたっていい。そうだ、それがいい。救助に向かおう。そうすれば、戦わなくてすむ。そうすれば、戦わない理由ができる。ぼくらは救助という任務を遂行するんだ。陸軍の飛行部隊の連中を助けるんだ。そうだ、それがいい！」

次に私の中でこう聞く声がした。「もし奇跡的にぼくたちが勝ったらどうなる？　もし、あの五十口径マシンガンをぶっとばして、生き残ったら？」

それに答える声がした。「勇敢な行為をたたえられて、勲章がもらえるかもしれない。英雄になれるぞ！」

「でも、もし負けたら？」

今度の質問に対する答えはこうだった。「みんな死ぬか、捕虜になるかだ」

二人の若い兵士の方を振り返りながら、私は勲章よりも二人の命の方が大事だと決めた。自分の命だってそうだ。私は素直に認めた。勇敢でもばかげた行動をとるのはやめよう……。

五十口径からの掃射はどんどん至近距離に近づいてきた。地上の砲手の腕は一回毎に正確さを増していた。飛行学校時代、五十口径の方が三十口径より射程距離が長いことを学んだ。私たちが持っていたのは三十口径のマシンガンだった。つまり、地上の砲手の方が、私たちよりずっと早く目標を捕らえるということだ。突然、五十口径マシンガンの掃射が目の前のガラスをかすめた。私は敵の砲手との距離を広げようと、反射的に機体を左に傾けて降下した。自分でも何をやっているかわからなくなっていたので、少し考えることにした。地上のマシンガンに向かって突っ込んでいくのは自殺行為に等しかった。機体を大きく左に傾け、地上に向けて降下を続けながら、私は無線を使って、誰でもいいから近くにいる味方に助けを求めた。「こちら海兵隊へリコプター、ヤンキー・タンゴ96、五十口径発見。援護を要す」

すると、突然、頼りがいのありそうな、はっきりした大きな声がヘッドホンを通じて聞こえた。「ヤンキー・タンゴ96、こちら海兵隊A－4s、RTB（帰還中）、まだ兵力、燃料ともにあり。位置を知らせよ。援護に向かう」

私が海兵隊のジェット機のパイロットに無線で位置を知らせると同時に、ほっとした空気が機内を包んだ。それから数分後、低空飛行で援護に駆けつける四機のジェット機の小さな機体が見え始めた。飛行隊長は私たちを見つけると、無線でこう言ってきた。「こちらがあまり近づかないうちに、やつらのところに戻って、もう一度発砲させられないかやってみてくれ。曳光弾が見えたら、あとはおれたちが面倒を見る」。その言葉を聞くとすぐに、私たちは回れ右をして、五十口径マシンガンの方に向かって飛び始めた。マシンガンの曳光弾が私たちの方に向かってまた飛んでくると、四機のジェット機の飛行隊長は「目標確認」と無線をしてきた。それから五分もたたないうちに、地上の五十口径マシンガンは静かになった。その夜、家に帰りついたのは私と私の機の乗組員の方だった。

●チームは違っても使命は同じ

ベトナムでのあの日のことを、私はよく一人で静かに考える。戦闘が終わったあと、無線でお礼は言ったが、今でも、私たちを助けてくれたジェット機の乗組員たちに会って、握手をして「ありがとう」と言えたらどんなによかっただろうと思う。私たちは違うチームに属していて、基地とする空母も違っていた。それでも、みんな同じ使命を分かち合っていた。

戦争はどれも悲惨だ。どんな理由があろうとも、人類にとって最悪の出来事だ。最もすぐれた技術と最も勇敢な人材を使って人類が人類を殺す、それが戦争だ。ベトナムにいた間に、私は人間の一番醜い面を見た。見なければよかったと思うような場面にも出遭った。でも、それと同時に、戦争に行かなければ決して見ることはなかっただろう人間の魂の力、天からの呼び声に応えて献身する人間の姿も見た。兵士の間のつながりを「兄弟の絆」という言葉で表現することがあるが、この言葉を聞くといつも私は、戦争で戦ったことのない人に、その絆がどんなものか本当にわかるのだろうかと疑問に思う。私にとって、その絆は使命という名の、天からの呼び声に捧げられた魂と魂の結びつきだ。

最近のビジネス界では、会社の使命を仰々しく宣伝するのが流行っている。会社の使命とは、その会社を創立するにあたっての一大目的だ。海兵隊とベトナムでいろいろな経験をしてからというもの、「わが社の使命は……」などと誰かが言うのを聞くと、どうも胡散臭《うさんくさ》い感じがしてならない。そして、使命という言葉がそんなにたやすく、単なる言葉として使われていいものだろうかと疑問に思う。

●強い使命が勝つ

ある時、私は、南北ベトナムを分けていたDMZ（非武装地帯）の近くを飛んだ。殺戮《さつりく》の行われている地上を見下ろしていると、とても気になることが出てきた。その夜、空母での報告会の席上で、私は手を挙げてこう聞いた。「敵のベトナム人が味方のベトナム人より一生懸命戦うのはなぜですか？　私たちは間違った側について戦っているんじゃないんですか？　間違った大義のために戦っているんじゃないんですか？」

当然ながら、そんな反逆者まがいの言葉を口にするなんて軍法会議ものだと脅されたが、私は何も反逆しようとしていたわけではない。ただ、疑問に思っただけだった。ただ、見たままのこと、ベトナムに着任してからずっと気になっていたことを聞いただけのことだ。私にはどうしても、ベトコンと北ベトナムの兵士たちの方が、アメリカ軍が加勢する南ベトナム政府軍の兵士よりも必死で戦っているように思えてならなかった。彼らの方が、執拗に、断固とした意志を持って戦っているように思えてならなかったのだ。私から見ると、アメリカ側のベトナム兵士は、それほど一生懸命に戦っていないように見えた。個人的には、彼らがあてにできるとは思っていなかった。アメリカがお金を払うのをやめたら、果たして彼らは戦い続けるだろうか？　私はよくそう疑問に思った。

公平を期するために言うと、あの戦争では、アメリカ兵の中にも、戦うためにそこに行ったのではない人がたくさんいた。多くは運悪く徴兵された人たちだった。我が家に帰る飛行機の切符と、そこに留まって戦うのとどちらがよいかと聞かれれば、多くの兵士は飛行機に乗っていただろう。

ベトナムでの在任期間が半分ほど終わったところで、私は味方に勝ち目のないことに気付いた。私たちの方が装備も技術も整っていて、力もあり、給料も高く、高度な訓練を受けた軍人が揃っていたが、それでも勝ち目はなかった。私がそう思った理由は簡単だ。アメリカ人だけでなく南ベトナム人も含めた私たちの側には、強い使命感がなかったからだ。つまり、天からの呼び声、戦う大義がなかったのだ。私たちはやる気を失っていた。少なくとも、私はそれを失っていた。もう誰も殺したくなかった。そう思うようになった私は、もはやいい海兵隊員ではなかった。

ベトナムでの経験から私は、より強い使命を持っている者が勝つことを学んだ。ビジネスでも同じだ。

みんなよく知っていると思うが、信仰の篤《あつ》い人たちは、天から与えられた使命に手を貸すためなら貧しい生活もいとわないという「清貧の誓い」を立てている。子供の頃、父から、カトリックの司祭の友人が清貧の誓いを立てているという話を聞いた時、私はそれがどういう意味か聞いた。すると父はこう答えた。「神様と、神様の仕事のために人生を捧げると決めたということだよ。つまり、彼の人生にお金は存在しないということだ。神様に仕えるために禁欲的な生活を送っているんだ」

「禁欲的って何？」

子供からのきりのない質問に少々うんざりし始めた父はこう答えた。「今は知らなくていい。そのうちわかるから」

それから何年もたってから、私はその意味を知った。海兵隊の新入生を集めた教室で、教官は、どんな時代にも、聖職者同様、軍人も清貧の誓いを立ててきたと説明してくれた。「封建時代、多くの騎士は天命に忠実であるために清貧の誓いを立てた。神と主君への献身を妨げるようなお金や財産を手に入れたいとは思わなかったんだ」

海兵隊に入隊する前、私はカリフォルニア州のスタンダード・オイル社のオイルタンカーに高級船員として乗り組んでいた。給料は四千ドルで、一九六九年の当時としては高給だった。石油は「非軍事的重要産業」とされていたため、オイルタンカーで働く者は徴兵免除されていたが、私の二人の父は、戦時にあって国のために尽くすことを私に勧めた。海兵隊の将校としての給料は月に三百ドル以下だった。あの日、教室に座って、教官が軍人たちの清貧の誓いについて話すのを聞いた時、私は昔、父が教えてくれなかった禁欲的という言葉の意味がやっとわかった。

●三種類のお金と三種類の所得

これまでに書いた本でも取り上げたが、所得には三つの種類がある。

1．勤労所得

2．ポートフォリオ所得

3．不労所得

私の貧乏父さんは勤労所得を得るために働いた。最も多く課税される所得だ。一方、金持ち父さんは、税金の負担が最も軽い不労所得を得るために主に働いた。

この三つの所得につけられた名前は、実を言うと、国の税務署であるＩＲＳが定めたものだ。ＩＲＳが三つの所得に課す税率はそれぞれ異なる。起業家は三つのすべての所得のために働く機会を持っているので、その違いをよく知っておく必要がある。なぜなら、税率の違いによって最終損益に大きな差が出る場合があるからだ。ここで私がまず所得について取り上げたのは、次にお話しする異なる種類のお金と混同しないように、違いをはっきりさせるためだ。

金持ち父さんは、息子のマイクと私がハイスクールに通っていた頃、人間は三つの異なる種類のお金のために働くと教えてくれた。それは次の三つだ。

1．競争的なお金

2．協力的なお金

3．精神的なお金

●競争的なお金と協力的なお金

金持ち父さんは競争的なお金についてこう説明してくれた。「私たちは競争意識を持つことを子供の頃に学ぶ。学校では成績を、スポーツでは勝敗を競い、人生では愛する人と一緒になるために競い合う。また、仕事の上では、就職のために競い、昇給や昇進、上司から認められること、首にならずに生き残ることをかけて競い合う。ビジネスの世界でも、顧客やマーケットシェア、契約、優秀な社員をめぐって会社同士が競い合う。競争は適者生存、食うか食われるかの世界を意味する。たいていの人はこの競争的なお金のために働いている」

協力的なお金について金持ち父さんはこう説明してくれた。「スポーツやビジネスで、協力はチームワークと呼ばれる。今、超大金持ちで力のある起業家たちは、協力を通して、世界で有数のビジネスを作り上げた人たちだ。彼らはチームの協力によって、より大きな競争力を手に入れる。大きなビジネスの起業家の多くは、すぐれたチームリーダーだ」

●精神的なお金

さすがの金持ち父さんにも、この精神的なお金について説明するのは、ほかの二つと比べると少しむずかしいようだった。金持ち父さんはこう言った。「精神的なお金は、神様の仕事を、つまり神様が『こうなるといい』と望むことをすることによって生まれる。神様の仕事をするというのは、天からの呼びかけに応えて何かをやるということだ」

私は金持ち父さんの言っていることがよくわからなかった。「信者を集めて教会を作ったりする仕事のことを言っているんですか?」

金持ち父さんはこう答えた。「ああ、教会を作る起業家もいるよ。また、慈善団体を作る起業家もいる。確かにどちらも精神的なお金のために働いていることになる。でも、精神的なお金というのは、教会や慈善事業に関わるものだけじゃない」

三種類のお金のうち、この精神的なお金は、その後何年もの間、私にとって大きな謎だった。だから私は何度か金持ち父さんとそのことについて話した。ある日、この話題が出た時、金持ち父さんはこう言った。

「たいていの人が働きに出るのはお金のためだ。それ以外は何もない。そういう人たちは、お金が競争的か、協力的か、精神的かなど気にしない。多くの人にとって、仕事とお金は目的のための手段にすぎない。働かないでいたら二倍の給料を払うと言われれば、たいていの人はその申し出を受ける」

「つまり、そういう人はただでは働かないということですか？」

「ああ、絶対そんなことはしない。たいていの人は、お金を払ってもらえなければほかの仕事を探す。他人や他人のビジネスの手伝いをしてあげたいと思ってはいても、養わなければいけない家族はいるし、請求書の支払もしなくてはいけない。みんなお金が必要なんだ。それがどんな種類のお金でもね。一番給料が高くて、社会保険制度も充実している仕事を選ぶのは当然だ」

「じゃ、精神的なお金というのは、仕事を愛する、自分の好きなことをやるということなんですか？」

「いや違う。好きなことをやるというのは、私が精神的なお金と呼んでいるものとは違う」

「じゃ、一体何なんですか？　ただ働きするということですか？」

「いや、そういうことでもない。精神的なお金というのは、本当のところ、お金に関係することじゃない」

「お金に関係することじゃない？　だったら、何に関係しているんですか？」

「それは、自分がそれをしたいからではなくて、それがなされるべき仕事で、きみが魂の奥底で、自分に課せられた仕事だと感じているからする仕事に関係している」

「自分に課せられた仕事だと、どうしてわかるんですか？」

「それは、ほかの人が誰もそれをやっていないと、気になるからだよ。『なぜ誰もこのことについて何かやろうとしないんだ？』と疑問に思うこともある」

「腹が立つこともありますか？」

「ああ、もちろんある」。金持ち父さんはやさしい声で続けた。「悲しくなることもあるし、胸がとても痛むこともある。不正だと感じたり、罪悪だと思うこともある。心の平安が乱されることと言ってもいいかもしれない。不当だ、不正だと思えることだ」

「たいていの人が何かに対してそういう感じを持っているんじゃないんですか？」

「ああ、でも、たいていの人はそれに対して何もしない。仕事に出かけ、『政府は何をしているんだ？』などと言ったり、新聞に投書して文句を言ったりするだけだ」

「でも、自分はそれに対して何もしない」。私はそう続けた。

金持ち父さんは静かに言った。「たいていの場合は何もしない。それについて話をしたり文句を言ったりはするが、実際にはほとんど何もしない。だって自分は忙しいんだから。家賃を払い、子供をディズニーランドに連れて行くためのお金を稼がなくちゃいけない……」

「もし、それに対して何かしたとしたら、どうなるんですか？　どんなことが起こるんですか？」

「その問題の解決に力を注ごうと決めると、この世界に満ちている目に見えない力――神を信じる人にとっては神の力――が手を貸してくれると私は思っている。魔法のような不思議な力が働いて、人生でいろいろなことが起こってくる。精神的なお金が本領を発揮し始めるのはこの時だ。でも、それはお金だけではなく、それ以上の意味を持っている。たとえば、今までに会ったことのないような人が仲間になってくれることもある。お金のためじゃない。きみの目指す使命のためだ」

「なぜ仲間になってくれるんですか？」

「同じ使命を持っているからだよ」

その日一日で私が学べる限度はこのあたりまでだった。翌日には学校でテストがあったし、その時の私の「使命」は、ハイスクールを無事卒業することだった。

●才能を社会に還元する

それから約一年後、私は精神的なお金の話をまた持ち出した。「『これは解決されるべきだ』と自分が信じる問題に取り組みさえすれば、前にあなたが言っていた見えない力、精神的なお金といったものが助けに来てくれるんですか?」

金持ち父さんは声を立てて笑い、こう言った。「そうなるかもしれないし、ならないかもしれない。それを決めるのは私じゃないからね。私に言えるのはこれだけだ。目に見えない不思議な力を呼び寄せるための一つの鍵は、自分に与えられた贈り物をほかに与えることだ」

「何ですって?」私はびっくりしてそう聞いた。「自分に与えられた贈り物? 贈り物って何ですか?」

「天から与えられた特別な才能だよ。きみが得意なこと、神様が特にきみに与えてくれた才能だ」

「どんな才能ですか? 得意なことなんて何も思いつきませんよ」

「それはきみが見つけなきゃいけないんだ」

「誰でも持っているんですか?」

「私としてはそう信じたいね」。金持ち父さんはにこりとして言った。

「誰でも才能を持っているとしたら、なぜ『平均以下』の人がこんなに多いんですか?」

私の質問を聞いて金持ち父さんは大声で笑い出した。そして、しばらくしてやっと笑いをこらえて、こう言った。「なぜって、自分の才能を見つけ、それを育て、ほかの人に与えるというのは、とても大変な仕事だからだよ。たいていの人はそれほど一生懸命その仕事に取り組みたいと思わない」

この話を聞いて、また新たな疑問が出てきた。もし神様が人間に才能を授けてくださっているのなら、それはもっとわかりやすいものであるはずだ。簡単に見つけられるものであるはずだ。この点をはっきりさせようと聞くと、金持ち父さんはこう答えた。「優秀な医者は、その才能を育てるために何年も学校に通い、何年も実習を行う。すぐれたゴルファーもそうだ。才能を育てるために何年もトレーニングを積む。神童と呼ばれるような例外はあるにしても、たいていの人は、自分に与えられた才能を見つけ育てるために人生の大半を捧げなければならない。残念なことに、この世界には才能に恵まれながら、それを育てようとしない人がたくさんいる。才能を見つけるのは大変な仕事だし、それを育てるとなればもっと大変だ。だから平均以下に見える人がこんなにたくさんいるんだ」

「プロのスポーツ選手がアマチュアより一生懸命に練習するのは、それだからなんですね？　プロの選手たちは自分の長所を伸ばし、技術を高め、才能を育てるために人生を捧げているんですね？」

金持ち父さんはうなずいた。

この日も、私が学ぶことができるのはこのあたりまでだった。話はそこで終わったが、教えはしっかり私の心に刻まれた。

●ほどほどの成績が邪魔をする

最高の自分になろうと心に決めた友人たちに私が読むように勧めるのは次の二冊の本だ。一冊はジム・コリンズが書いた『ビジョナリーカンパニー2　飛躍の法則』だ。私たちはこれまでに、この本を学ぶための勉強会を五回やっているが、会を開くたびに新しく学ぶところがあり、まるで別の本を読んでいるように感じられる。

『ビジョナリーカンパニー2　飛躍の法則』のエッセンスは最初の言葉に凝縮されている。コリンズは次のように書いている。「良好（good）は偉大（great）の敵だ」

この言葉を、自分の才能を見つけることに結びつけて考えてみよう。世の中には、「いい（good）」という形容詞をつけて呼べるビジネスマン、スポーツ選手、親、従業員はたくさんいるし、政府もたくさんある。でも、偉大なビジネスマン、スポーツ選手、親、従業員、政府となると、完全に不足している。なぜだろうか？　それは、たいていの人の場合、ほどほどの成績は偉大になるための敵だからだ。もし金持ち父さんが今ここにいたら、きっとこんなふうに言うに違いない。「才能を引き出すというのは、これくらいよくできれば充分だという状態に達することではなく、偉大さを引き出すことを意味する」

『ビジョナリーカンパニー2　飛躍の法則』には、規模の大きさにかかわらず、すべてのビジネスにとって必要不可欠な教えがいっぱい詰まっている。私たちの勉強会でも、出席者全員が、まるで自分のために書かれたかのような、自分にぴったりの教えを見つけている。私の場合、一番胸に突き刺さった教えは、偉大になることは一つの選択であるという教えだ。天から贈り物を授かっているかどうか、才能があるかどうか、運がよいかどうかなどといったことは関係ない。それは選択であり、その選択は誰にでもできる。

私は人生のほとんどを平均かそれ以下のレベルで過ごしてきた。だから特に、その状態をすっかり変えることは選択の問題だというこの考え方が、インパクトを持って心と魂に一直線に飛び込んできたのだと思う。

●人が前に進むのを引き止める「レジスタンス」

自分を最大限に活かして人生を生きたいと思う人に勧めるもう一冊は、スティーヴン・プレスフィールドが書いた『やりとげる力』だ。この本はすべての人間の心に巣食う「自分の邪魔をする破壊活動家」についての本だ。

プレスフィールドは、私たちの中にあって、私たちが前に進むのを引き止める力をレジスタンス（抵抗運動家）と呼んでいる。レジスタンスという名のこの人物を私はよく知っている。私の場合、それはいろいろ姿と名前を変えてやってくる。朝、やってくるのは「おでぶちゃん」という名前のレジスタンスだ。目を覚まし、時計を見て「ジムに行く時間だ」と私が言うと、おでぶちゃんがすぐにこう言う。「いや、今朝はいいよ。きみは気分もすぐれないし、外は寒い。ジムには明日行けばいいさ」。おでぶちゃんは身体を動かすことより食べることが好きなもう一人の私だ。

私の中にいるレジスタンスは時と場合で姿を変える。おでぶちゃん以外に、「ぐーたら夫」というのもいる。この人物はよく「なぜキムはこれをやってくれなかったんだ?」などと文句を言う。私の人生に口を出してくるもう一人のレジスタンスは、「数字音痴」だ。この人はいつも「なぜ数字なんてチェックするんだ?」と言い、そのあとにぐーたら夫が出てきて、「キム、この数字をちょっと見てくれないか?」と付け足す。もうおわかりのように、おでぶちゃんも、ぐーたら夫も、数字音痴も、私ととても仲のいい友達だ。私たちは毎日一緒にいる。プレスフィールドはそれをレジスタンスと呼び、私は相棒と呼ぶ。

スティーヴン・プレスフィールドの本は、あなたが持っている創造力や精神的なサポート、あなたを見守る天使あるいは女神たちの助けを借りて、抵抗を克服することについて書かれている。この本は起業家の必読書だ。ただ単純に、手っ取り早く金持ちになりたいと思っている人のために書かれた本ではない。『ビジョナリーカンパニー2　飛躍の法則』と同じように、『やりとげる力』にも貴重な教えがたくさん含まれているが、自分に与えられた贈り物をほかに分け与えることに直接関係がある教えを一つここで取り上げる。それは「プロとアマチュア」と題された章にある。

大望を持ちながらレジスタンスに敗れたアーティストには共通点がある。それは、アマチュアのような振る舞いをすることだ。彼らはまだプロになっていない。

はっきりさせておきたいが、私がプロフェッショナルと言っているのは、医者や弁護士などの「専門的職業」に従事する人のことではない。私の言うプロフェッショナルとは一つの観念であり、アマチュアに対するものとしてのプロフェッショナルだ。この二つの違いをよく考えてみよう。

アマチュアは楽しむためにプレーする。プロフェッショナルは生活のためにプレーする。

アマチュアにとってゲームはいわば副業だ。プロフェッショナルにとってそれは本業だ。

アマチュアはパートタイムでプレーをするが、プロフェッショナルはフルタイムでプレーする。

アマチュアは週末だけ戦う。プロフェッショナルは一週間のうち七日、戦場にいる。

アマチュアという言葉は、「愛する」という意味のラテン語から来ている。字義通りの解釈に従うなら、アマチュアは愛するがためにそれを追い求め、プロフェッショナルはお金のためにそれをするということになるが、私はそうは思わない。私に言わせるなら、ゲームに対する愛情が充分ではない人たちがアマチュアだ。もし、本当に愛していたら、それを片手間に、つまり天から与えられた使命とは違うものとして追求することなどできないはずだ。

プロフェッショナルはゲームをこの上なく愛している。だからそのために人生を捧げる。フルタイムでそれに取り組むことを心に決める。

私にとって「プロフェッショナルになる」というのはそういう意味だ。

私たちがプロフェッショナルになると、レジスタンスはそれをとても嫌う。

●一夜にして訪れた成功

あるジャーナリストが、金持ち父さんシリーズの書籍の成功について次のように書いている。「この著者は一夜にして成功を手にした。キヨサキの『金持ち父さん　貧乏父さん』よりも長期間ニューヨークタイムズ紙のベストセラーリストに留まった本は、これまでに三冊しかない。たいていの著者は、何年も書き続け、何冊も本を出して、それでもニューヨークタイムズのリストに載ることができない」

「一夜にして成功を手にした」とか「著者」「著述家」などという言葉を聞くと、いつもくすぐったい気持ちになる。私は自分を「著述家」とは思っていないし、「一夜にして成功を手にした」などとも決して思っていない。私はただ、自分の使命を見つけた幸運な人間にすぎない。この使命のために私は何年も働いてきた。同じ使命を分かち合うパートナーもいる。本を書くことは、この使命を果たすために私がやっている仕事の一つにすぎない。正直なところ、書かないですむならどんなにいいかと思う。私はハイスクールに通っていた十五歳の時、作文ができなくて落第しそうになって以来、ものを書くことに対して大きな嫌悪感を持つようになった。それから何年もの間、ものを書くのがいやでたまらなかった。やらなければならないことの中で、一番大変なのが書くことだった。私にとってもっと簡単なコミュニケーションの方法はほかにいくらでもある。選べるものなら、オーディオテープやビデオ、あるいはテレビ、講演などで話す方がずっといい。そんな私が書いた『金持ち父さん　貧乏父さん』が、アメリカでビジネス書のナンバーワンの座を何年も維持しているというのだからおもしろい。

史上最も偉大な自転車選手の一人であるランス・アームストロングは、ツール・ド・フランスで何回も優勝しているが、彼にとって最大の闘いは、選手人生の頂点で襲われた癌との闘いだったろう。彼はその闘いにも見事勝利を収めた。それに引き換え私は、外が寒いからといってジムに行こうとさえしない……。アームストロングは癌を抱えながら、世界最高の自転車選手であり続けている。彼のプロフェッショナル精神と、自転車競技に対する情熱は、どんなことであれ、何事かを成し遂げようとしている人たちにやる気を与えてくれる。著書『ただマイヨ・ジョーヌのためでなく』でアームストロングはこう言っている。

　ぼくがほかの人たちの役に立てるようにと天が与えてくれたもの、ぼくは癌をそんなふうに考えるようになった。
　ぼくにわかっていたのは、ほかの人たちのために尽くす使命があると自分が感じていることだけだった。そのような使命感はそれまで一度も感じたことがなかった。ぼくは世界中にある何よりも真剣にそのことを受け止めようと思った。

●お金が問題ではない

私はジャーナリストたちからよくこう聞かれる。「なぜ働き続けるんですか？　そんなにお金があるなら、もう働かず、永久に休暇をとればいいじゃないですか」

ランス・アームストロングが「ただ自転車のためでなく」と言うのと同じように、私の場合は「ただお金のためでなく」、それは使命のためだ。

一九七四年、職を失い、ビジネスに失敗して意気消沈した父が居間に座り、テレビを見ている姿を見た時、私は自分に与えられた使命を見つけた。そこに座る父を見ていると、未来を見ているような気がした。父の未来だけではない。世界中の何百万、おそらくは何億という人の未来だ。

今から二〇一五年までの数年の間に、世界中で何百万、おそらくは何億という人が私の父と同じような状況になることがもっとはっきりしてくるだろう。頭がよく、教育もきちんと受けていて、一生懸命働いてきた人たちが、食べる物や住む所、医療などの面で政府の援助を必要とするようになる。これは世界的規模の現象で、アメリカやイギリス、日本、ドイツ、フランス、イタリアなどの豊かな国々を含め、世界中のあらゆる国がその影響を受ける。

一九七四年、私は、父のように政府に生活の面倒を見てもらうことを期待している人があまりに多いことが問題なのだと気が付いた。金持ち父さんには、この問題がどんどん大きくなるのが見えていて、社会保障や高齢者医療保険が、アメリカはじめ世界の各国で大きな財政問題になると感じていた。世界で最も豊かなこの国が、政府に面倒を見てもらおうと期待する貧しい人たちであふれる可能性があることは、私にもよくわかった。

一九七四年、貧乏父さんが「学校に戻って博士号をとり、社会保険制度の充実した仕事に就けるようにしろ」と私に勧めてくれた時、私は自分に与えられた使命を見つけた。当時の私には、自分が使命を見つけたとはまだわかっていなかったが、いつも聞かされている父のアドバイスに、今回はひどくひっかかるところがあるのがよくわかった。職を失い、年金を頼りに生活し、毎日テレビの前のソファーに座ってタバコを吸うばかりの父の姿を見ていると、そのアドバイスに何か大きな間違いがあるとしか思えなかった。時代は変わったが、父のアドバイスは変わっていなかったのだ。今思うと、一九七四年に父のあのような姿を見た時、私はまさに未来を見ていたのだ。

●自分が好きなことをやるだけでは充分でない理由

「私は自分の好きなことをやっている」と言う人や、「自分の好きなことをやれ。そうすればお金はあとでついてくる」などと言う人はたくさんいる。これは確かにいいアドバイスではあるが、問題がいくつかある。一番はっきりしている問題は、「自分」という言葉が使われていることだ。人間にとって真の使命はその人自身ではなく、その人が愛する人たちに関わるものだ。つまり、あなた自身に関わることではない。使命というのはあなたが誰かのために働く、その相手に関わることだ。自分のために働くこととは違う。

著書の中でランス・アームストロングはこう続けている。

ぼくは新しい目的意識を持った。それは、自転車の世界で人から認められることや、業績をあげることにはまったく関係のないことだった。このことを理解できない人もいると思うが、ぼくは自転車選手であることが人生における自分の役目であるとはもう感じなくなった。自分の役目は癌を克服した人間として生きることなのではないかと思うようになった。ぼくが一番強い結びつきと共感を感じたのは、癌と闘い、ぼくと同じように、「自分は死ぬのだろうか？」と問い続ける人たちだった。

●自分が問題なのではない

最近、友人の一人が妹と話をしてくれと頼んできた。妹さんは営業所の所長で、ネットワークビジネスを始めたばかりだった。友人はこう言った。「妹はきみの本を読んで、思い切ってやってみようと決心した。ネットワークビジネスに参加して自分のビジネスを始めることにしたんだ」

「それはよかったね」と私は答えた。

「妹と話をしてくれるかい?」

友人にそう頼まれたら断わるわけにはいかない。

その妹さんは、会社の昼休みに私に会いにやってきた。「で、なぜあなたはこの会社で自分のビジネスを始めることにしたんですか?」私はそう聞いた。

「ラットレースに疲れたからです。昇進の見込みもなさそうですし。だから、ネットワークビジネスの利点についてあなたが書いた『金持ち父さんのビジネススクール』を読んで、思い切ってやってみる決心をしたんです。今勤めている会社には辞職願を出しました。一カ月後には会社を辞めて独り立ちします」

「すごいですね」。私は彼女の勇気を称えた。「で、あなたがビジネスを築こうと決めたネットワークビジネスの会社はどうやって選んだんですか?」

「そこの製品が大好きだからです。それにトレーニングプログラムも充実しているように思えました。でも、一番気に入ったのは報酬制度です。短期間でたくさんのお金が儲けられるんです」

「なるほど」。お金を第一の理由にすることに関してコメントするのは控えて、私は次にこう聞いた。「あなたのプランを話してもらえますか?」

それから話は三十分ほど続いた。彼女はまだ本格的にビジネスを始めてはいなかったので、話すことはあまりなかった。友人との約束をきちんと果たすために、私はその女性に六カ月後に電話で状況報告をするように言った。その時までには、もっと現実的なことで聞きたいことが出てきているだろうと思ったのだ。

●失敗続きの六カ月

六カ月目が来ると、その女性が電話をしてきて、また会いたいと言った。この二回目のミーティングは前ほどなごやかには進まなかった。

「私のビジネスはあまりうまくいっていません」と彼女は話し始めた。「誰も私の話を聞いてくれないんです。私の話に聞くだけの価値があると思ってくれません。ネットワークビジネスの話を持ち出すと、とたんにみんな耳をふさいでしまうんです。話を聞いてもらえなかったら、一体どうやってお金を儲けろって言うんですか？」

「会社のトレーニングプログラムには出席してみましたか？」

「いいえ。私はあんなものに出席したくありません」。彼女は腹立たしそうに言った。「売れ売れとうるさく言うだけなんですから。私はプレッシャーをかけられるのが嫌いです。会社は友達をミーティングに連れてこいと言いますが、友達は一緒に行ってはくれません」

「なるほど」。私は静かに言った。「では、セールスの方法や、人の気持ちを変えることについての本を読んだことがありますか？」

「いいえ。私は本を読むのは嫌いです」

「そうですか。読むのが嫌いだったら、セールスのトレーニングのための講座などは調べてみましたか？」

「いいえ。ああいうのは受講者からお金をとることしか考えていません。私はそんなお金は払いたくありません」

「そうですか。では、あなたは何が望みなんですか？」

「一週間に二、三時間働いて、あまり苦労せずにたくさんのお金を儲けて、人生を楽しむための時間とお金をたっぷり手に入れたいですね」

「なるほど」。私は心の中で、くすくす笑い始めていた。

「どうしたらいいか、教えてください」。彼女はイライラをぶつけるように言った。

「もとの仕事に戻れるかどうか、前の会社に聞いてみたらいいと思いますよ」

「私にはビジネスを築くのは無理だと言いたいんですか？」。彼女はそう迫った。

「いいえ、そういうわけじゃありません」

「じゃ、何を言いたいんですか？　あなたは頭がいいはずでしょう？　ベストセラーもあんなに書いているんですから。あなたから見て、私はどう見えるのか、教えてください。私は弱い人間じゃありません。多少のことではめげたりしませんから」

「わかりました」。私はそれまでより真剣な口調で言った。「あなたが今『私』という言葉を何回使ったか覚えていますか？」

「いいえ。何回だったんですか？　で、それに何の意味があるんですか？」

「そうですね……私が聞いた限りでは……『私のビジネスはうまくいっていない』『私は出席したくない』『私は本を読むのは嫌いだ』『私はそんなお金は払いたくない』……」

「なるほど。確かに何度も使っていますね。で、それがどうだって言うんですか？」

私はできるだけやさしくこう言った。「ビジネスを築くのに一番関係があるのはあなた自身ではありません。ほかの人たちです。あなたのチーム、顧客、あなたに何かを教えてくれる人たちが一番強い関わりをもっています。それと、その人たちにあなたがどのように役に立てるかが大事なんです。あなたの話を聞いていると、とても自己中心的に聞こえます。何かにつけて自分がまず出てきてしまうんです」

●仕事は人のためにする

相手の女性が私の言葉をあまり快く思っていないのは明らかだった。それでも、彼女は椅子に深く座り直し、背もたれに寄りかかりながら黙って聞いていた。私の言葉は彼女の耳に届いていた。今、それを頭で消化しているのだ。しばらくして、自分を取り戻した女性はこう応じた。「でも、私は本当に本を読むのが嫌いですし、ああいった講座に出席するのもいやです。人から断られるのも嫌いですし、私が勧めているのに、それに耳を貸さない人も嫌いです。今、感情的に傷ついている状態も大嫌いですし、給料がもらえないというのもすごくいやです」

私はゆっくりとうなずきながら、やさしく言った。「気持ちはわかりますよ。同じような気持ちを私も味わいましたから。私も本を読むのが嫌いですし、勉強するのも、訓練を受けるのも、アドバイスにお金を払うのも、ただで何時間も働くのもいやです。でも、私はそれをやります」

「なぜです?」

「自分のためにやっているわけではないからです。私の仕事は自分のためのものではありません。ほかの人のためのものです」

「じゃ、あなたが勉強するのは、ほかの人のために、つまりあなたの製品を買ってくれるお客さんのためによりよい仕事をしたいからだと言うんですか?」

「そうです。でも、顧客のためだけではありません。私が一生懸命学び、訓練を受け、実践するのは、顧客の家族のため、私たちが住む社会のため、よりよい世界のためです。私が満足するかどうかとか、お金が儲かるかどうかとか、そういう問題ではなく、人の役に立つことが大事なんです」

「私だって、役に立ちたいと思っていますよ」。女性がぶっきらぼうに言った。「私だって、人助けをしようとしているんです」

「そうですね。それはわかります。あなたも人のためを思っているんですよね。問題は、人の役に立つにはまずその資格を身につけなければいけないということです」

「資格? 資格を身につけるってどういう意味ですか?」

「そうですね、たとえば医者は、患者の役に立つのに必要な資格を得るために、何年も医学校に通います。事務所の所長をやっていた人がある日その仕事を辞めて、次の日から手術室で眼の手術をしたなんて話は聞いたことがありません。あなたも聞いたことがないでしょう?」

「ないです」。女性は頭を横に振った。「つまり、私も本を読んだり、訓練を受けたり、実践する必要があると言うんですか? 私のためではなくて、他人のためにもっと役に立てるようになるために……」

私たちはそれから一時間ほど話をした。この女性は本当にやさしい心を持っていて、心から人の役に立ちたいと思っていた。ただ、もっと上手に人の役に立つために必要なスキルを身につけるのに、時間が必要だったのだ。次に、P、A、T、Cの四つの思考パターンの違いについて説明し、今、彼女はネットワークビジネスを通して、貴重なPタイプの考え方を学んでいると思うと話した。そして最後に、「どんなビジネスでも一番むずかしいのは人とのやりとりですよ」と付け加えた。

先ほど紹介した本、『ビジョナリーカンパニー2　飛躍の法則』も話題にのぼり、偉大になるかどうかが運やチャンスではなく選択の問題であることも話した。そして、彼女がこれと決めた道を続けて行けるように励ます意味でこう言った。「ネットワークビジネスの会社は、人をうまく扱うことに関して『ほどほどの』成績をとるためではなく、『すばらしい』成績をとるための訓練をしてくれます。これはお金には代えられない貴重な技術で、同胞たる人類の役に立つために必要不可欠な技術でもあります。でも、偉大になるという選択ができるのは本人だけです。たいていの人は、ほどほどの成績で満足しています。それは、自分自身の役に立つだけなら、それくらいの成績で充分だからです」

この女性は最後にこう聞いた。「つまり、ビジネスをやっている人すべてが、他人の役に立つためにやっているわけではないということですか？」

「私の経験から言うとそうです。お金を稼ぐためだけに仕事に出かける人が多すぎます。人の役に立つために仕事に行く人はごく少数です。人が違えば、使命も違うということです」

次の章では、チームの作り方と、異なる使命を持つ異なる人たちとどう付き合っていくかについてお話しするつもりだ。この章はとても大事だ。それは、人間はそれぞれ異なる理由で働きに出るからだ。ビジネスの使命と、その人が働いている理由とが一致していなければ、結果として、混乱が起きたり、時間やお金が無駄になったりする。異なる使命を持った異なる人たちがいるという、ただそれだけの理由で失敗するビジネスはたくさんある。

●使命の力

ベトナムで私は、より強い使命感を持っているという、ただそれだけの理由で、発展途上国の戦力が世界で最も力のある国を打ち負かすのをこの目で見た。そして、今、同じことがビジネスの世界で起きている。現代に生きる私たちはみんな、マイクロソフトやデル、グーグル、ヤフーといった、ごく少数の起業家が小さく始めた会社が、昔ながらの優良大企業を打ち負かし、それによって、若き起業家たちが、大企業の昇進のはしごをせっせと登ってきた年寄り重役よりはるかに金持ちになるのを見てきた。今、優良大企業の重役たちが百万長者になりつつある一方で、若き起業家たちは億万長者になろうとしている。ベトナムで起こったことと同じように、これはビジネスの大きさの問題ではない。使命の大きさの問題だ。使命について多くの紙面を使ってお話ししてきた理由はここにある。

前の章で、私の起業家としての成長過程が十年毎に変わってきたという話をした。

一九七四年から一九八四年：学習のプロセス
一九八四年から一九九四年：お金を稼ぐプロセス
一九九四年から二〇〇四年：お金を社会に還元するプロセス

一九七四年、私の使命はただB－Iトライアングルを習得することだけだった。つまり学習することが使命だった。この時期は私の人生で最悪の時期だった。何度も文無しになり、絶望のどん底に突き落とされた。そんな私の背中を押して歩み続けさせてくれたのは使命だ。何カ月もの間、何をやってもうまく行かないように思えた時期もあった。それでも、ただソファーに座ってテレビを見ていた父の記憶が、私を歩み続けさせた。あの時の私は、自分のために学んでいたのではなく、父のため、世界中に大勢いる父のような人たちのために学んでいた。

一九八〇年頃、私の世界に日が差し始め、お金がまた入ってくるようになった。それまでにB－Iトライアングルについて、特にキャッシュフローから製品までの五つのレベルについて、私は多くの教えを学んでいた。一九八〇年、私は工場を海外に移した。韓国や台湾の方が生産コストが安かったからだ。ある時、そんな工場の一つを訪れ、本当の「搾取工場」とはどんなものかこの目で見た。そこでは、一フロアを何層にも区切った部屋に詰め込まれた子供たちが、私を金持ちにするための製品を製造していた……。

当時私の会社はロックバンドのオフィシャルグッズとして、ナイロン製の財布やバッグ、帽子などを製造していた。正式に許可をとって作られたそれらの製品は、コンサート会場や世界中のレコード店で売られていた。私はまた以前と同じように成功を手に入れようとしていたが、搾取工場で見た子供たちの姿が忘れられなかった。

私は製造業界で起業家としてやっていくことはもうできないと悟った。それに、学ぶという使命が変わりつつあるのにも気が付いていた。先に進む時が来ていたのだ。

一九八四年十二月、キムと私はカリフォルニアに移った。年が明けて始まったのは、私たちの人生で最悪の年だった。この時期については『金持ち父さんのキャッシュフロー・クワドラント』に詳しく書いた。私の使命は前と似てはいたが、いっそう進化したものになっていた。一九八五年以降の私の使命は、自分に与えられた才能を見つけ、育てることだった。それはまた、自分の才能を使ってお金を稼ぎ、財産を築くことでもあった。

情熱は愛とは違う。情熱は愛と怒りとが混ざり合ったものだ。当時の私は学ぶことを愛していたが、それと同時に、学校制度に対してまだ怒りを感じていた。そこで、私のこの情熱の対象を追求するため、キムと私は教育や学習方法について学ぶ「生徒」になった。一九八五年、私たちはアンソニー・ロビンズをはじめとするすばらしい教師たちと一緒にあちこち旅し、彼らの教授法を学んだ。私たちは週に一回、真っ赤に焼けた炭の上を歩くことを教えるアンソニーの手伝いをした。これは、恐怖など、自分に制限を加えるさまざまな感情を克服することを教えるすばらしい方法だった。

アンソニーたちと一年過ごしたあと、キムと私は彼らと別れて独自の道に進み、金持ち父さんのアドバイザーシリーズ『セールスドッグ』『勝てるビジネスチームの作り方』の著者であるブレア・シンガーと共に、起業家に必要なスキルを教え始めた。

ブレアと私は、今でも最初のワークショップのことを思い出して大笑いする。あの時、彼と私はワークショップのためにマウイ島に飛んだが、会場に姿を現した参加者は二人だけだった。先が思いやられるスタートだったが、それでも私たちは計画通りに、「起業家のためのビジネススクール」と「投資家のためのビジネススクール」を立ち上げた。五年後の一九九〇年までに、教室は何百人もの人で埋まるようになり、私たちはそこで、ビジネスや投資に関する金持ち父さんの考え方を教えた。そして、一九九四年、キムと私は経済的な自由を手に入れ、ブレアは独自の企業トレーニングビジネスを始めた。ここで一番大事なのは、私が自分に与えられた贈り物、才能を見つけたことだ。その贈り物とは教えることだ。ただし、私のやり方は貧乏父さんが正式な教育を通して学んだ教え方とは違っていた。

一九九四年、私は会社の仕事から退き、ボードゲーム『キャッシュフロー101』の開発と『金持ち父さん 貧乏父さん』の著作を開始した。三つ目の使命は、それまでに私たちがファイナンシャル教育（お金に関する教育）とビジネス教育という形で受けてきたものを、社会に還元することだった。私たちの使命はより多くの人たちの役に立つことだった。そして、私たちがそれを始めると、ほとんど同時に、魔法のようにお金が流れ込んできた。

キムと私は今でも、取引の量があまりに多いのを怪しんだクレジットカード会社が電話してきたことを思い出して笑う。週末に一回講演をしただけで、電話がひっきりなしに鳴るようになった。クレジットカード会社は私たちが一回のイベントのあと、あまりに多くの取引を処理しようとしたので、これは麻薬か武器でも売っているに違いないと思って、カードの使用を停止しようとした。銀行のトップは私たちにこう言った。「始まったばかりのビジネスが、こんなに多くのお金をこんなに短期間で生み出すなんて信じられない」。私たちの電話が鳴り止まなかったのは、使命と、三つの異なるタイプのお金――競争的、協力的、精神的なお金――のおかげだったことをこの銀行の重役は知る由もなかった。

私は、リッチダッド・カンパニーの成功はキムと私の「個人」の力によるものではなく、使命を成し遂げるために献身した二人の「人類」としての力によるものだと心から信じている。この会社を作った時、私たちは働く必要がない状態だった。つまり、仕事が必要だったわけでも、お金が必要だったわけでもない。私たちにとって大事だったのは、人間を超えたところから聞こえる呼び声に応えることだった。つまり、「誰かがやる必要のある仕事」をやりたいと思っていた。もしお金が欲しいだけだったら、私たちにはもっと簡単にできることがいくらでもあった。

私たちの成功が幸運によるものだったとしたら、それはこのような魂のレベルでの幸運だ。それ以外に説明のしようがない。二人のビジネスに関するスキルを合わせただけでは生まれるはずのない幸運や不思議な力にどれほど恵まれたことか……。『やりとげる力』の中で、スティーヴン・プレスフィールドはこう言っている。「プロセスが開始されると、それによって必然的に、そして確実に、神様が助けてくださる。目に見えない軍勢が、私たちの掲げる大義のもとに集まり、思いがけない発見が私たちの目的を強化してくれる」。ランス・アームストロングはこう言っている。「ただ自転車のためでなく」

●まず、Bーートライアングルを学ぶ

今勤めている会社を辞める前に、三種類のお金のことを思い出そう。この三つは、どれがいいとか悪いとかいうものではない。たとえば、競争的なお金は、協力的なお金よりいいわけでも悪いわけでもないし、精神的なお金と比べても同じことだ。

競争的なお金はビジネスの世界で活躍する。競争は価格を抑え、品質を向上させる。ビジネスに関わる人間の頭の切れをよくし、いつも注意を怠らないようにさせる。競争がなければ、新製品や、人々の生活を大きく変える革新的製品の数はもっとずっと少なくなるだろう。競争がなければ、私たちの国は政府によって管理された経済、つまり共産主義的経済に近づくことになるだろう。競争がなければ、起業家の必要性も、また起業家を目指す動機も減る。

今、起業家になろうとしている人にとって最初の使命は、B－Iトライアングルを習得すること、特にキャッシュフローから製品までの五つのレベルを習得することだ。B－Iトライアングルについて学び、それぞれのレベルのスキルを身につける努力を続けると同時に、競争心を持つことが大事だ。そうしなければビジネスの世界で生き残るのはむずかしいかもしれない。

競争心がない人には、他人と協力したり協力的なお金のために働くこともむずかしく感じられるだろう。ビジネスという名のゲームでは、お金のない人やお金のない会社と協力するのはむずかしい。それは、足を骨折した選手とチームを組んでフットボールの試合をするようなものだ。

前の章でもお話ししたように、B－Iトライアングルはキャッシュフロー・クワドラントの四つのクワドラントすべてにあてはめることができる。たとえば、Eクワドラントの人も、B－Iトライアングルを持っている。金銭的なことで何か問題が起きた時、B－Iトライアングルに照らし合わせて自分の生活を見直してみると、それだけで、その問題を簡単に「診断」できる。一つ例を挙げよう。たとえばEクワドラントの人で、キャッシュフローレベルが弱いというだけの理由で金銭的に問題を抱えている人はたくさんいる。そういう人はたとえ給料が上がっても、その弱点が克服されない限り貧乏から抜け出せない。

海兵隊で私は、組織の使命はその核から、つまり組織の魂とも言える部分から始まると教えられた。使命に忠実でない組織には魂はない。リッチダッド・カンパニーでは人に教えていることを実践し、会社としての使命を従業員の活動の一部としている。会社は従業員に、自分のビジネスを始めたり、ポートフォリオを作って投資をして、いつか会社から完全に離れられるようになることを奨励している。「会社」に忠実な従業員になって欲しいとは思っていない。「会社の使命」に忠実で、経済的な自由を手に入れ、会社を辞める計画を持つ従業員になって欲しいと思っている。

私たちはもちろん優秀な従業員に辞めて欲しくない。でも、彼らが経済的に自由になるのは大歓迎だ。なぜなら、それこそがリッチダッド・カンパニーの使命だからだ。

だから、仕事を辞める前に思い出して欲しい。あなたの使命はあなたの核とも言うべき、心の中心から始まることを。使命は魂の中にあり、心で感じ、ただ言葉だけでなく行動で伝えられるべきものだ。

金持ち父さんの起業家レッスン

その七

使命の大きさが製品を決める

第七章……

ビッグビジネスへ移るにはどうしたらいいか？

「たいていのスモールビジネスがスモールビジネスのままでいるのはなぜですか？」私はそう聞いた。

「いい質問だ。それはＢ－Ｉトライアングルのどこかが弱いからだ」。金持ち父さんはそう答えた。「Ｂ－Ｉトライアングルがしっかりしていないと、ＳクワドラントからＢクワドラントに移るのはむずかしい」

●私たちが失敗した理由

英語には「過去を振り返る目は何でも見える」ということわざがある。これはよく当たっていると思うが、過去を振り返る目の中にも、ほかに比べて視力のいいものがある。たとえばＢ－Ｉトライアングルやキャッシュフロー・クワドラントといった「視力矯正器」は、私がビジネスの計画を立てる時に先を見る助けになってくれたが、それだけでなく、過去を振り返る時にも大いに助けになった。ナイロン製のサーファー用財布のビジネスに失敗したあと、Ｂ－Ｉトライアングルとキャッシュフロー・クワドラントを指針として過去を振り返って見ると、メガネや虫眼鏡を使って破壊のあとの残骸を細かく見ているようだった。

あの時、私たちをなぎ倒したのが、成功と、私たち自身の無能さであったことははっきりしていた。だが、さらにその成功の後ろには、失敗の原因となった、もっと根の深い深刻な問題がいくつも隠されていた。キャッシュフロー・クワドラントを見ながら、自分に正直になって考えると、自分たちが失敗した原因がとてもよくわかった。本当の原因は、若さゆえの驕《おご》りだった。若くしてビジネスに成功するのは、子供に高性能のスポーツカーと缶ビールを一パック与えておいて「安全運転をしろ」と言うようなものだ。

一九七六年、ラリー・クラークと私はEクワドラントにいて、ゼロックス社の営業マンとして働いていた。当時、常に営業成績がトップクラスだった私たちは、自分たちにわからないことはないと思っていた。だから、ビジネスプランを立てる時も、世界的に有名なスタントマン、イーベル・ニーベル並の力を発揮して、オートバイでグランドキャニオンを飛び越えられると思っていた。つまり、EクワドラントからBクワドラントへ、最短距離をひとっ飛びしようと思ったのだ。私たちのプランは、EからSを経由してBに行くのではなく、オートバイのエンジンを思いっきりふかして、EからBに飛び移ることだった。EからS、そしてSからBへと移るのは、グランドキャニオンの渓谷をくだり、また反対側をよじ登るようなものだ。私たちはそうせずに渓谷を飛び越えることに決めた。さらに、さすがのイーベル・ニーベルも、ここは賢く、オートバイにパラシュートをつけて飛ぶところだろうが、私たちはそうしなかった。

私たちはイーベル・ニーベルにはなれなかった。どちらかというと、「ビープ！　ビープ！」と鳴きながら走り回るロードランナーを必死で追いかけるうち、いつの間にか崖の外まで飛び出し、足元には空気しかないことに気付く、アニメのキャラクター、ワイリー・コヨーテに近かった。一九七八年から一九七九年にかけてのある時点で、私たちは足元に空気しかないことに気が付いた。Bクワドラントは目の前だった。実際、その端にふれるところまで行っていたと思う。でも、B－Iトライアングルが弱かったために、私たちはその手前で谷底に墜落した。それは格好のいいものではなかったし、かなり痛かった。今、ロードランナーとワイリー・コヨーテのアニメを見るたび、私にはコヨーテの気持ちがよくわかる。ビープ！　ビープ！

●墜落を生き延びる

一九七九年から一九八一年にかけて、私は飛行機の墜落現場を検証するNTSB（国家運輸安全委員会）になったような気持ちだった。ほかのパートナーたちはすでに別の会社に移り、新たに二人のパートナーが入ってきた。そのうちの一人は私の弟のジョンで、ビジネスパートナーとしても強力な助っ人であり、精神的にもとても大きな支えになった。私たちは力を合わせ、墜落した会社の残骸を細かく調べ、今度は前より小規模な会社を作った。いわば、BクワドラントからSクワドラントに引き返したようなものだった。

一九八一年、前より小さくなった私たちの会社は、地元のラジオ局と合弁事業を始めた。ラジオ局と一緒に考え出したのは「98 Rock」というキャラクターブランドだった。その主力製品は、赤と白のペンキを勢いよく塗りたくったような文字で「98 Rock FM Honolulu」と書かれた黒いTシャツだった。当時、ホノルルの98 Rockの店には、Tシャツをはじめとするさまざまな商品を買うために、若者の長い列ができた。

このキャラクターグッズはすぐに世界中に広がり、特に日本でよく売れた。東京の小さな98 Rockの店で、日本の若者たちが私たちの商品を求めて長い行列を作っているのを見るうち、私たちの顔に笑顔が戻ってきた。それまで何年も忘れていた笑顔だった。この世界的成功について私が話すと、金持ち父さんは次のように言って私に大事なことを思い出させた。「プロセスはきみの未来を垣間見せてくれる。だが、プロセスに忠実であることを忘れてはいけない」。まだ私は完全に危機を脱してはいなかったが、ゴールに近づきつつあるのはわかった。つらいプロセスだったが、それは確実に成果をあげつつあった。

98 Rockの人気はおよそ一年半ほど続き、多くのお金をもたらしてくれた。私が七十万ドル以上の負債を返済し、滞納していた税金を払うことができたのは、このたった一つのマーケティングキャンペーンのおかげだった。その熱が冷めた時、私は差し引きゼロの状態に戻っていた。まだ無一文ではあったが、B－Iトライアングルのスキルは前より上がり、自信も戻ってきた。不運を幸運に変えた私は、自己破産を申し立てる必要もなくなった。そして、この時もまた、プロセスの先にある未来のいい生活を垣間見るという貴重な経験をさせてもらった。

一九八一年、ロックバンド、ピンク・フロイドのエージェントが電話をしてきた。98 Rockのキャラクターグッズ展開の成功を聞きつけ、新しいアルバム「ザ・ウォール」のリリースに合わせて一緒に何かやりたいというのだ。もちろん私たちはこのチャンスに飛びついた。小さな会社は再びビッグビジネスへと成長しようとしていた。そして、この成長とともに、会社のB－Iトライアングルの強度も再び試されることになった。

ピンク・フロイドとの合弁事業は成功した。まもなく、ほかの音楽バンドもコンタクトを取ってくるようになり、ホノルルの私たちの小さな会社は思いもかけず、ロックミュージックのオフィシャルグッズ業界に足場を築くことになった。デュラン・デュランとヴァン・ヘイレンのロックバンドと一緒に仕事をするようになった時、ビジネスは一気に拡大した。一九八二年頃の同じ時期、音楽専門チャンネルMTVが始まった。これは、ディスコの時代が終わり、ロックンロールの時代が戻ってきたことを意味していた。そして、私たちのシステムにまた過度のストレスがかかり始めた。私たちの会社はいわば、ちょうどいい時にちょうどいい場所に居合わせた。問題は、需要に追いつけなくなったことだ。もうこれ以上アメリカで製品を作ることができないこともわかっていた。小さな会社では、政府の規則に従って製品を作るための費用、人件費、労働法に準拠した会社経営のための費用、工場を維持するための費用といったものがまかないきれなかった。事業を拡張するには、製造部門をアジアに移した方がずっと経済的だった。

私たち三人はアジアへ進出するために昼夜を徹して働いた。一週間毎日二十四時間とは言わないが、二十時間は働いた。それはおよそ六カ月続いた。その間、実質的に私はニューヨークとサンフランシスコの二つの都市で暮らした。パートナーのデイブは台湾と韓国を担当し、弟のジョンはホノルルでの仕事を続けた。地球の半分に散らばる拠点はそれぞれに時差があり、私たちは常に電話で連絡を取り合い（携帯電話もEメールもまだなかった）、より大きなB－Iトライアングルを作ることに力を注いだ。そして、大きなB－Iトライアングルができあがると、またお金が流れ込んできた。

この時期、私は時々金持ち父さんに会いに行ったが、私たちの関係は最高にいい状態とは言えなかった。金持ち父さんは、もとの財布製造会社がだめになる前に、私が自分のアドバイスに従わなかったと思っていて、まだ腹を立てていた。でも、私がやったことに満足していなかったとはいえ、前と同じように惜しげもなく時間とアドバイスを与えてくれた。ただし、新しい財布製造会社を立ち上げ、それまでのプロセスからたくさんのことを学んだことを報告しに行った時も、金持ち父さんはまだ少し不満げではあった……。

今振り返ってみると、この時ビジネスを再建したことは、私たちにとって非常に貴重な経験だった。二人の新しいパートナーと私は、ともに多くを学び、大きく成長した。私たちはもう簡単にうかれたりはしなかった。前より頭のいいビジネスマンになっていることは、会社のキャッシュフローが証明していた。新しいB－Iトライアングルはどこからも水漏れしていなかったし、ぼろぼろ崩れることもなく、しっかりと自分の足で立っていた。

ある日、パートナーのデイブが、韓国と台湾に一緒に行って会社の操業状態を視察するよう私を誘った。それまで私はサンフランシスコとニューヨークにしか行ったことがなくて、アジアにある工場の状態は見たことがなかった。前の章でお話しした通り、この旅行の時、私は悪条件の搾取工場で働く子供たちを見た。そして、製造業者としての私の道はそこで終わった。

●一つの使命を終えて、先へ進む

アジアからハワイに戻る飛行機の中で、私は自分が一つの使命を終えたことを知った。そして、飛行機の座席でそのプロセスを振り返り始めた。一九七四年、セールスの方法を学ぶためにゼロックス社への入社を決めた時のことが、まるで昨日のことのように思い出された。一九七六年、友人のラリーと二人で、パートタイムでサーファー用財布のビジネスを始めようと決めた時のことも思い出した。そして、一九七八年、私はゼロックス社で売上成績ナンバーワンを記録し、サーファー用財布のビジネスはGQ誌、ランナーズ・ワールド誌、プレイボーイ誌などで取り上げられた。

その後、ラリーと私は自分たちの小さい会社をフルタイムで経営するためにゼロックス社を辞めた。私はそのあとの成功と墜落のことも思い出した。最後に家族や債権者、税務署などに向かって会社をたたむことを告げた時、どんなに惨めな気持ちだったかを思い出すと、とても気持ちが沈んだ。この時期に金持ち父さんから学んだ教えも思い出した。次に、弟とデイブのことを考えると思わず口元がゆるんだ。三人でビジネスを再建しようと決め、98 Rockを成功させ、続いてMTVとロックンロール人気が私たちの成功を後押ししてくれた。おかげでビジネスは大繁盛だったが、私は先に進む時が来ていた。頭の中ではずっとこんな声が聞こえていた。「このままでいろ。お金を儲けるチャンスじゃないか。またトップに返り咲いたんだ。なぜそれを棒に振るんだ？　金持ちになろうとしているんだぞ。一番大変なところは終わって、夢が実現しようとしているんだぞ」。それでも、私は頭でなく心で、今の仕事を捨てて先へ進む時が来ていることを知っていた。

それはむずかしい選択だった。特に、お金がどんどん入ってきていたのでなおさら大変だった。私は頭と心の葛藤で数カ月悩んだ。当然ながら、給料とボーナスをもらった時は、何度も「このままでいたい」と思った。でも、私には、B－Iトライアングルの基礎を学ぶという使命をすでに果たし終えたことがわかっていた。自分がもうビジネスの世界で競争していけることもわかった。問題は、競争を続けるためにやらなければならないことが、自分の気にそまなかったことだ。私は、心に一生残る傷を与えるような、あのような過酷な条件で子供たちを雇うのはいやだった。一九八三年末、私はデイブと弟のジョンに、会社を去ることを告げた。金銭的な代償は要求しなかった。自分が求める以上のものを私はすでに受け取っていた。

●キムとの出会い

人生におけるこのような変化の準備をしていたちょうどその時、私はキムに出会った。キムには何カ月も前、まだワイキキのディスコ野郎だった頃にすでに会っていたが、彼女は私にまったく興味を示さなかった。おそらく、襟の立ったシャツとディスコ用の派手なブーツのせいだったのだろう。でも、ワイキキにはほかにたくさんきれいな若い女性がいたから、私は別に気にしていなかった。

ところが、どういうわけか、アジアから戻ってくるとキムのことが思い出された。そこでデートに誘ってみたが、また断られた。キムを見かけるたびに声をかけ、デートに誘い、断られるというのを六カ月ほど続けた。花も贈ったが効き目はなかった。キムは断り続けた。私はセールストレーニングで学んだすべてのテクニックを試した。子犬のように愛嬌を振りまいて気に入ってもらう「子犬方式」も、「刑事コロンボ方式」も「売れたつもりで話をまとめる方式」も試したが、どれも効き目がなかった。

とうとうセールスのテクニックは品切れになり、私はディスコ野郎の姿で売り込むセールスマンの皮を脱ぎ捨てて、夜間講座で学んだマーケティングのテクニックを応用することにした。マーケティングの鉄則は、まず市場調査をすることだ。セールスではなくマーケティングの帽子をかぶった私は、キムという名の女性がどんな人物なのか、あちこち聞いて回った。これはマーケティングの世界で「顧客を知る」と呼ばれる段階だ。

最初に話を聞いたのはキムの仕事場の同僚だった。私が質問を始めるとこの男性は大声で笑った。「きみにチャンスはないね。一体何人の男が彼女の気を引こうとしているか知っているかい？　きみのような男たちからのカードや花束や電話が一日中オフィスに届くんだよ。キムはきみの存在さえ知らないと思うよ」

この同僚はあまり助けにはならなかった。それでも、私は何とかしようといろいろやってみた。そして最後に、女友達のフィリスをランチに誘い、キムという暗号名のマーケティングリサーチ・プロジェクトがあまりうまく行っていないことを打ち明けた。私の話を聞くと、フィリスはいきなり大声で笑った。「キムの一番仲のいい友達が誰か知らないの？」

「いや」

息も絶え絶えに笑いながら、フィリスはこう言った。「キムが一番仲がいいのはカレン、あなたの昔のガールフレンドよ！」

「えっ？　冗談だろう？」

「とんでもない」。フィリスは笑いながらそう答えた。

私はフィリスをぎゅっと抱きしめ、頬に感謝のキスをすると、ドアから飛び出してオフィスに戻った。急いで電話をしなければいけない。カレンに！

カレンと私の別れはとても友好的な別れとは言いがたかった。だから、私にはまず繕わなければならないほころびがいくつかあった。遅ればせに届いた私からの謝罪の言葉を聞いたあと、カレンは六カ月キムを追いかけているという私の話に耳を傾けてくれた。それからカレンも大声で笑い出した。

しばらくしてやっと笑いやむと、カレンはこう聞いた。「で、私にどうして欲しいの？」

私はマーケティングの帽子を脱ぎセールスの帽子をかぶり直して、すべてのセールスマンがそうするように訓練を受けていることをした。つまり、サービスに満足した顧客に、紹介者になってくれるように頼んだ。

「何ですって？」カレンが叫んだ。「私から紹介して欲しいって言うの？　キムにあなたとデートするように勧めろって言うの？　あなたって、本当にずうずうしい人ね！」

「ぼくがセールスで売上ナンバーワンだったのはそのおかげさ」。私はそう冗談を言った。

カレンは笑わなかった。「いいわ。キムと話してみる。でも、言っておくわよ。私がするのはそれだけ。それ以上はごめんよ」

カレンは実際、キムと話をしてくれて、すばらしい紹介者になってくれた。六週間ほどたってから、私とキムの日程がやっと合い、一九八四年二月十九日、私たちははじめてのデートをした。

●新しいプロセスのはじまり

私たちの初デートは、海岸を見下ろすテーブルでの食事と、シャンパンボトルを片手に白い砂浜を歩く散歩だった。私はあまりお金を持っていなかったので、予算内で考えられる限りの一番ロマンチックなデートというとそんなものだった。ダイヤモンドヘッドの下の砂浜に座り、キムと私は太陽が昇るまで話をした。

それまで話らしい話をしたことのなかった私たちには、話すことがたくさんあった。

その夜、私たちはおたがいの人生について話をした。仕事の話になった時、私は金持ち父さんと、金持ち父さんから学んだ教えについて話した。大学でビジネスを専攻していたキムは、金持ち父さんのB－Iトライアングルと、起業家になるまでのプロセスの話にとても興味を持った。月明かりのもと、水際の砂の上に座り、これまで人生で会った女性の中で一番美しい女性を相手にビジネスについて話をするのは、まさに天国にいるようだった。ディスコ野郎としてこれまでデートしてきた女性は、たいていビジネスには興味がなかった。でも、キムは違った。キムはビジネスにとても興味を持っていた。

ナイロン製財布のビジネスの話を始めると、キムは首を左右に振りながら聞いていた。私は空高く舞い上がり、次に墜落したてんまつを話した。本来なら一フロアのところを四層にも仕切った部屋に詰め込まれ、染料から揮発する毒素を吸い込みながら働く子供の話をすると、キムは目に涙をためた。それから私は、使命を果たしたと思ったので会社を辞めたことを話した。

それを聞いたキムは私の話を引き取るように、こう言った。「あなたが先に進むことを決めたと聞いてうれしいわ。でも、これから何をするつもりなの？」

私は首を横に振った。「わからない。わかっているのは、次に何かまた始めるためには、まず立ち止まらなければだめな時があるってことだけさ。だから、今はただ立ち止まっているだけなんだ」

それから私は、実の父親が失業したままで、何か見つかった時だけちょっとした仕事をやっている状態であることを話した。また、学校での教育が不充分で、子供に実社会へ出るための準備をさせていないと思っていることも話した。学校が子供たちにさせているのは起業家になるための準備ではなく、従業員になるための準備で、引退後は会社や政府に面倒を見てもらうことを期待するように教えている、というのが私の考えだった。キムと私は将来のことについても話し合った。私は、ベビーブーマーの世代がどんどん歳をとるにつれ、社会保障制度や医療保険制度、株式市場が陥るであろう危機的状況を金持ち父さんがどのように見ていたか話した。

「なぜそのことが心配なの?」キムはそう聞いた。「これからやってくる金融危機に立ち向かうことが、なぜあなたに与えられた課題だと思うの?」

「自分でもなぜだかよくわからない。環境破壊や病気、食糧難、家のない人たちのための収容施設など、世界にたくさん問題があるのは知っている。でも、ぼくにはこのお金の問題、貧困や、金持ちとそうでない人たちの格差の問題が一番興味がある。空腹のつらさを知っているから、おなかと心でそれを感じるんだ」

バックミンスター・フラー博士の話も話題にのぼった。私は博士と共に学んだことや、博士が金持ち父さんと同じように金融システムに懸念を抱いていたことを話した。フラー博士は、金持ちで力のある人たちが中流以下の人たちを常に経済的にぎりぎりの状態に置く一方で、自分たちはお金を使ってゲームをしていると話してくれたが、博士がどんなふうにそれを話したか、一生懸命キムに説明した。また、博士が、私たちはみんな人生の目的を持っていると言っていたことも話した。私たちはそれぞれが、大きなジグソーパズルを完成するのに必要不可欠なピースを持っていて、私たちの仕事はただお金を儲けることだけではなく、この世界をよりよい世界にすることでもあるというのが博士の考えだった。

「あなたの話を聞いていると、お父さまや、工場にいた子供たちのような人を助ける方法を探しているみたいに聞こえるわ」

「それはかなり当たっているよ。あの工場にいた時、ぼくは、これからは子供たちに働かせるんじゃなくて子供たちのために働こうと決心したんだ。自分だけを金持ちにするんじゃなくて、子供たちも金持ちにしてあげる、今その時が来たんだ」

太陽が水平線から昇ってきた。若いサーファーたちが、穏やかに波打つ水面を試すように滑っていた。仕事の準備にとりかかる時間だった。私たちは一晩中起きていたが、体中にエネルギーが満ちていた。その時から、私とキムはずっと一緒にいる。

●情熱を見つける

一九八四年十二月、キムと私はカリフォルニアに引っ越した。ほかの本でも何度もお話ししているが、そのあと、私たち二人にとって、人生で一番大変な時期が始まった。あてにしていたビジネスチャンスはうまくいかなかった。おかげで、私たちは無一文で、何日か車で寝泊りすることになった。この時期は、新しいビジネスに対する私たちの覚悟と、二人の間の絆を確かめる試練の時期だった。

その頃、カリフォルニアでは新しい教育モデルがどんどん試されていた。大人になったヒッピーたちがたくさんいて、ひどく風変わりなテーマや、おもしろいテーマを取り上げてセミナーを開いていた。よく取り上げられていたのは、「心を開こう」「思考の枠組み《パラダイム》を変えよう」「あなたの能力を制限する現実を打ち破ろう」といった話だった。キムと私はそういったセミナーにできる限り参加し、新しい考え方を仕入れると同時に、さまざまな教授方法を体験し、それを観察した。

本書ではこれまでに、ボブ・ボンデュランの高速ドライビング・スクールに参加した話や、アンソニー・ロビンズとともに働き、真っ赤に焼けた炭の上を歩くことを教えた話を取り上げた。このような話からもすでにおわかりと思うが、私は伝統的な教育システムがきらいだった。失敗に対する恐怖を道具にして教えられるのはいやだったし、正しい答えをすべて記憶するように訓練されたり、間違いを犯すことを恐れるように仕向けられるのもいやだった。学校では、正しいことだけをやって、恐怖の中で生きることを教えられているようにいつも感じていた。クモの巣にかかって、糸でがんじがらめにされ、最後には飛べなくなってしまう蝶のような気分によくなっていた。

私が探し求めていた教育は、恐怖を打ち破る方法を教える教育だった。人間が自分の中に隠された力を発見し、真っ赤に焼けた炭の上を歩いたり、高速レーシングカーを運転できるようになるのを助けるような教育だ。さまざまな教育方法を学び、人間がどのようにして学ぶか、頭脳が感情とどのように連携して働き、身体的な能力に影響を与えるかについて発見を重ねるたび、私はさらに多くを学びたくなり、人間がどのようにして学ぶかというテーマの虜《とりこ》になった。

私は海兵隊での生活がとても好きだったが、その理由もわかった。海兵隊の訓練や飛行学校が好きだったのも、それが恐怖や、自分の力を制限する思考を克服することにつながっていたからだ。海兵隊は私にぴったりの学習環境を与えてくれた。その環境はつらく、厳しく、全課程を終えるには、身体と頭脳と感情、そして精神の力をすべて使い、全力投球する必要があった。海兵隊では、正しい答えを記憶するだけでは充分ではなかった。ビジネスの世界と同じように、大事なのは「理屈」ではなく「結果」だった。肝心なのは言葉ではなく行動だった。最初に来るのは使命で、次がチーム、個人は最後ということを叩き込む学習環境だった。その環境は私の翼を折るのではなく、飛ぶことを教えてくれた。

●飛躍的学習

カリフォルニアで人間の学習スタイルについて学ぶうち、自分たちが学んでいるものが何であるか、次第にわかってきた。私はそれを「飛躍的学習」と呼ぶことにした。つまり、現実を把握するパラダイムの変化、大きな転換を引き起こす力を持った学習だ。それは、雛が卵の殻を破って外に出てくる時、感じるであろう変化と言ってもいい。

この時期に出席した学習についてのセミナーの一つで、私はノーベル賞受賞熱力学者、イリヤ・プリゴジンについて学んだ。

ノーベル賞受賞の対象となったのは、「散逸構造」に関する研究だ。この理論をできる限り単純な例を使って説明すると、子供が自転車から落ちてはまたよじ登ることを何度も繰り返し、ある時突然自転車に乗れるようになるのはなぜか、その理由を証明する理論ということになる。その理由をさらにできる限り単純にして説明すると、自転車から落ちてはまたよじ登ることを繰り返すのは大きなストレスであり、自転車に乗れるまでのそのプロセスによるストレスが、子供の頭脳に新たな命令系統を生み出すからだということになる。それは、自転車に乗れない状態から、乗れる状態への決定的な変化だ。また乗れない状態に戻ることはない。

私にとって、プリゴジンの研究は、学校で成績のよかった人が実社会で成功するとは限らない理由を証明しているように思えた。世の中には、どうすべきかわかっていても、わかっていることができない人がたくさんいる。そういう人は、私の父のように、一度自転車から落ちるとよくこんなふうに言う。「こんなことはもう二度とやらない」。つまり、何度も同じことを繰り返してイライラとストレスを増やすのを避けて、ストレスを減らす道を選ぶ。多くの点で、これは雛が安全な殻の中にずっととどまることに似ている。

プリゴジンの言葉を借りるなら、「知性はストレスによって伸びる」。金持ち父さんはよくこう言っていた。「プロセスにしがみつけ」

もう一人、その業績に興味を持って私が調べたのは、ブルガリアのゲオルギ・ロザノフ博士だ。博士は今「スーパー・ラーニング」と呼ばれている学習方法のパイオニアだ。私は博士のクラスをとったことはないが、聞いたところによると、博士は数日間で一つの外国語を完全に生徒に教えることができたそうだ。当然ながら、伝統的な学者たちはロザノフ博士とその業績の正当性を認めていない。私は博士の方法を試験的にやってみたが、実際にかなり効果があると思った。

子供の頃、私は学校が大嫌いだったが、その理由の一つは実に単純で、ペースがあまりに遅かったからだ。ほんの少しのことを学ぶのにともかく時間がかかりすぎた。あとになって、いろいろな方法を組み合わせて学習するようになると、学習速度は上がり、退屈さは減り、長期的記憶力が上がった。その結果、私は教育に興味を持ち、新しい形の教育について、楽しみながら学ぶようになった。当時私が学びつつあったこの新しい教育方法が気に入った一番の理由は、学校で優等生だろうが劣等生だろうが関係がなかった点だ。この教育方法で学習に必要なものは、学習したいという意欲だけだった。

●次のプロセスに進む

私が新しい学習方法について知る何年も前に、金持ち父さんは私に、一つのプロセスを終えたらそこから一番いいところを吸収して、残りは置いて次のプロセスに進めと教えてくれた。新しいプロセスが終わったら、またそこから一番いいところを吸収して、先に進む。

キムと私が新しい学習のプロセスを始めると、金持ち父さんの言葉の意味がよくわかるようになった。人生におけるいくつものプロセスから一番いいところを吸収してきたことが、突然、はっきりと見えてきたのだ。大嫌いだったが、学校へ行くプロセスからもいい経験を得ていたし、海兵隊のパイロットとして学び、戦ったプロセスからもまた別の経験を得た。次にナイロン製財布のビジネスを起こした時は、起業家になる学習プロセスからいい経験をした。この最後のプロセスは確かにかなりつらかったが、吸収すべきところの多い、すばらしい経験をたくさんさせてもらった。そして、一九八四年から始まったカリフォルニアでのこの時期、私たちは実質的に学生に戻っていた。私たちは人間がどのようにして学ぶかを学んでいた。そのプロセスの中で、それまでのすべての経験が一つになろうとしていた。めちゃくちゃになることの多かった私の人生が、意味を持ち始めたのだ。

一九八五年八月頃、私は使命を見つけた。次に始めるべきビジネスが私の頭の中で形を取り始めた。一九八六年から一九九四年にかけて、キムと私は「起業家のためのビジネススクール」と「投資家のためのビジネススクール」を主宰する組織を運営した。伝統的なビジネススクールとは異なり、このビジネススクールに入学するのに必要な条件は何もなかった。学校での成績表も必要なかった。必要だったのは、学ぶ意欲と時間と学費だけだった。

その頃の私たちは、それまでに学んだテクニックを使って、会計と投資の基礎——普通は六カ月かかるコース——を一日で生徒に教えることができるようになっていた。起業家のためのビジネススクールでは、ビジネスについて話をするのではなく、B－Iトライアングルのすべての要素を考慮に入れながら、実際にビジネスを組み立てた。チームを作ることに関してもそうだ。それについて講義を聞く代わりに、チームに分けられた生徒はトライアスロンのためのトレーニングを一緒にやり、レースを実際にやった。それも、個人戦で一人が先にゴールに入ればそれで勝ちというのではなく、チームとしてゴールに入ってはじめて勝ちとなる勝負だ。年齢も性別も、体格、体力、精神力も異なる十五人の大人を一つのチームにまとめて、水泳、自転車、マラソンの三種のスポーツを含むトライアスロンでほかのチームと戦うのは本当に大変だ。中には、ベトナムの戦場さながらに、体力の尽きた仲間を担いでゴールを切る参加者もいた。もちろん、ビジネススクールとして現実性を持たせるために、私たちはお金を賭けた。参加者はあらかじめ賭け金を出し合い、勝ったチームがそれを全部もらうという仕組みだ。つまり、優勝したチームの十五人のメンバーは、総額五万ドルものお金を賞金として持って帰ることができた。

一方、投資家のためのビジネススクールでは、投資について話をする代わりに、株式市場での売買取引をクラスで再現し、チームに分かれてそれぞれ異なる投資信託を運用するファンドマネジャーの役をやった。市場の状況が変化するにつれ、チームは投資戦略を変えなければならなかったからこちらも大変だ。起業家のためのビジネススクール同様、こちらでも、一日の終わりには一番業績のよかったチームが賭け金をすべて持って帰ることができた。

一九九三年、私たちの新しいビジネスはうまくいっていて、利益もあげていたが、また先に進む時期が来たことが私にはわかった。一九九四年夏、キムと私は会社の自分たちの持ち分をパートナーに売り、引退した。それまでに、投資から生み出される不労所得が支出を上回るようになっていたので、私たちはとうとうラットレースから抜け出すことができた。まだ金持ちになったとは言えなかったが、経済的な自由は手に入れた。『金持ち父さんの若くして豊かに引退する方法』の裏表紙には、青く透きとおった海を見下ろす丘の上で馬に乗っているキムと私の写真が載っている。フィジーにある、ホテルが所有する島で過ごしたあの休暇は、若くして引退できたことに対する自分へのご褒美だった。キムは三十七歳、私は四十七歳だった。

●やめ時を知る

『ビジョナリーカンパニー2　飛躍の法則』の中でジム・コリンズは、やめ時を知ることについて詳しく書いている。二〇〇四年にこの本を読んだ時、私は一九八四年から一九九四年までの間、何度かそれまでやっていた活動をやめた時のことを思い出した。私の場合、特にきっかけとなる出来事があったわけではなかった。神様が「やめ時だ」と知らせてくれたわけでもない。ただ、どの場合も、そのプロセスに終わりの時期が来たと知る瞬間があった。いつも、一つのプロセスをやめて次のプロセスのはじまりを待つ時期が来たことがわかったのだ。

やめたいと思っているのにやめられないでいるビジネスオーナーはたくさんいる。彼らがやめられないでいる理由はさまざまだ。よくある理由の一つは、B－Iトライアングルが弱いことだ。その弱点をカバーするためにビジネスオーナーは長時間せっせと働かなければならない。もう一つの理由は、やめても大丈夫なだけのお金がないことだ。これも、B－Iトライアングルに弱点があることを示す一つの症状だ。このほかに、ビジネスは成功しているのにオーナーがやめられないでいる理由でよくあるのは、次に何をしたらいいかわからないことだ。そういう人の場合、ジム・コリンズによれば、まずやめてしばらく休みをとり、それから次を探すことが必要だ。私はまさにそれをやったのだと思う。私はともかくブレーキをかけて止まり、舞い上がった土ぼこりが収まって次に何が起こるか見極めるために二、三年待った。

●SからBへ移動する

一九八四年から一九九四年にかけて、私はSクワドラントで基礎をしっかり固めた。Bクワドラントに向けて早まった行動を起こすつもりはなかった。ビジネスが成功し大きくなってくると、当然ながら私たちの疲労度も増した。この種の疲労はSクワドラントで成功した人によく見られる。Sクワドラントに属する人は一人で働いていることが多いから、成功すればするほど仕事が増える。いわば時間を切り売りする形で働いている人が多いが、誰もが知っているように、一日の時間数は限られている。

キムと私がビジネススクールをやめたのは、忙しすぎたからでも、労働時間が長すぎたからでもない。私がいやだったのは、私たちが伝えたいことがほんの一握りの人たちにしか届かないことだった。結局のところ、実際にお金を払ってセミナーに出席できるのはごく少数の人だった。私たちのセミナーは参加費用が高いばかりでなく、海兵隊の訓練並みに厳しかった。どちらのビジネススクールも、参加者は十日以上、学ぶことに専念しなければならなかった。

私の人生に大きな影響を与えたバックミンスター・フラー博士はよくこう言っていた。「より多くの人の役に立つようにすれば、人はそれだけ効率的になる」。博士はお金の専門家ではなかったが、人の役に立つことに大いに興味を持っていた。金持ち父さんはこう言った。「SとBのクワドラントの人では、扱える顧客の数が違う」。金持ち父さんはこうも言っている。「金持ちになりたかったら、より多くの人の役に立つようにすればいい」

一九九四年、最後に私が関わったビジネススクールには三百五十人の参加者が集まり、受講料は一人当たり五千ドルだった。簡単な計算をすればわかるが、金銭的にはこれはなかなかいい話だった。よくなかったのは、相手が三百五十人しかいなかったことだ。アジアで見たあの子供たちを本当に助けたいと思ったら、この方法では決して私の夢は実現しない。私にはそのことがわかっていた。つまり、今やっていることをやめて、SクワドラントからBクワドラントに移る方法を見つける時が来たことがわかっていた。今度はグランドキャニオンを一気に飛び越えるつもりはなかった。キムと私には、向こう側の崖をよじ登る準備ができていた。金持ち父さんが「針の穴」と呼んでいたわずかな隙間を通り抜ける時が来たのだ。

●針の穴を通り抜ける

たいていの人に想像がつくように、Sクワドラントの自営業者《セルフ・エンプロイド》でいることに伴う問題の一つは、「自《セルフ》」営という言葉にある。自営業の場合、たいていは自営をしている人自身が製品だ。つまり仕事をするために雇われているのは雇い主自身だ。B－Iトライアングルを一番下のキャッシュフローから一番上の製品までずっと見ていくと、自営業者はすべてのレベルの仕事を一手に引き受けていることがわかる。多くの場合、いったん自営業者になるとBクワドラントに移るのがとてもむずかしくなる。なぜなら、プロセスから自分を抜け出させるのがむずかしくなってしまうからだ。

一九八四年から一九九四年の間の私がまさにそうだった。自営業の「自」が私だったのだ。自分の意志でそうしたのだが、現実は厳しく、疑問に思うことが多かった。当時私はよくこう自問した。「ビジネススクールでこれまで教えてきたことを、私自身が直接に教えずにみんなに教えるにはどうしたらいいだろう？」私たちはインストラクターを養成することも試してみた。だが、そのプロセスはある意味、退屈で、時間と手間ばかりかかった。私たちのやり方を人に教えられるように彼らに教えるのはなかなか大変だった。一堂に集まった三百人以上の人に一日で会計と投資を教えるのは生やさしいことではない。それは真っ赤に焼けた炭の上を歩くことを教えるのとほとんど同じくらい、至難の業だった。

一九九四年にビジネススクールの会社を売ったあと、私は少し時間をとり、いつも頭にあった質問に戻って考えることにした。「ビジネススクールでこれまで教えてきたことを、私自身が直接に教えずにみんなに教えるにはどうしたらいいだろう？」アリゾナ州ビズビーの山の中に引きこもった私は、人との付き合いに気を散らされることなく、この質問に対する答えをじっくり考え始めた。それから二年間、私はその答えを探した。ビズビーをあとにする時、私のマッキントッシュ・コンピュータの中には『金持ち父さん　貧乏父さん』の未完成の原稿と、ボードゲーム『キャッシュフロー101』の簡単なスケッチと、ゲームのなかでどんな計算を使うのか、そのアイディアが入っていた。私は針の穴を通ってSクワドラントからBクワドラントへ移ろうとしていた。

子供の頃、日曜学校で針の穴の話を聞いていた金持ち父さんはこう言った。「教会ではよくこんなふうなことを言う。『金持ちが神の国にはいるより、らくだが針の穴を通る方がやさしい』」。そして、その話を少し変えて次のように続けた。「らくだのことは忘れていい。人間が針の穴を通ることができれば、その人はとても豊かな世界に足を踏み入れる」

とても宗教心が篤い金持ち父さんは、聖書の教えにふざけた解釈を加えようとしたわけではなかった。ただ、自分の教えをはっきりさせるために聖書の教えを使っただけだ。金持ち父さんが言いたかったことをビジネスの世界にあてはめると、起業家が針の穴を通るには、自分自身は置いていかなくてはだめだということになる。針の穴を通れるのは起業家の知的財産だけだ。図⑧を見ると、それがもっとよくわかると思う。

歴史を振り返ると、針の穴を通り抜けた起業家の例はたくさんあるが、そのうちいくつかを挙げると次のようになる。

1. ヘンリー・フォードは大量生産を目的にした自動車を設計した時、針の穴を通り抜けた。その時まで、車の大部分は注文生産で手作りだった。
2. スティーブ・ジョブズと彼が率いるアップル社のチームはiPodを作り出した時、針の穴を通り抜けた。
3. スティーブン・スピルバーグやジョージ・ルーカスのような人たちも、新しい映画を作り出す時に針の穴を通り抜ける。
4. マクドナルド社はハンバーガービジネスを世界的なフランチャイズ店にすることによって、針の穴を通り抜けた。
5. ネットワークビジネスを始めた人が自分の下に組織を作った時、その人は針の穴を通り抜ける。
6. 投資家が毎月きちんとプラスのキャッシュフローを生む賃貸用アパートなどの資産を買った時、その人は針の穴を通り抜ける。

7．政治家が選挙運動にメディアを使い始めた時、その人は針の穴を通り抜ける。あちこちで演説をして回っている人はまだ通り抜けていない。

8．発明家や作家が発明品や本を大きな会社に売って、そこから特許料や印税がもらえるようになった時、その人は針の穴を通り抜ける。

9．金持ち父さんから学んだことや、人間の学習方法について自分で調査したことをもとにボードゲームを作り、本を書き始めた時、私は針の穴を通り抜けようとしていた。自分自身が大事な構成要素となっていた方程式から抜け出し始めたのだ。

10．ランニングシューズにつけるナイロン製財布を考え出したのに、弁護士を雇ってそのアイディアの知的財産権を守らなかった私は、針の穴を抜ける道からはずれていた。その結果、自分のアイディアを競争相手に与えて彼らを金持ちにした。針の穴を抜けたのは彼らの方で、私はグランドキャニオンを飛び越えそこなって谷底に落ちた。すばらしい製品を持っていたのに、法律でしっかりそれを守らなかったために、B－Iトライアングルを完成させられなかったのだ。

⑧針の穴を通り抜けて、豊かな世界に足を踏み入れる

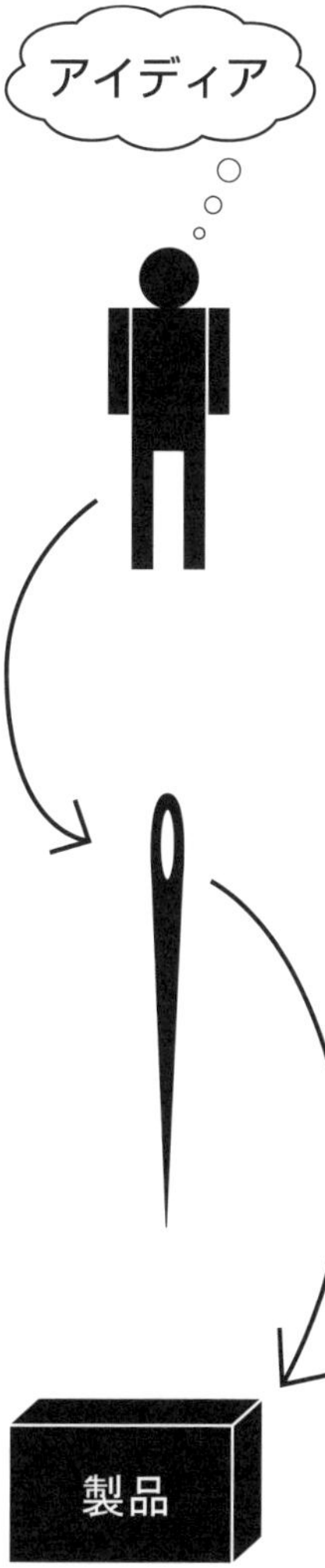

●殻を破って新しい世界に飛び出す

本の原稿とキャッシュフローゲームのアイディアを持ってフェニックスに戻った時、私には自分がBクワドラントへ移ろうとしていることがわかっていた。キムと私はB－Iトライアングルに従って会社の設計図を描き、それを立ち上げた。製品を市場に出すと、その瞬間からどんどんお金が入ってきた。

製品の生産ラインは私の五十歳の誕生日、一九九七年四月八日に正式に操業を開始した。リッチダッド・カンパニーの創業の時から、私たちは会社を維持するために大変な苦労をしたり、額に汗して働いたりしたことは一度もない。苦労したことと言えば、需要に追いつくように生産すること、新しい市場を開拓するために世界を旅すること、そしてせっせとお金を数えることくらいだ。二〇〇〇年六月、オプラ・ウィンフリーの有名なテレビのトーク番組に出演すると、まさに土砂降りの雨のように、注文とお金が降ってきた。キムと私はSクワドラントからBクワドラントに飛び移ろうとしていた。

この時になって、私は金持ち父さんがどんな意味で次のようなことを言っていたのか、前よりよく理解できるようになった。

1. プロセスに忠実であること
2. プロセスがよりよい未来を垣間見せてくれたら、それを励みにひたすら前進すること
3. B－Iトライアングルを習得することの持つ力
4. 三種類のお金——競争的、協力的、精神的なお金——の力をコントロールすること
5. 針の穴を通り抜けること

オプラの番組に出たあと、私はとうとう殻を破った雛の気分を本当に味わった。あの番組に出る前は、誰も私のことを知らなかったが、あのあとは、世界のどこに行っても街角で呼び止められ、『金持ち父さん

貧乏父さん』を読んだことがあるとか、キャッシュフローゲームをやったことがあると話しかけられるようになった。

二〇〇二年、私はスウェーデンのストックホルムで骨董を売る店に入った。きれいな金髪のスウェーデン人の店主は、中国の骨董品の専門家だった。私を見て誰かわかった店主はこう言った。「数カ月前、商品の仕入れに中国に行きました。揚子江を船で下っている時、すれ違った屋形船の中をちょっとのぞいたら、中国人の家族があなたの作ったキャッシュフローゲームの中国語版をやっていました」

その時私は、私を金持ちにするために搾取工場で働いていた子供たちに対して心で誓った約束を果たすことができたと思った。私たちが作った製品は、あのような境遇にある子供たちの役に立っていた。私たちはゲームを通して、子供やその家族、若い人や年をとった人も含めて大勢の人たちに、動ける限りせっせと働き、あとは政府に面倒を見てもらうことを期待するのではなく、お金を自分たちのために働かせることを教えていた。

二〇〇四年二月、ニューヨークタイムズ紙が全面特集記事を組み、キャッシュフローゲームと、このゲームをやるために世界各地で生まれた無数のグループのことを取り上げた。これらのグループはゲームをやり、金持ち父さんが私に教えてくれたことを学ぶために作られたものだ。この記事を見た時、私は自分の目が信じられなかった。目の前で働き始めた不思議な力の威力がとても信じられなかった。私にとって、ニューヨークタイムズに取り上げられたことは、オプラの番組へ出演したことと同じくらい大きな出来事だった。

この記事を見た時、私は、二つのビジネススクールで教えた経験から学んだことがキャッシュフローゲームという製品に形を変え、ゲームを通して、以前私が教えていたことをもっと多くの人に教えられるようになったことを知った。このゲームを使えば、誰でも会計と投資の基礎が一日で学べるようになったのだ。それればかりでなく、ゲームをやった人の中には、世の中の見方が大きく変わったという人がたくさんいた。このゲームは物の見方を大きく変える。ゲームをやった人は、お金の世界を戦いの場と見るのではなく、胸がわくわくするような場所と考えるようになった。そして、多くの人が、いわゆるお金の専門家を探し、その人にただ自分のお金を託すのではなく、自分自身がお金の専門家になれる——自分の将来の経済状態は自分でコントロールできる——ということに気が付いた。

このゲームに関して一番よかったことは、一度に教えられる人数がたった三百五十人で、しかもその人たちにわざわざ私のところまで来てもらって、何千ドルも払ってもらわなければならないという状態が解消されたことだ。今度はゲームの方が学びたいと思う人のところに出かけていくようになったのだ。教える相手の数も以前とは比べ物にならないほど多い。それに、ある意味、多くの人がただで教えてもらえるようになった。なぜなら、私が直接教えるのではなく、ゲームを使ってプレーヤーがたがいに教え合い、学んだことをまた別の人に教えることができるようになったからだ。

ニューヨークタイムズの記事を見た時、私は一九九四年から二〇〇四年までの十年間のプロセスが終わりに近づいたことを知った。でも、プロセスは終わっても、使命は続くことを私たちは知っている。

●起業する前にやってほしいこと

仕事を辞める前に、この章で取り上げた教えをぜひ思い出してもらいたい。その教えとは、「使命の大きさが製品を決める」という教えだ。物理的に一生懸命働くだけでは、たくさんのお金を儲けたり、多くの人の役に立ったりするのはとてもむずかしい。多くの人の役に立ちたい、たくさんのお金を儲けたいと思っていたら、今歩いている道を離れて針の穴を通り抜ける必要があるかもしれない。

今勤めている会社を辞める前にもう一つやって欲しいのは、自分が一番幸せでいられるのがSクワドラントかBクワドラントか見極めることだ。Bクワドラントで大きくなりたいと思っている人は、針の穴を通り抜けるためにはSクワドラントの人よりしっかりしたB－Iトライアングルの基礎と、さらに強力なチームが必要なことをよく頭に入れておこう。

また、少し時間をとって、ブームに乗って生まれ、消えていった多くのドットコム会社のことを静かに考えてみるのもいいかもしれない。あれほど多くの会社が失敗した理由は、多くの起業家がEクワドラントからBクワドラントに一気に飛び移ろうとしたからだと思う。ブームが終わった時、彼らはワイリー・コヨーテさながらに、足元に空気しかないことに気が付いた。彼らは針の穴を通り抜けられなかったのだ。

▼成功するチームを作る▲

ビジネスが成功するか失敗するかは、労働に対する姿勢、決意、願望の三つにかかっている。成功への大きな跳躍を果たした人の多くは、この三つを充分に備えている。でも、確かにこの三つは大事だが、もっと大事なのは、ビジネスの成功に必要不可欠な次の三つのスキルを身につけることだ。

まず、ビジネスを築くためには売ることができなくてはいけない。なぜなら、「売上＝収入」だからだ。収入が少ない場合、それはたいてい、オーナーが売るのが嫌いか、売り方がわからないか、あるいは単に売ることに積極的でないかのいずれかが原因だ。売上がなければ収入は存在しない。ものを売るには闘犬のように攻撃的でなければならないという「神話」があるが、それは事実ではない。

次に、会社、あるいはネットワークビジネスを立ち上げ、Sクワドラントから抜け出るために必要な第二のスキルは、優秀なチームを集め、一つにまとめて、やる気を起こさせる能力だ。スモールビジネスの世界では、会社内での地位、職種にかかわらず、チームの全員に自ら進んで売り込む気持ちがなければいけない。

チーム全員に売る気を起こさせるのに欠かせないのが第三のポイントだ。あなたが獲得すべき三つ目のスキルは、どうやったら売れるか、どうやったらすぐれたチームプレーヤーになれるか、どうやったら成功するかといったことを社員に教える能力だ。ビジネスを成長させ、利益を生み、長く存続させるために必要なのはこのスキルだ。

残念なことに、現実には、大部分のビジネスオーナーは今挙げたようなことをまったく習ったことがない。実際のところ、私たちの大部分は次のようなことを信じるように教え込まれている。

1．セールスは汚い仕事だ。
2．何かをきちんとやりたいと思ったら、自分でやらなければいけない。
3．教えるのは学校の仕事だ。

ビジネスで収入を増やすために最初に私たちがすべきことは、「Code of Honor（名誉の掟）」と私たちが呼んでいる、シンプルな一連の規則を社員が身につけるのを手助けすることだ。この規則は、それを理解し実践すれば、ごく普通の人でもすばらしいチームの一員となれるような規則だ。その結果できあがったチームは、ただ売るばかりでなく、自ら進んで学び、個人的な行動、業績、数字のすべてに関してきちんと責任が取れるチームだ。この規則は、成功に欠かせない行動がどんなものかを明確にし、そのルールに従ってプレーすることをチームのメンバー全員に求める。

たいていの人は、できる限り最高の人間になりたいと思っている。あなたはビジネスオーナーとして、みんながそれを実現できるような環境、条件を作らなければいけない。そのためのスキルは学ぶことができる。それだけではなく、あなた自身を大きな成功に導いてくれる。ビジネスにおいては、顧客に「何を」届けるかではなく、「どのようにして」届けるかが大きな違いを生むことが多い。あなたの会社の評判、成功、キャッシュフローを決めるのは、製品あるいはサービスを提供して他人のために尽くそうという、チームの覚悟と情熱だ。

ブレア・シンガー（金持ち父さんのアドバイザー）
著書『セールスドッグ』『勝てるビジネスチームの作り方』

▼適切な法人形態を選ぶ▲

このことに気が付いている人はほとんどいないが、ビジネスを起こす際に適切な法人形態を選ぶことは、適切なパートナーを選ぶことと同じくらい大事だ。

パートナーの人選を間違えてビジネスを始めたら、どんなに努力しても、最初からそのビジネスは失敗が運命づけられていると言っていい。パートナーが会社のお金をどんどん使ってしまうこともあるだろうし、実現不可能な契約をとってきたりするかもしれない。製品やサービスを提供し始める前に、社員たちの気持ちが離れていってしまうこともある。パートナー選びを間違えると、会社が無防備な状態に追い込まれたり、すべての努力が無駄になってしまうこともある。

同じように、法人形態の選択を間違えた場合も、それがビジネスの失敗の直接の原因になることがある。ビジネスを始める時には、できる限り多くの資産と法律的保護があった方がいい。個人事業やゼネラル・パートナーシップといった、出資者がまったく法律的に保護されていない法人形態を選んでしまうと、何かあった時に、ビジネスを築くためにつぎ込んだものすべてだけでなく、個人資産もすべて失うことになりかねない。会社相手に訴訟を起こす人や、その弁護士たちは、個人事業やゼネラル・パートナーシップの会社を相手にするのが大好きだ。なぜなら補償支払請求をする際に、会社だけでなく個人の資産にも手がつけられるからだ。

だから、オーナーやパートナーの責任が限られているCタイプの会社、Sタイプの会社（どちらもアメリカの法人形態の一つ）、リミテッド・パートナーシップ、有限責任会社といった適切な形の法人形態を選ぶことが大事だ。これらの法人形態なら、会社が訴えられたとしても個人資産は守られる。また、適切なパートナーと同じように適切な法人形態も、あなたの防護壁を厚くしてくれると同時に、未来の展望を明るくするのにも役立つ。

ガレット・サットン（金持ち父さんのアドバイザー）
著書 "Own Your Own Corporation" "How to Buy and Sell a Business"
"The ABCs of Getting Out of Debt" "Writing Winning Business Plans"

金持ち父さんの起業家レッスン

その八　ほかの会社にはできないことができる会社を作る

第八章……

ビジネスリーダーの仕事とは何か?

●ビジネスリーダーとは

「ビジネスリーダーにとって一番大事な仕事は何ですか?」私は金持ち父さんにそう聞いた。

「そうだな……大事な仕事はたくさんあって、どの仕事が一番大事か判断するのはむずかしい。一つだけ挙げる代わりに、私が一番大事だと思っている八つの仕事について話してあげよう」

そして、金持ち父さんは次のような仕事を挙げた。

1. 会社の使命、目標、ビジョンを明確に定義すること
2. 最高の人材を見つけ、チームを結成すること
3. 会社を内側から強くすること
4. 会社を外に向かって大きくすること
5. 最終的な利益を増やすこと
6. 研究開発に投資すること
7. 有形資産に投資すること
8. 企業を通して社会に貢献するよき市民であること

「リーダーがこういう仕事をこなせないと、どうなるんですか?」と私は聞いた。

「リーダーを替えなくてはいけないね。それに、リーダーがこういう仕事をこなせなかったら、その会社はどのみち姿を消すだろう。だから、新しく立ち上げた会社のほとんどは十年以内になくなってしまうんだ」
これまで私は、とても使命感の強い人にたくさん出会ってきた。私に向かって次のようなことを言ってきた人たちだ。

「環境を保護したい」
「私の発明によって化石燃料がいらなくなる」
「家出した子供たちを保護する施設を建設するために寄付を集めたい」
「私の技術を世界が待ち望んでいる」
「この病気の治療法を見つけたい」

彼らの心配や関心は本物だろうが、こうした思いやりの深い人たちの多くは、使命しか持っていないという単純な理由から、自分の使命を果たすことができないでいる。彼らの人生におけるスキルをB－Iトライアングルに照らし合わせて見てみると、図⑨のようになる。

●ビジネススキルの欠如

この本の前の方で、多くの人がB－Iトライアングルに無関係なスキル、あるいはB－Iトライアングルにとって重要ではないスキルを習得するために、何年も学校に通ったり職場で時間を費やしたりしていることを取り上げた。たとえば、学校の先生は、自身もしっかりした教育を受け、教えることにかけては何年もの経験があるかもしれないが、たとえ起業家になることを決心したとしても、長年にわたる教育分野でのその経験が、すぐにB－Iトライアングルに反映されるとはかぎらない。理由は簡単だ。ビジネス面でのスキルが欠けているからだ。

私も一九七四年に海兵隊を除隊した時、そんな苦境に立たされた。それまでに私は二つの職業を経験していた。最初の仕事は高級船員で、私は世界中を航行するどんな船にも乗り組むことができる免許を持っていた。この仕事を続けていればたくさん稼げただろう。問題は、私がもう高級船員として働きたくなくなったことだ。二つ目の職業は軍のパイロットで、私はすばらしい訓練を受けて、何年にもわたる経験もあった。同僚の多くは、航空会社や警察や消防署でパイロットとして働いていた。彼らと同じような仕事に就くこともできたが、私はもう空を飛びたくなかった。

一九七四年、故郷に戻り、父が経済的に苦しんでいるのを見た時、私は新しい使命、少なくとも「解決しがいのある問題」を見つけたような気がした。問題は、それしかなかったことだ。B-Iトライアングルを見ると、会計や法律、デザイン、マーケティング、システムなどの分野で専門的な訓練を受けた人のスキルが必要なレベルがある。そこには高級船員やパイロットのスキルを活かせる仕事はない。だから私は、さっき言ったような人たち、つまり、使命はあっても本当のビジネススキルが欠けている人たちとまったく同じ状況にあった。

ただ私に有利だったのは、金持ち父さんのもとで何年も修業を積んでいたことだった。彼のビジネスを通じて、私はB-Iトライアングルのすべての要素に関わる仕事をしてきた。だから、確かにいくらかビジネスの経験はあった。それはあくまでも子供としての経験だったが、少なくとも私は、ビジネスはシステムが集まったシステムだということや、ビジネスの構成要素を考える上でB-Iトライアングルがとても重要だということを知っていた。

ある日私は、B-Iトライアングルにあてはまるような、「売り物になる」スキルが自分にはほとんどないと金持ち父さんに愚痴をこぼした。そして、B-Iトライアングルのチームの部分を指差し、私をチームの一員として雇ってくれるような大企業は一つもないとぼやき、どのレベルについても正規の教育を受けたことがないと泣き言を言った。ひとしきりこぼしたあと、私は金持ち父さんを見上げ、同情的な答えが返ってくるのを待った。金持ち父さんはただこう言った。「私も同じだよ」

　金持ち父さんも最初に持っていたのは使命だけだった。

●リーダーの役割

　リーダーの役割は、会社が成長してより多くの人にサービスを提供できるように組織を変えていくことだ。リーダーが会社を変えることができなければ、会社は小さいままで、さらに小さくなっていくこともある。もう一度B－Iトライアングルを使ってこの点をはっきりさせよう（図⑩）。

　私がSクワドラントにいた時、私たちの製品は「起業家のためのビジネススクール」と「投資家のためのビジネススクール」だった。このビジネスの問題は、私自身がB－Iトライアングルの製品と、残りの部分の大半を占めていたことだった。リーダーになりたかったら、私は一度立ち止まり、ビジネスの設計図を完全に書き直す必要があった。設計のまずいビジネスをやりながらそれを立て直そうとするのは、車を走らせたままパンクしたタイヤを取り替えようとするようなものだ。だからキムと私は、新しいビジネスを始める

⑨使命しか持っていない場合のB－Iトライアングル

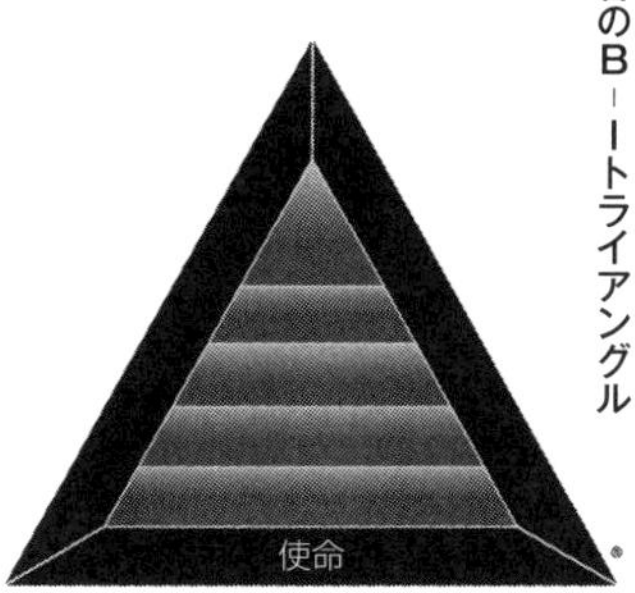

⑩リーダーがB－Iトライアングルを作る

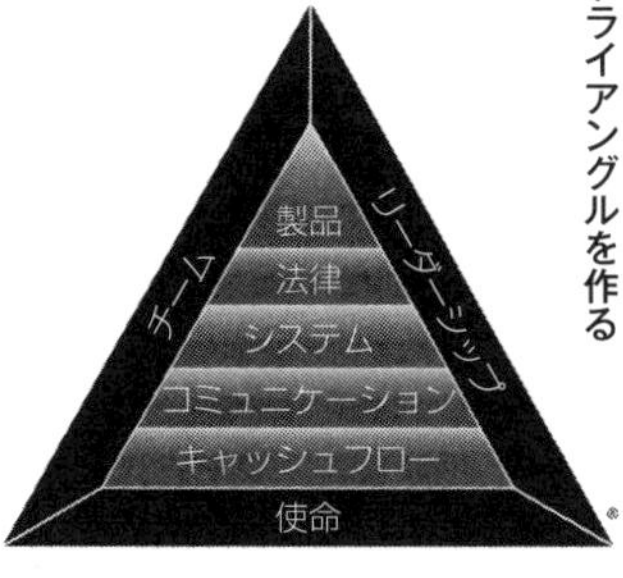

前に二年間の休暇をとった。

●新しいB－Iトライアングルを築く

一九九六年、私はアリゾナ州ビズビーの山中から戻ってきたが、その時持っていたのは、ボードゲーム『キャッシュフロー』の鉛筆書きのスケッチと、『金持ち父さん 貧乏父さん』の草稿データーが入ったパソコン、そして二ページの簡単なビジネスプランだけだった。これから作ろうという会社のたった一人の従員として、私は自分がとるべき次のステップが適任者を見つけてチームを作ることだとわかっていた。

ゲーム盤のスケッチを描くのは、プロセスの中で一番簡単と言っていい部分だった。本当の第一歩は、ゲームとして機能させるために必要な情報システムを設計する人を見つけることだった。このゲームは、人々のお金に関する考え方を文字通り一変させるようなゲームにしなければいけない。当時、私の知っている人でそんなことができそうなのはただ一人、旧友のロルフ・パータだったが、私たちは彼のことを「スポック」と呼んでいた。それは彼が有名なテレビ番組「スタートレック」のレナード・ニモイに似ていたからだ。偶然にも彼は、ニモイが演じるミスター・スポックと同じくらい頭が切れる人物でもあった。

ここで、前にお話しした四つの異なる考え方が重要になってくる。この段階で、私はプロジェクトにCタイプとPタイプの考え方を持ち込んだ。創造力を働かせてゲーム盤の簡単なスケッチを書くというのは、私にはお手のものだった。それに、十年間、人を教えた経験から、人間がどのように学ぶかということもわかっていた。スポックはプロジェクトにTタイプとAタイプの考え方を持ち込んだ。MBAを持ち、正規の教育を受けた公認会計士として、そして元銀行員としてずばぬけて高い知能を持つスポックは、自分だけの世界に生きていた。彼と会話を続けられる人はほとんどいなかった。彼の話す英語は一種の「方言」で、私には、それを理解できる人間がほかにいるとはとても思えない。

彼の家に着くとすぐに、私はダイニングルームのテーブルの上にごく簡単なスケッチと図表を広げた。身振り手振りを交え、スケッチを指差しながら懸命に説明するうちに、スポックと私はやっと話が通じ始めた。プロジェクトの「創造的」で「人間的」な側から、「技術的」で「分析的」な側にいると見込んだ人たちに話をするのは非常に骨が折れる。

話が始まって一時間ほどたった時、スポックの目がぱっと輝いた。人間的で創造的な側面を理解し始めたのだ。「なぜこんなゲームが必要なんだい？」と彼は聞いた。「こんなの常識じゃないか」

私は苦笑いをした。「きみにとっては常識だろうね。MBAを持っていて、公認会計士でもあるし、前は銀行で働いていた。だから、きみにはこんなことは常識だ。でも、普通の人にはちんぷんかんぷんなんだ。多くの人にとって、これはまったく新しい考え方なんだよ」

スポックはにやりと笑った。両耳のてっぺんが心なしか伸びた気がした。「三カ月くれれば、きみの欲しがっているものをあげよう」

私たちは彼の仕事に対する支払額を決め、握手をして別れた。彼の家から去る私には、適任者を見つけたという確信があった。

それからスポックと私は何度もやりとりして、三カ月後には、スポックは複雑な方程式の計算をすべてやり終え、私ももっときちんとしたスケッチを描くという自分の仕事をすませていた。そこで、キムとスポックと私の三人で集まり、試しにゲームをやってみた。それは驚くほどうまくいった。むずかしいゲームだったが、数字はつじつまがあったし、私が伝えたかったこともはっきりわかり、私たちはとても満足した。

私が次に会いに行ったのは、知的財産を専門とする弁護士で、彼は特許の申請や商標の登録など、私の知的財産を守るさまざまな法的防護壁を張り巡らせるプロセスを開始した。

次にスポックは、得意のAタイプの思考能力をまた発揮し、今度は分析力を駆使してゲームのバックテスト（検証）をコンピュータでやり始めた。十五万の異なるシミュレーションでゲームをしてみたが不具合はまったくなかった。数ページに及ぶ数学的分析結果を私に手渡した時、彼は満面の笑みをたたえていた。やりがいのあるこのプロジェクトに彼はひじょうに満足していた。

今日にいたるまで、そこに書かれた数字が何を意味しているのか私にはさっぱりわからないが、その紙を弁護士に手渡すと、彼もスポックと同じようににっこりした。私は学生の頃に戻ったような気がした。二人の優等生がテスト用紙をもらってにんまりしている一方で、並の成績どころか時には落第点をくらう私には、彼らがなぜそんなに喜んでいるのかさっぱりわからなかった。

みなさんにももうわかってきたと思うが、この時私は新しいB－Iトライアングルを築きつつあった（図⑪）。起業家として、キムと私は自分たちの使命に関してはっきりした考えを持っていた。そしてこの時、私たちはプロジェクトのリーダーとして、三角形の内側の五つのレベルをもとにチームを作りつつあった。

一カ月後、弁護士が電話をしてきてこう言った。「きみのゲーム、次の段階に進めて、人に見せ始めていいよ。特許はまだ取れていないが、申請書が受理されたから、もうきみは権利を主張できる。ゲームを人に見せる時は、まだその前に機密保持契約書にサインしてもらう必要があるけどね」

ここまで読んで思い出した人もいると思うが、このステップこそが、ランニングシューズにつけるポケット型財布を考え出した時に私が踏みそこねたステップだった。この製品を発明した時、私は法律的にそれを保護せずに、数週間で商品を売り出した。そして、三カ月もしないうちにライバル会社が私の発明品を売り始めた。これは手痛い間違いだった。だが、この間違いは報われつつあった。そこから学んだ教訓がとても大きな成功をもたらそうとしていたのだ。

●大いなる試験

それから数週間、キムとスポックと私は、ゲームの試作品造りに取り組んだ。何人もの友人とゲームをプレーしてみたが結果は上々だった。ゲームがうまくいったのは、私たちの友人がすべてプロの投資家だったからだ。次は一般の人がうまくプレーできるかを調べるベータテストを行う番だった。

この段階のゲームは、厚手の防水紙にざっとスケッチしただけのもので、ゲームのコマには口径の異なる弾丸を使っていた。弾丸は重いので紙の重石代わりにもなった。

二十人くらいの人が入れるホテルの会議室を予約し、ゲームをしてもらう人に声をかけ始めたが、その大半は見ず知らずの人だった。このようにして人を集めるのがどんなに大変か、やってみたことのある人にしかわからないだろう。投資と会計についての教育ゲームだとわかると、ほとんどの人が何か理由を見つけて参加を断った。ある人は「計算が必要ですか？」と聞いてきて、私が「はい」と答えると、いきなり電話を切った。

よく晴れたある土曜日の朝、九人が集まった。一人は参加すると言いながら結局現れなかった。

短い挨拶のあとゲームが始まったが、それは延々と続いた。テーブルは二つあって、それぞれのテーブルのプレーヤーの数は四人と五人だった。三時間が過ぎた頃、一人の女性が手を挙げた。ゲームの「あがり」に到達した合図だ。ゲームはうまく機能した。少なくともプレーヤーのうち一人に対しては……。そのあとゲームはまた延々と続いた。

午後一時ごろ、私たちはついにゲームを打ち切った。プレーヤーたちの欲求不満は極限に達し、今にもけ

⑪起業家は新しいB―Iトライアングルを築く

んかが始まるのではないかと思ったほどだ。さきほどの女性以外誰もラットレースから出てゲームのあがりに到達することはできなかった。部屋を出て行く時、みんな礼儀正しく私と握手してくれたが口数は少なかった。ほとんどの人は、変な人だというように私をちらと見て出て行った。

●進むべきか、やめるべきか

ゲームを片付けながら、キムとスポックと私は反省会をした。「むずかしすぎたかもしれないね」。私がそう言うと、キムとスポックがうなずいた。

「でも一人はラットレースから抜け出したわ。彼女はゲームに勝ったのよ」。どんな時でも楽天家のキムがそう言った。

「ああ、でもほとんどの人は勝てなかった」。私は半ばうめくように言った。「みんなラットレースから出られなかった。何も学ばず、いらいらさせられただけだったんだ」

「できる限り簡単にしたつもりだが」とスポックが言った。「ゲームをプレーする目的をそこなわずに、これ以上どうやさしくすればいいかわからない」

「とりあえずゲームの箱を車にしまって帰ろう。キムと私は明日ハワイに発つ。あっちで、このプロジェクトを進めるかどうか決めなくちゃいけない」

ハワイに戻ってから一週間、キムと私は朝起きてコーヒーを飲んだあと、よく浜辺に散歩にでかけた。日によっては、過剰なほど意欲がわいて、すぐにでもプロジェクトを先に進めようと思うこともあった。だが次の朝は、起きるとどうにも憂うつな気分で、さっさとプロジェクトをたたんでしまいたくなった。そんな調子で一週間が過ぎた。ひどい休暇だった。

この時期のことについてこんなに長々と書いているのは、それが私にとって非常につらい時期だったからだ。リスクをとってプロジェクトを進めるのが怖いと言う人がいるが、私もそうだ。キムと私はあの時期とても迷った。進むべきか進まざるべきか、やるかやらないか、使命をまっとうするかただお金を稼ぐことに後戻りするか、選択しなければならなかった。

キムも私も、金持ち父さんが授けてくれた大切な教えをこのゲームに込めることができたと信じていた。スポックとキムと私は一見不可能な企てに挑戦することに決めた。私が金持ち父さんから学んだ知識を目に見える製品の形に作り変えたのだ。

これは一九九六年の夏の出来事だった。その後キムと私はプロジェクトをさらに推し進め、グラフィックデザイナーを雇ってゲームに生命を吹き込んだ。彼は出来上がったものをカナダのゲームメーカーに送った。一九九六年十一月、私たちはネバダ州ラスベガスで開催された友人の投資セミナーで、完成したばかりの市販用のゲームを披露した。結果は上々だった。参加者全員がこのゲームに夢中になった。私たちが期待していた通りのパラダイムの変化が起こった。私たちはすぐにシンガポールに飛んで別の友人の投資ワークショップで試したが、やはりすばらしい結果が得られた。

それから私たちは、「金持ち父さん《リッチダッド》」というブランドのものであることがすぐわかるようなデザインに取り組んだ。私たちの製品を見れば、どれもが同じようなテーマ、色や形状、印象を持っているのがわかると思う。使う色はいつも決まっている。紫、灰色、黒、それに補助的ないくつかの色だ。この色使いによってリッチダッドの製品であることがみんなにわかる。私たちのトレードドレスや商標が侵害されるようなことがあれば——実際よく起こっているが——法律チームが相手と話を始める。私たちの商標やトレードドレスは知的財産と呼ばれる資産であり、世界中で非常に大きな価値を持っている。中国では金持ち父さんシリーズは「紫の嵐」と呼ばれている。

●ビジネスが上昇気流に乗る

私たちのビジネスは、形が出来上がってくると、ほぼその直後から上昇気流に乗り始めた。注文がドアから舞い込み、お金も流れ込んできた。借金の支払いはまたたく間に終わり、まもなく会社は大きくなりすぎてはちきれそうになった。とうとう私たちは外にオフィスビルを買わなければならなくなった。『金持ち父さん 貧乏父さん』は、ウォールストリートジャーナルとニューヨークタイムズのベストセラーリスト入りを果たしたが、この本はこれまでそのリストに入った本の中で、大手出版社から出版されたものではない数少ない一冊だった。

その後、出版社から電話がかかってくるようになり、多額の契約金を申し出てきた。前にもお話ししたように、オプラ・ウィンフリーの人気トーク番組からも誘いがかかり、二〇〇〇年夏、私が彼女の番組に出演すると会社は爆発的に成長した。そして、ほとんど一夜にして私たちは世界的な成功を手にした。

●ビジネスを大きくする方法

ビジネスを大きくする方法はたくさんある。たとえば次のようなものだ。

1．B－Iトライアングル全体を複製する。

基本的に、開業後に見つかった問題点をすべて解決したら、同じビジネスをまた作る。多くの小売店やレストランはこの方法で大きくなっている。大都市には、成功している同じ系列の店が三つも四つもある場合がよくある。ビジネスを大きくするには、リーダーたちの交代が必要なこともあり、オーナーがビジネスをもっと大きな会社に売って再出発することも多い。

2．フランチャイズ化する。

マクドナルドはフランチャイズによって大きくなったビジネスとして最も有名な例だ。

3．ＩＰＯ（新規株式公開）をして会社を上場する。

ニューヨーク株式市場のような株式市場を通して資金を得れば、会社は成長を続ける限り、実質上無限にお金の供給を受けることができる。

4．ライセンスビジネスや合併事業を利用する。

会社を大きくするために私たちが使った方法がこれだ。ライセンスビジネスは、基本的には自社製品をほかの会社が製造する許可を与えることだ。リッチダッド・カンパニーの成功の度合いが増すにつれて、ＢＩトライアングルの法律レベルに関わるこのライセンスビジネスも、四十二の異なる言語が使われる世界五十五カ国に拡大している。これらの本を印刷したり保管したりするのに、私たちは一銭もかけていない。巨大な倉庫は必要ないし、給料の高い営業部隊を雇ったり、在庫について交渉したり、世界中に製品を出荷したりする必要もない。

●一つの戦術と複数の戦略が勝利をもたらす

私が軍の将校として受けた訓練では「戦術」と「戦略」の違いを知る必要があった。ごくやさしい言葉で言えば、戦術とは何をするかで、戦略とは戦術をどう遂行するかについてのプランだ。当時、軍事を教える教官の中に、戦争で勝つためには一つの戦術と多くの戦略を駆使することが重要だと繰り返し強調する教官がいた。彼はよくこう言った。

「軍隊のリーダーは一つの目標または戦術に焦点を合わせなければならない。一つのことを遂行することだけを目指さなければならない。そのほかのことは全て、その一つのことを遂行するための戦略だ」。次にこの教官は、一つの戦術に焦点を合わせた複数の最高の戦略を駆使したリーダーが勝利を収めた戦いの例を挙げるのが常だった。

私はこの教えを胸に、ビジネスの世界に足を踏み入れた。まもなく、この世界でも「単一戦術・複数戦略」型のプランを持つ企業が戦いに勝利を収めていることがわかってきた。たとえば、ドミノピザは競合会社を負かすために一つの戦術をもとに商売を始めた。宅配ピザ戦争の中で差別化を図るため、ドミノピザはただ一つの戦術を核として会社を作ったが、その戦術とは「三十分以内にピザを届ける」という約束だった。ドミノピザのビジネス全体がその約束、つまりただ一つの戦術を中心に作られていた。この唯一の戦術を実現するために、会社は次に、複数の戦略プランを練り、それらを実行した。ドミノピザは市場に参入するとすぐに競合会社の市場シェアを奪った。そのような約束を果たすようにビジネスが設計されていなかったピザハットなどの競合会社は、ドミノピザに追いつくことができなかった。ドミノピザと戦うために、ピザハットは広告を増やしてコミュニケーションのレベルを強化し、また新しい種類のピザを導入して製品のレベルを充実させた。このようにしてピザ戦争が始まり、ピザハットはよりよい商品、ドミノピザはより早い配達を武器に戦った。

前にもお話ししたジム・コリンズの著書『ビジョナリーカンパニー2　飛躍の法則』を読んだことのある人は、すばらしい企業の多くがただ一つの戦術を掲げていることに気付いたかもしれない。ジム・コリンズ自身は、それを「単一戦術・複数戦略」とは呼ばず「ハリネズミの原則」と呼んでいる。この本には、ウォルマートの「いい品を最も安い価格で」という単一戦術こそが、複数の戦術やそれ以上の戦略を持つ競合会社を同社が打ち負かしている理由だと書かれている。言い換えれば、ウォルマートの競合会社は勝利のための一つの戦術を明確に定義できていないだけ、ということになる。

ウォルマートはそのビジネス全体が一つの約束、それも明らかに顧客に気に入られるような戦術に焦点を合わせて設計されている。ウォルマートは製品の部分で勝っているわけではない。ドミノピザと同じように、同社もB－Iトライアングルのシステムレベルで勝っている。

前に紹介した話から、トーマス・エジソンも製品レベルではなく、システムレベルで電球をめぐる戦いに勝ったことを思い出した人もいるかもしれない。ヘンリー・フォードもまたシステムレベルで勝った。彼は、勤労世帯のために低価格の車を大量生産したにすぎない。最高級の車を作ると約束したことなど一度もない。ただ、最低価格の車を作ることを約束して、その約束を核としてビジネスを設計した。マクドナルドも最高のハンバーガーを作っているわけではない。レイ・クロックは、フランチャイズのオーナーになりたいという人々に最高のフランチャイズ権を売るというアイディアを中心にビジネスを設計した。

アリゾナの山中にいた時、私が思いついたとても簡単なビジネスプランは、一つの戦術と三つの戦略から成り立っていた。二枚の紙に書かれた簡単なプランはこんな感じだった。

戦術　キャッシュフローゲームをプレーする

戦略　1．本を書く
2．インフォマーシャル（テレビの情報コマーシャル）を使って宣伝する
3．ゲームを使って投資セミナーで教える

二ページ目には、三つの戦略をどうしたら成功させられるか、考えられる限りのことをざっと書き付けた。戦術はただ一つ、できるだけ多くの人にゲームをプレーしてもらうことだった。私には、自分がすばらしいゲームを考案してみんながそれをプレーすれば、彼らの人生が変わるだろうということがわかっていた。チャンスに満ちた新しい世界が見えるようになり、ファンドマネジャーなど、彼らが専門家と思っている人々に自分のお金を何も考えずにただ預けてしまうことが少なくなり、自分自身がお金の専門家になってみようと、やる気を出すかもしれない。

単純だがそれが私のプランのすべてだった。私には、成功すれば、一つの戦術と複数の戦略でお金を稼ぐことができるとわかっていた。

●ローリスクの考え方

第一の教え――うまくいかなかった時のことを考慮したローリスクのアイディアや戦略を常に持っておく

金持ち父さんは私に、ビジネスを始めたり、何かに投資したりする時は、ローリスクの考え方をしなければならないと教えた。たとえば、不動産に投資する時は、投資から毎月いくらかのお金を得ることができれば、それはローリスクの投資になる。たとえ不動産の価格が上昇しなくても、投資したお金に対して何らかの見返りを得ることができるからだ。

私の場合、ゲームを使って投資セミナーで教えるという戦略がローリスクのアイディアだった。セミナービジネスは前にやったことがあったし、たとえほかの二つの戦略がうまくいかず、ゲームが全然売れなくても、セミナーを開けば、ゲーム開発への投資資金の一部を回収することができる。

やさしく言えば、ローリスクのアイディアとは、あなたが自分でできるとわかっていることだ。

●ほかの会社にはできないことができる会社を作る

第二の教え――「ユニークな」戦術的優位性を中心にビジネスを設計する

私のプランでは、ゲームをプレーすることを戦術にした時点で、すべての競合会社を事実上消し去っていた。なぜなら、法的手続きさえしっかりしておけば、私たちの会社がやっていることはほかの会社にはできなかったからだ。私たち以外、キャッシュフローゲームを持っている会社はない。金持ち父さんの言った通りだ。「ほかの会社にはできないことができる会社を作る」ことが大事だ。

この教えを簡単な言葉で言うと、努力をすべてあなたの強みに集中させる、つまりユニークな製品に集中させるということだ。

私のこのプランはうまくいった。私たちは、自力で本を出版してある程度の成功を収めると、英語以外の言語の出版については、世界中の出版社とライセンス契約を結んでいる。製品によってはテレビのインフォマーシャルを通して販売するライセンス契約もある。また、全米各都市で投資セミナーを行い、オーストラリアやシンガポールでもセミナーを開催した。ゲームの販売以外に、この三つの戦略すべてからお金が流れ込んできた。

以前に精神的なお金について話をした時は、これらの戦略を実行するだけでこれほど多くのお金を手にすることになるとは思ってもいなかった。まるで魔法のようだ。

●戦略は増えている

今も私たちの戦術は変わらない。そして戦略はすべて、多くの人にキャッシュフローゲームをプレーしてもらうことに向けられている。

二〇〇五年現在、戦略の数は増えている。今、私たちのビジネスでは次のようなことが起こっている。

1. 本を四十二カ国語で出版している。
2. ゲームを十四カ国語で発売している。
3. ネットワークビジネスの会社が私たちの製品を使っている。
4. コーチングサービスを提供している。
5. セミナーを提供している。
6. ラジオを通じてプロモーションを行っている。

7. 世界中にキャッシュフロークラブができている。
8. オンラインゲームを提供している。
9. ウェブサイト（richkidsmartkid.com 英語のみ）などを通じて、学習カリキュラムを提供している。
このウェブサイトには、幼稚園児からハイスクールの学生までを対象としたフリーゲームやカリキュラムがある。

私たちの会社は、新たな戦略を追加してくれるパートナーを増やすことで成長している。パートナーに対してはライセンスを与えたり、共同事業の形をとるので、リッチダッド・カンパニーの規模を大きくしたり従業員の数を増やしたりする必要はない。私たちの会社は小さいままだが、パートナーは大企業だ。

●大きく成長しても小さいままでいる

この章の最初で、リーダーにとって大事な仕事だと金持ち父さんが考えていた仕事をいくつか挙げた。製品の開発が終わり、特許や商標で法的に保護をしたあと、キムと私はリーダーの仕事に集中し、次の三つを成し遂げた。

1. **会社を内側から強くした**
2. **会社を外に向かって大きくした**
3. **収益を向上させた**

急成長を遂げる間も、会社はビジネスの拡大に支障なく対応することができた。リッチダッド・カンパニーは、成功に押しつぶされたナイロン製財布ビジネスの二の舞を踏むことなく、成長するとともにどんどん強くなった。この会社が成長したのは、私たちがたがいに協力しながら、「協力的なお金」のために働いたからだ。ライセンス契約を結んだ戦略的パートナーから入ってくるお金はすべて協力的なお金だ。競争するのではなく協力することによって、戦略的パートナーたちも私たちもますます豊かになっていく。この会社は、我ながらかなりよく設計されていると思う。私たちはチームの才能を生かして知的財産を開発し、それを保護しながら、今度はライセンスビジネスによってその知的財産を最大限に活用している。このプロセスの中で、私たちはビジネスを正しい方向に導く、いいチームを見つけることができた。

リッチダッド・カンパニーが成長する間、私たちは、多くの小さな会社が経験するような成長の苦しみを味わうことはなかった。キャッシュフローの問題やスペース拡張の問題、従業員の増員の問題もなかった。私たちは爆発的に成長していたが、会社は基本的に同じ規模だった。私たちが増やしたのは戦略的パートナーの数だ。成長に伴い、さらに多くのお金が入ってきたが、出ていったお金はとても少なかった。

私が長い年月をかけてたどってきた、失敗とそれを正して学習するプロセスが今報われつつある。

●起業家としての仕事は終わった

今の私とキムは、自分たちが住みたいと望む世界を垣間見るのではなく、夢にも思わなかったようなすばらしい世界に実際に住んでいる。まるで魔法のような話だが、実際、これは魔法だ。確かに、お金をたくさん持ったり、いい暮らしをするのはすばらしい。でも、真の魔法は、多くの人々の人生を変えることができたことだ。実の父が失業してテレビの前に座っている姿や、財布製造会社をやっていた時見かけた、搾取工場で働いていた子供たち、そして揚子江の上でキャッシュフローゲームをやっていた家族のことを思い出すたびに、これこそが本当の魔法だと思う。バックミンスター・フラー博士が「偉大な精神の働き」と言っていたのがこれだ。あるいは、ランス・アームストロングは「ただ自転車のためだけでなく」と言っている。

ニューヨークタイムズにキャッシュフローゲームの記事が載っているのを目にした時、起業家としての私の仕事が終わったことを知った。私たちは役目を終えた。キムと私は、このビジネスを可能な限り遠くまで引っ張ってきた。私たちは新しいチームの時代が来たことを知った。二〇〇八年の夏、新しいチームが結成された。チームは変わってもその仕事は変わらない。リーダーとしての彼らの仕事は次のようなものだ。

1. 会社の使命、目標、ビジョンを明確に定義すること
2. 最高の人材を見つけ、チームを結成すること
3. 会社を内側から強くすること
4. 会社を外に向かって大きくすること
5. 最終的な利益を増やすこと
6. 研究開発に投資すること
7. 有形資産に投資すること
8. 企業を通して社会に貢献するよき市民であること

金持ち父さんの起業家レッスン

その九　安売り競争に参加するな

第九章……

よい客を見つけるには

●客選びは慎重に

　私がハイスクールの二年生だったある日、金持ち父さんとホテルの入り口を通りかかると、男が大声で叫んでいるのが聞こえた。「これ以上びた一文払わないぞ。約束を破ったのはそっちじゃないか！」

　顔を向けると、怒り狂った父親と四人の家族の姿が目に入った。父親はアロハシャツを着た地元の男性をどなりつけていた。「でもお客さんが支払ったのは前金だけです」。地元の男性はそう抗議した。「残りのお金は未払いです。残金を払ってもらわないとチェックインできません。残金はもう一カ月前に払ってもらうはずだったんですよ。まだ部屋があるだけでもついていますよ。一番混む時期なんですから」

「部屋をとっておいてよかったな。でなきゃ、うちの弁護士から連絡がいくところだ」。父親はどなった。

「それでもお金は払ってもらわないと」。地元の男は頑として言い張った。

「払うと言っただろ。耳がないのか？　チェックインさえさせてくれたら金は払う」。父親はまたどなった。

「小切手だってここに用意してある。部屋に入れてくれれば万事解決だ」（これはまだクレジットカードがない時代の話だ）

「現金で払ってください。小切手はだめです。だから事前に全額の支払いをお願いしているんです。そうすれば小切手を現金化する時間ができますからね」

「なんでだめなんだ！」父親はもう声を限りに叫んでいた。「英語が通じないのか？　払うと言っただろ。さあ、部屋に案内してくれ。お前のボスを呼び出さないとらちがあかないのか？」

人だかりができ始めていた。騒ぎが大きくなるのを嫌って、アロハシャツの男はスーツケースの山を拾い上げ、荷物を運ぶ台車に乗せると、その家族を部屋へ案内した。

「金は払ってもらえないだろうな」。歩きながら、金持ち父さんはそう言った。

「どうしてわかるんですか?」

「三年前に同じ男を相手にしたことがある。うちのホテルも同じ目にあったんだ。男は部屋に着いたら小切手を書き、そのあと小切手の支払いを止めたんだ」

「それからどうなったんですか?」

「小切手が不渡りだと私たちが気付いた時には、男はもうチェックアウトしてしまっていた。カリフォルニアに住んでいると言っていたので、その男が本土に戻るとすぐ電話をした。お金を払ってもらおうと思ってね」

「それで?」

「訴訟を起こすぞと脅すと、男は代金の半額を払うことに同意した。サービスが悪かったから、それだけ払えば充分だと言うんだ。半分も払うとは自分はずいぶん気前がいいなんて言ってたよ。裁判沙汰にすればもっとお金がかかるとわかっていたから、私たちも同意した。それでも、男が金を払うまでに六カ月もかかったよ」

　私たちはしばらく無言で歩いた。私はいやな気分だった。そしてとうとう、聞かずにいられなくなった。

「そういうのって、ビジネスではよくあるんですか?」

「ああ、残念だがね。いつだっていい客と悪い客がいるものさ。幸いなことに、私の経験から言うと、客全体のだいたい八十パーセントはいい客で、五パーセントがあの男のような不愉快きわまりない客、残りの十五パーセントがその中間という感じだな。そうだ、その上、この同じ男はずうずうしいことに去年また電話をかけてきて、うちのパッケージツアーを予約しようとしたんだ。なんてやつだ!」

「予約は受けたんですか?」

「冗談じゃない」。金持ち父さんは笑った。「あの男はもう首にしてあったからね。予約受付課の『二度と泊めてはいけない客のリスト』にあの男の写真と名前を載せてあったんだ。電話を受けた係は名前を覚えていて、もういっぱいですと断った」(現在のようにコンピュータを使って顧客リストをすぐチェックできるシステムができる前の話だ)

「客を首にするんですか?」私は驚いてそう聞いた。

「そうとも。だめな社員を首にするのと同じように、悪い客は首にするんだ。だめな社員をやめさせないと、優秀な社員がいやがっていなくなってしまうだろう? 悪い客を首にしないと、よい客がいなくなるばかりか、優秀な社員までたくさん失うことになる」

「でも、クレームやもめごとの中にはこちらの不手際もあるでしょう? クレームが正しいこともあるんじゃないですか?」

「もちろんあるよ。こちらのミスということもよくある。うちのスタッフがミスをしたり、客を怒らせたりすることだってあるし、システムが正常に機能しない時もある。だからどんなクレームでも調査して真剣に受け止める。道を横切る前に両側を見るのと同じだ。クレームの場合、客とうちのスタッフの仕事の仕方、両方に目を向けなくちゃいけない」

「人を首にするのはむずかしいですか?」私はそう聞いた。その頃はまだ十七歳だったので、人を首にする、しかも大人を首にするというのは考えるだけでドキドキした。あまり自分ではしたくないことだった。

「決して気持ちのいいものではないよ。実際、起業家の仕事の中でもとてもいやな仕事だが、大事なことの一つなんだ。起業家としてのきみの仕事は、人を扱うことだ。人材は最大の資産であり、最大の負債でもある。いつかきみも誰かを首にしなくてはならなくなるだろう。きっと忘れられない経験になると思うよ」

●人を雇ったり解雇したりするのが起業家の仕事

昼食時だったので、金持ち父さんと私はレストランに入り、テーブルを見つけて座った。ウェイトレスがグラスに水を入れ、メニューを手渡して今日のお勧め料理を説明し終わるとすぐ、金持ち父さんは人についてのレッスンを続けた。「アドバイザーだって同じだ。きみは無能なアドバイザーを首にできなければいけない。まともに仕事ができない会計士や弁護士がいたら、あるいは仕事の内容が彼らの手に負えなかったり、お金をもらうことしか興味がなく、ビジネスの役に立とうという気がない人たちだったら、きみのビジネスが損失をこうむる。無能なアドバイザーをやめさせないでいたら、その責任はきみにかかってくる。間違ったアドバイスの最終的なツケは、正しいアドバイスをしてくれる有能なアドバイザーに支払う額よりずっと多くなる。私も会計士から税金に関する間違ったアドバイスをされて、追徴金と罰金で六万ドル近くも払ったことがある。その上、そのごたごたを解決するために別の会計事務所に頼んで一万二千ドルもかかった。さらに、そんな失態にひどく動揺してしまった私は何カ月も仕事にならなくて、仕事の上でも損失をこうむった。だから、自分のミス同様、他人のミスについても責任があることを起業家としてよく理解しておかなければいけないよ」

「その会計士に腹が立ちましたか?」私はそう聞いた。

「腹が立ったとも立たなかったとも言える。実際、彼を責めることはできなかった。当時私のビジネスはものすごい勢いで拡大していたので、アドバイザーたちの質にまで注意を払っていなかったんだ。あの時の私は、会計士がみんな同じ実力を備えているわけではないことに気付いていなかった。あの会計士は、自分では力不足だと私に言うべきだったんだが、それを認めたくなかったし、首になるのが怖かったんだ。まもなくビジネスの規模はその男の専門家としての能力を超えてしまった。お手上げ状態になってしまったんだね。もっと早く彼を首にすべきだったのに、私は忙しすぎた。それにその男が好きだったし、家族ぐるみのつき合いもしていた。会社と一緒に成長してくれればいい……と願い続けていたのだが、残念ながらそうはならなかった。結局私は、彼の間違ったアドバイスで巨額の損失が生じてから、ようやく彼を首にした。だから彼を非難はしない。ビジネスの最終責任は私だけにあるんだから。ビジネスが拡大するにつれてアドバイザーも共に成長する必要があり、そうでなければやめなければならない。貴重な教訓を学んだよ」

「その人をやめさせるのはむずかしかったですか？」

「とてもむずかしかったよ。自分も含めて、人を雇ったり解雇したりすることができないなら、起業家になるべきじゃない。覚えておくんだ。起業家としての成功や失敗は、人を扱う能力によるところが大きい。人を扱う能力が優れていれば、ビジネスは大きく育つ。その能力が劣っていれば、ビジネスはうまくいかない。ただその人が好きだからとか、親戚だからという理由だけで人を雇っていたら、やめさせなければいけない時に首にできない。それは人を扱う能力が低いということだ。人はそれぞれ違っていて、起業家として、さまざまなタイプの人と仕事をしていける柔軟さが必要であることを覚えておくんだ。人はそれぞれに異なるスキル、野心、夢、行動、経験を持っている。起業家がいろいろなタイプの人と一緒に仕事をしていけない場合もビジネスはうまくいかない」

「だからいつもぼくたちに『リーダーの仕事は人をチームとして働かせることだ』と言っていたんですね」

「それはきみにとって一番大事な仕事だと言っていい。よく覚えておくんだ。会社のそれぞれの部門は異なるタイプの人を引きつける。たとえば、セールスを担当する人は管理職に就く人とは違う。まったく違う人間だ、ほぼ正反対と言ってもいい。だから扱い方も変えなければいけない。管理職には決して営業マンの採用を任せてはいけない。管理職が雇いたがるのは、片っ端からドアを叩くのが大好きな威勢のいい営業マンではなく、セールスの経験といえばスーパーのレジ係くらいしかしたことのない、静かで人当たりのいい人間だ。それに、管理職は、用紙に記入したり、事務処理をしたりするのが好きな人でないとだめだと思っていたりする」

「どうしてそうなんですか？」

「類は友を呼ぶってことだよ。管理職は事務処理こそセールスの中で最も重要な仕事だと考えている。売買を成立させるまでがどれほど大変かわかるような経験をしていないんだ。ひとたび実社会に出ればきみにもわかる。一般に、営業マンは管理職の人間が好きじゃない。どうしてだと思う？　それは、概して営業マンは事務処理を嫌い、管理職の人間はセールスが苦手だからだ。だから、優秀な営業マンを文書整理係にしたり、文書整理係をバリバリの営業マンにしようとするのはやめた方がいい」

「じゃあ、衝突はたいていそこで起きるんですね？　営業マンと管理職の間で？」

「いや、そうとは限らない」。金持ち父さんはきっぱりと言った。「ビジネスというのは衝突のかたまりだ。人間の争いの縮図だね。常に煮えたぎっているエゴのるつぼだ。Ｂ－Ｉトライアングルを見れば、その理由がわかる。ビジネスとは、さまざまな人、さまざまな性格、さまざまな才能、さまざまな教育、さまざまな年代、異なる性別、さまざまな人種が融合してできている。毎日仕事場できみがぶち当たる問題の大部分は人に関わる問題だ。営業マンが会社の守れないような約束をした、客がカンカンに怒っている、弁護士が会計士の言っていることに賛成しない、組み立てラインの作業員の意見がラインを設計した技術者の意見と合わない、経営者は労働者と闘争中で、技術者はデザイナーとやり合っている、分析好きな人と人間関係に重きを置く人とがうまくいっていない、大卒は大卒でない人たちより頭がいいと思っている……。こういった社内紛争に加えて、さらにやっかいな社内不倫があったりして、テレビドラマなんて見る必要がないくらいだ。たいていの場合、ビジネスには外部のライバル会社は必要ない。普通は、内側にたくさん競争相手がいるから、そこでいくらかでも仕事ができることの方が不思議なくらいだ」

「だから起業家は誰をいつ首にするかを心得ていないといけないんですね。もし一人がバランスを崩したら、内部の衝突が大きくなりすぎて会社全体が悪い状態になりかねない」

「その通りだよ」。金持ち父さんはにこりとした。「きっときみも学校で毎日見ているだろうと思うよ。クラスメートの中にだって、さまざまな個性の人がいるはずだ」

私もにこりとして答えた。「フットボールチームや野球チーム、ブラスバンドの中でもそうです」

「だからどんなチームにもコーチがいるし、ブラスバンドには指揮者が、そして、どんなビジネスにもリーダーがいるんだ。リーダーの仕事は人をチームにまとめることだ。これほど多くの人たちが自営業のままでいたり、ビジネスを始めても大きくできないでいる理由の一つは、リーダーに人を動かす力量がないか、あるいはたくさんのさまざまな人たちを扱う方法を学ぶ努力をしていないかのどちらかだ。人を扱わなくてすむのなら、ビジネスや金儲けなんて簡単さ」

●ビジネスで人を扱う時の三つのポイント

注文を聞きに戻ってきたウェイトレスが立ち去ったあと、金持ち父さんは先を続けた。「私が学んだ、ビジネスで人を扱う時の三つのポイントを教えてあげよう。一つ目のポイントは、私が『面倒因子』と呼んでいるものだ。これは、誰もが技術や才能を持っているけれど、同時に面倒を起こす要因も持っているという意味だ。私も含め、みんなこの三つをすべて持っている。もしその人の面倒因子が技術や才能をしのぐようなら、そろそろやめさせるか、別の部署に移動させる時期だ」

笑いながら私はこう言った。「ひょっとするといつか、面倒因子の発見のおかげで、あなたはノーベル賞をもらうかもしれませんね」

「その価値はあるよ。そうなったら、世界中で人を扱っている人たちがみんな立ち上がって拍手してくれるだろうね」.

「で、二つ目は何ですか」

「採用には時間をかけ、解雇はすばやくやることだ。人を採用する時はくれぐれも慎重に時間をかけ、細かいところまで審査する。そして、やめさせる時がきたら、すぐに首にする。もう一度だけチャンスを与えよう……などと考えて事態を悪化させる経営者が多すぎる。もし何か理由があってやめさせられないなら、異動させてほかの人と別にするのがいい。ビジネスに携わるほかの人たちの質まで落とすことになってはいけないからね。でも、ひょっとするとそういう人たちにも、もっと満足して、もっとバリバリ働ける会社がほかにあるかもしれない。だから、そういう会社で仕事を見つけるのを手伝ってあげるのもいいかもしれない。あるいは退職金を払ってやめてもらうという手もある。長い目で見れば安いものだ。ただし、人道的に、合法的にやることを忘れてはいけないよ。誰だって、受けてしかるべき丁重さと尊敬を持って扱われるべきだからね。私がやめさせた人の中には、喜んで新しい道に進んで行った人がたくさんいる。経験から言って、人がうまく仕事をこなしていない、あるいは効率があがらないという場合、それは本人が怠けているせいではない。多くの場合、いろいろなことが原因で本人が満足していないだけだ。もしきみがリーダーとして、そういう人たちを幸福にする方法を見つけられるなら、見つけてあげればいいんだ」

「優秀な社員になれるのに、自分に合っていない職場や部署で働いているという意味ですか」

「そういうのはよくあることなんだ。実際のところ、私も優秀な社員を雇っていながら間違った仕事を与えた経験がある。あの社員を不幸にしたのは私だ」

「何があったんですか?」

「ああ、数年前、営業マンとして優秀な一人の若者を採用した。その男は一生懸命働いたよ。顧客を大事にしたし、会社にも自分にも、たくさんお金をもたらした。だから二、三年後、販売部長に昇進させて営業マン十二人の監督を任せた。それから一年くらいはよくやっていたんだが、そのうち仕事に遅れてくるようになり、チームの売上も意気も、すっかり落ちてしまった」

「その人を首にしたんですか」

「いや、そのつもりだったが、もう一度彼と直接話してみるのが一番だろうと考えた。二人でひざを突き合わせ、腹を割って話し合ってみると、問題点が見えてきた。昇進させることで、私は彼を、本人が何より嫌っている事務の仕事をする管理職の人間にしていたんだ。もちろん販売部長という立派な肩書きは手に入れた。給料も上がったし、会社の車ももらった。でも、彼は山のような書類と、次から次と呼び出される会議にうんざりしていた。彼がやりたかったことはただ一つ、会社の外に出て顧客と話をすることだったんだ」

「それでその人はセールスに戻ったんですか」

「もちろんだよ。優秀な営業マンはなかなか見つからないからね。それで、給料を上げて、もっと広い地域の担当にした。彼は会社の車はそのまま持ち続け、前よりもっとお金を稼いだ。そして会社も儲けた」

「次の三つ目のポイントは何ですか?」

「三つ目は、人に何かを伝える場合、人間には二つのタイプがあるということだ。一つ目のタイプは、腹を立てているとか、満足していないという時、向き合って話をしようとする人だ。そういう人たちはきみの前で率直に何でも話す」

「で、二つ目のタイプは?」

「二つ目のタイプは陰できみを中傷する。きみのいないところで悪口を言って、うわさを広め、きみ以外のすべての人に不満をぶちまける。基本的にこういう人たちは臆病だ。きみと対決して率直な意見を言う勇気がない。だいたいは自分たちに勇気がないのをきみのせいにして、きみはけちだとか、聞く耳を持たないとか、首にされるのが怖いから何も言えないなどと言う。きみに関する彼らの意見が正しい場合ももちろんあるが、こういう人たちは普通、それを面と向かって言わず、陰で言う方法を選ぶ。そういう性格なんだね」

「そういう場合、どう対処したらいいんですか」

「そうだな、一つの方法は会議のたびに社員に、この二つのタイプがあることを指摘して、あとは本人に任せる。つまり、こんなふうに言うんだ。『面と向かって話をする人もいれば、陰で言う人もいる。きみはどちらのタイプだろう?』とね。社員たちがこの二つのタイプを意識するようになれば、あれこれくだらない噂話をしたり陰で中傷したりしている人を見かけたら、社員が自分から二つのタイプの人間の話を持ち出して注意するようになるかもしれない。完全に陰口がなくなるわけではないが、少なくはなるだろうし、一般にコミュニケーション全体が改善される。社員には、私は陰で中傷されるより目の前で非難される方がましだとも言っておく。つまり、どうしろとは言わないで、選択肢を与えるだけにしておくんだ」

「目の前で非難されたことがありますか?」

「ああ、何度もね。でも、非難されてよかったんだ。私だってほかの人と同じように、間違いを正されたり、頭を柔軟にしなければいけないと教えられる必要があるんだ。傷ついたとしても、陰で中傷されるより傷は浅かったよ」

「みんな首になるのが怖くないんですか」

「ああ、その危険は常にある」。金持ち父さんはにこりとした。「だから、ビジネスで成功するには、勇気と優れたコミュニケーション能力が必要なんだ。多くの場合、大事なのは話の内容ではなく、話し方だ。話をしていて険悪になりそうだと思ったら、創造力を働かせて、伝えるべき内容を最も穏便かつ友好的に話す方法を見つけることだ。コミュニケーションとは話すことではない。コミュニケーションには聞くことも含まれる。そのことをいつも頭に入れておかなくちゃいけない。二人の人間が両方とも腹を立てて話をしていたら、衝突は激しくなるばかりでコミュニケーションは少なくなる。神様が人間に二つの耳と一つの口をお与えになったのは、話すよりもっと聞きなさいと私たちに教えるためなんだ」

「つまり、起業家の仕事は人間に関わることが多い、人と意思を通じさせるのに必要なコミュニケーション能力が大いに関係しているというわけですね」

　金持ち父さんはそうだとうなずき、話を続けた。「リーダーシップには優れたコミュニケーション能力が必要だ。よりよい起業家になるには、この能力を磨くことに焦点を合わせる必要がある。リーダーシップを育てる最初のステップの一つは、面と向かって話ができる勇気を養い、コミュニケーション能力を伸ばす努力を続けることだ。もしきみが陰で中傷するタイプの人間だとしたら、きみのビジネスが大きくなるとは私には思えない。起業家に向いているのは勇気のある人間で、臆病者ではない。きみがいつもコミュニケーション能力を磨く努力を続けていれば、ビジネスは大きく成長するだろう。話すだけでは必ずしもコミュニケーションしていることにならない。そのことをよく頭に入れておくんだ。それに、セールスにおいては話すことイコール売ることではない。コミュニケーションというのは、ただ単に唇を動かして舌を震わせることより、はるかに複雑な行為なんだ」

●安っぽい客はお払い箱にする

金持ち父さんが食事を楽しんでいる間、静かに座っていると、ホテルのフロントで怒り狂っていた父親、金持ち父さんが首にした客のことが思い出された。私はこう聞いた。「だからあの怒った客に空室はないと言ったんですね。本心を話すよりそのほうがよかったから」

「そうだよ。起業家としてのきみの仕事の一つは、会社と社員を安っぽい客、つまり自分が支払う金額以上のことを要求する客や、ただで何かを要求する客から守ることだ。私はまた前のような言い争いになる前に、あの男を首にする方法を見つけなければならなかった。争いに巻き込まれたら、あの男が陰でひどいことを言うのはわかっていたからね。だから安っぽい客は首にすることにしているんだ。ていねいにさりげなくね」

「それでは貧乏な人に対してひどい扱いをすることに、あるいは差別をしていることになりませんか」

「私は貧乏な人とは言わなかったよ」。金持ち父さんは少し大きい声で言った。「『安っぽい』客と言ったんだ。貧乏な人とは言っていない。この二つは違う。金持ちで安っぽい人もいれば、貧乏で安っぽい人もいる。安っぽいというのは持っているお金の量とは関係ない。気持ちの問題だ。心の病に近いと言ってもいい。それに、私は安っぽい人をバーゲン好きの人と同じカテゴリーには入れない。誰だってバーゲンが好きだ。私たちはみんな、自分が払った金額に見合うもの、あるいはそれ以上の価値のあるものが手に入ると喜ぶが、他人に払わせておいてそれに対する対価を求める人はあまりいない。でも、安っぽい人はそれを望む。安っぽい人は泥棒をしているようなもの――いや、時には本当に泥棒をしていると言っていい。盗んでいるのはお金ではなく、他人の時間とエネルギーだ。人の心の平和を盗むんだ」

「あの男は数カ月間、私たちの会社を悩ませた。それを思えば、ただで泊まらせてやった方が楽だったかもしれない。何カ月もの間、あの男は私たちのビジネスの邪魔をした。実際、私たちを困らせて楽しんでいるようだった。いつも決めたことを変更して、私たちが言っていないことを言ったと言ったりした。半額払うと言ったあともなお、もっと安くしろと要求した。私たちに相手をさせておもしろがっているようだった。私たちはいい客のために時間を費やす代わりに、あの男に時間を費やした。悪い客がつくといい客が犠牲になりかねない。だから安っぽい客は首にする必要があると言っているんだ。彼らは高くつく。起業家になりたいと思っているなら、これはぜひ覚えておかなくちゃいけないとても大事な教えだよ。いい客は手厚くもてなして、安っぽい客はお払い箱にする。このことをいつも忘れないようにするんだ」

●いい客を見つけるには

ビジネスではマージンという言葉がとても大事だ。キャッシュフローという言葉と同じくらい大事だと言ってもいい。マージン（粗利益《あらりえき》）という言葉は複雑に関係している。ごく簡単に言うと、マージンは商品を生産するための費用と商品を売る価格との差だ。たとえば、あなたが考え出した製品を製造する費用が二ドルで、それを十ドルで売るとしよう。この場合、マージンは八ドルになる。

製品のマージンが重要なのには次の三つの理由がある。

1．マージンはB－Iトライアングルの残りの部分に資金を提供する

図⑫のB－Iトライアングルを見ると、製品のマージンが、トライアングルの残りの部分に充分に行きわたるだけのキャッシュフローを供給しなければならないことがわかる。マージンはチームの給料や弁護士費

用、会社のシステムを機能させるためにかかる費用、マーケティングや会計処理にかかる費用（これらは営業費、あるいは運転経費と呼ばれる）を支払う資金を提供する。

2．マージンによって製品の価格が決まる

当然、マージンが多ければ多いほど、商品の価格は高くなる。

3．商品と価格によって客が決まる

これをわかりやすく説明するために、自動車産業を見てみよう。ロールスロイスはとても値段の高い車として知られており、特定の客にアピールする商品だ。ロールスロイスが、突然、低価格のモデルの製造を始めると発表したら、金持ちの顧客の多くはほかのブランドの車を探し始めるかもしれない。

最近になってジャガーは低価格モデルから撤退すると公表した。低価格モデルを提供することで売上が落ちていることに気が付いたからだ。二〇〇四年度に七億ドルの損失を出してやっと、自分たちが自動車市場の高価格帯にとどまるべきで、中間価格帯のシェアの獲得に力を注ぐべきではないと気が付いたのだ。

最近は、同じ工場で複数のブランドが製造されていることがある。たとえば、一つのジーンズの製造工場が、高価格帯ブランドと低価格帯ブランドのジーンズを製造していることもある。基本的には同じ商品だが、高価格帯ブランドはより高い価格を見込むことができ、高級デパート、サックス・フィフス・アベニューのような、大衆向けジーンズとは異なる流通経路で販売される。高価格帯ブランドが低価格帯ブランドを製造したいと考えた場合は、たとえばウォルマートのような、これまでとは違う流通経路向けの別ブランドを作るのが得策だ。実際これは多くの大企業がやっている。つまり、同じ商品に違うブランド名を付けて製造し、違う価格表示をつけて販売している。

いい顧客を見つけるには、商品と価格を客のニーズと欲求とエゴに合わせたものにする必要がある。多くの場合、客のエゴは欲求やニーズよりはるかに重要だ。

●あなたの商品はいくらの価値があるか

一九九六年、キャッシュフローゲームが最終製造段階を迎え、いつでも市場に出せる状態になった。次の問題は、このゲームにいくらの価値があるか、いくらで売れるのか、ということだった。このゲームを見たことがある人には、この時私たちに課せられた課題の大きさがわかってもらえるかもしれない。完成した市販用ゲームをはじめて見た時、キムと私は子供を授かったばかりの親のように誇らしい気持ちだったが、同時に不安にも思った。パッケージの出来はすばらしかったが、教育用というよりむしろ娯楽用のゲームに見えた。楽しく学べるようにと、確かに明るく楽しげに見えるように作った。でも、商品が実際に出来上がってみると、楽しむためだけに客が一体いくら払ってくれるだろうかと疑問になった。

私たちはこのゲームが教育用だということを知ってもらいたかった。でも、それが伝わったとしても、それならば教育のためにいくら払ってくれるのか？　ということになる。完成した商品をはじめて見た時、キ

⑫成功するビジネスに不可欠な要素を示す

ムと私は自分たちがむずかしいマーケティングの課題を抱えていることに気が付いた。

市場が私たちの製品をどう受け止めるか知るために、ベータテストをした時と同じように、私たちのことを知らない人を集め、パッケージについてどう思うかたずねた。フィードバックは「とてもいい」から「ふざけている」までさまざまだった。その人たちは私たちが製作者であることを知らなかったので、その意見は非常に率直だったし、痛烈なものも多かった。

次に、ゲームの価格をいくらにすべきだと思うか聞いた。私たちのことや、このゲーム作りにどれだけのものがつぎ込まれているかなどは知らず、しかもゲームをやったことのない彼らが提案した価格は、十九ドル九十五セントから最高三十九ドル九十五セントまでだった。これにはますます気が滅入った。その時点では、製造量が限られていたこともあって、輸送費、開発費抜きで、ゲーム本体を一つ作るのに四十六ドルの費用がかかっていた。つまり、B－Iトライアングルの残りの部分の費用を加える前に、すでにマージンがマイナスになっている製品を私たちは市場に出そうとしていた。ナイロン製の財布を作っていた時、製造現場では「一個あたり二ドル損して何が悪いんだ。数売って取り戻すさ」というジョークがよく飛んでいたが、まさにその通りだった。

●コンサルタントに助けを求める

私たちは玩具業界でコンサルタントをしている人に相談した。ボードゲームに関する専門知識も持っていたその男性はキャッシュフローゲームをやったあと、意見を聞かせてくれた。最初のコメントは、「このゲームはむずかしすぎる」ということだった。彼はこう言った。「世の中の人は以前より頭の回転が遅くなっています。モノポリーだって、今売り出されたとしたら、あれもまたむずかしすぎると見なされて受け入れられないでしょう。現在ではゲームというと、やり方の説明書が二、三分ですべて理解できるような単純なものでなければだめなんです」

ゲームがいくらで売れるかということも聞いてみた。彼はこう答えた。「小売価格で三十九ドルくらいまではいけるかもしれません。すると小売店には二十ドルで売らなければならないでしょう。ウォルマートのような巨大チェーン店に売る場合はもっと安くなります。売れるかどうかはともかく、店に置いてもらうためだけでも十ドルくらいまで価格を抑えないといけないかもしれません。それに、店に置いてもらったら、客からの返品というもっと大きな問題を抱えることになるでしょう。パッケージがきれいで、ほかのゲームと一緒に置いてあるから、お客さんは遊びのつもりでゲームを買うかもしれない。でも、やってみて、これがどんなにむずかしいか、そして、娯楽ではなく教育用のゲームだと気付いたら、返品してお金を返せと言う人がたくさん出てくるかもしれない。返金と、破損して戻ってきたゲームのおかげで、莫大な損失を抱えることになるかもしれないですよ」

●マーケティングに大事な五つのP

私たちのゲームが一般市場に向いていないことははっきりしていた。万人向きでないことはわかっていたし、ファイナンシャル教育が大事だと考えている人たちが対象であることもわかっていた。問題は、たくさんの人の中からそういう客を見つけることだった。このゲームはまた、どんな年齢層、どんな人たちをターゲットにしたものか、判断がむずかしかった。たとえば、子供向けの本を書いたとしたら、本を置く場所を決めるのは簡単だ。親が子供のために買い物をする場所ならどこにでも置ける。でもこのゲームは、子供から大人まで、男性も女性も誰にでもできる。また、ファイナンシャル教育が大事だと思っている人ならば、金持ちでも貧乏な人でも誰でも顧客になり得た。それに、この製品を買おうとする顧客が、お金の面で前向きに何かをやりたいと思っている人であることもわかっていた。何年も起業家精神と投資について教えてきた私は、たいていの人がもっとお金を欲しいと思っているのに、実際に時間をかけてその方法を学ぼうとする人がごくわずかであることを知っていた。私たちにとって大きな課題は、教育的なゲームとそこに込められた情報を欲しいと思う顧客をどうやって見つけるかだった。

マーケティングに関するあるセミナーで、私は「五つのP」という名で知られるガイドラインを学んだ。マーケティング担当者が商品を販売する際に知っておかなければならない五つの要素だ。確かこれはE・ジェローム・マッカーシーによって分類されたものだと思う。

1. Product（商品）
2. Person（人）
3. Price（価格）
4. Place（場所）
5. Position（位置づけ）

マーケティング担当者は「商品」が何か、その商品を欲しがる「人」は誰か、彼らが喜んで払う「価格」はいくらか、商品が客の目につくようにするにはどんな「場所」に置いたらいいか、その商品を市場の中でどのように「位置づけ」すればいいか、つまり大きさが一番大きいとか、一番小さいとか、市場初の製品だとか、最新の製品だとかいったことについて、よく知っていなければいけない。

起業家はビジネス上の問題を解決することを楽しむべきで、私はたいていそうしている。でも、自分たちが作ったゲームの価格を決めようという、この時ばかりは途方にくれた。わかっていたのは最初の二つのPだけだった。ある日友人が、マーケティングに関する特別セミナーに出るためにフェニックスに来るという電話をくれた。一緒に行かないかと誘われたので私はそのチャンスに飛びついた。

部屋は約三百人の人でいっぱいで、見たところ大部分が起業家のようだった。会社勤めをしていそうな人はあまりいなかった。元気のいい男性講師は、広告代理店が、多くの費用がかかり、見た目はいいが、まったく売上につながらない広告やテレビコマーシャルに、顧客のお金をどれほど無駄に使っているか話した。その考えには私も賛成だった。その男性はこう言った。「マーケティングの目的は電話が鳴るようにすることです。こんな広告代理店では、電話が鳴ったとしても、もっと広告料が取れるように、さらに広告を出すためのお金を出せと催促する彼らからの電話だけです。こういう人たちには、売上を保証してくれるのか、売上を予測できるのかと聞いてみてください。たいていの場合、彼らは自分たちの仕事の結果を保証できないし、保証しようとはしないでしょう。彼らの望みは、あなた方の広告費を使って広告を作り、クリエイティブな広告に対して与えられる賞などを取って自分たちの会社の宣伝をすることだけです」

●売上＝収入

そのセミナーはまさに私が探し求めていたものだった。テーマは起業家向けのマーケティングで、広告費に何百万ドルもつぎ込める大企業向けのものではなかった。講師は何度も成功を収め、すばらしい実績を持った人物で、実際の経験に基づいた話をしてくれた。そのほかに彼が指摘したのは次のような点だ。

1．起業家は自分のビジネスにおいて最高の営業マンでなければならない。
2．起業家は自分のビジネスにおいて最高のマーケティング担当者でなければならない。
3．マーケティング活動は売上につながらなければならない――ただのきれいな広告や調子のよいコマーシャルではいけない。

今挙げた三つは、あたりまえのことばかりだが、どれほど多くの起業家たちがこのような重要な役割を広告代理店に任せ切りにしているかを知ったら、あなたはきっとびっくりするだろう。広告代理店は一般に大企業向け、つまりすでに市場での地位を確立したビジネス向きのサービスだ。立ち上げたばかりのスモールビジネスでは、起業家はセールスとマーケティングにおいて可能な限り有能でなければならない。限られた資金の中で、使った費用のすべてが売上につながらなければいけない――売上は収入と同じなのだから。

金持ち父さんは「売上＝収入」ということを私の頭に叩き込んだ。金持ち父さんはこうも言っていた。「収入の低い人がこんなにたくさんいるのは、売るのが下手だからだ」。もし金持ち父さんがこのセミナーに来ていたら、とても気に入っただろうと思う。セミナーの講師は、実際に数字となって現れる売上につながるマーケティングの大切さを強調し、参加者に伝えようとした。

●最高価格で勝負する

セミナーの終わりの方で、私はマーケティングについて探していた答えを手に入れた。その時、商品に値段をつける方法を話していた講師はこう言った。「どんな商品でも価格設定には三種類あります。低価格と高価格、そして中間価格です。一番良くない価格が中間価格です。これでは、誰にもあなたが誰かわかってもらえません。低価格の商品を売る場合、問題なのは、常に誰かがあなたを打ち負かそうとすることです。そして、いずれは誰かが同じ商品をより安く売る方法を見つけます。この低価格競争に勝つためには、どんどん儲けを減らさなければいけません。その上、安っぽい客を相手にしなければならないのです」

この話を聞いて、私の中でばらばらだったジグソーパズルのピースがつながり始めた。すぐに、その数年前、金持ち父さんと交わした安っぽい客についての話が頭に浮かんだ。思い出にふけるのをやめてセミナーに注意を戻すと、講師は、同じ価格競争をするなら高価格で勝負するのがなぜ一番いいか、大声で説明していた。彼はこう言った。「売れないマーケティングコンサルタントをしていた頃、私は料金を低く抑えようとしました。問題は、料金を安くすればするほど、来る客もどんどん安っぽくなったことです。まもなく、本来の仕事どころではなくなり、安っぽい客と料金をめぐって言い争うことに多くの時間を費やすようになりました。そこで少し料金を上げ、中間価格帯のマーケティングコンサルタントたちの集団に加わりました。

でも、ここでもまた、価値ある私の商品、つまり客のためにしてあげるマーケティングの仕事より、料金の交渉にほとんどの時間が費やされていました。そこである日、ここは一つ途方もないことをやって、この業界で一番高い料金まで値上げしようと決めたんです。そして、一時間の仕事に五十ドル請求していたところを、一日につき二万五千ドルの料金にしました。おかげで今では、より少ない労働時間で前よりはるかに多くのお金を稼ぎ、より質の高い客を相手に仕事をしています」

一日二万五千ドルという彼の料金を聞いた時、私はハッと目が覚めた。自分が彼の望まない安っぽい客だと気付いたのだ。そのショックから立ち直ると、ボードゲームの価格を決めるのに悪戦苦闘していたのは、自分自身の安っぽさのせいだということがわかってきた。ゲームの価値ではなく価格だけを見ていたのだ。「安売り競争に参加してはいけません」と講師は元気よく言った。「バーゲン会場は安っぽい客を呼び寄せます」

私はいつしかまた思い出にふけり、金持ち父さんが安っぽい客を相手にすることをどれほど嫌っていたか思い出した。金持ち父さんはこう言っていた。「特別な顧客のために製品を作り、価格を決めるんだ。次に、マーケティングの力で、その特別な顧客にたどり着く方法を見つけろ。創造的になれ。安っぽくなってはだめだ。バーゲン会場はいい客を見つける場所じゃない」

●ゲームより先に本を売る

その夜、帰宅した私はキムと相談した。私は口を開くなりこう言った。「ボードゲームは二百ドルで売るべきだと思う。世界で一番高いゲームという位置づけをするんだ。これはただのゲームじゃない。箱に入ったセミナーなんだ」

キムは即座に同意した。意見を聞いた消費者グループは最高で三十九ドル九十五セントの価格をつけていたが、それでも、このゲームを二百ドルの高価格で売るという考えにキムはひるまなかった。

「ぼくたちが間違っていたのは、おそらく決して顧客にはならない人たちの意見を求めてきたことだ。重役会議室ではなく、バーゲン会場で買い物をする人たちに意見を求めていたんだ。ぼくたちは、ファイナンシャル教育を重要だと考え、それに対して喜んでお金を払う顧客を見つける必要があるんだ」

「そういう人たちを見つけ出す方法が必要なんだわ」とキムが付け加えた。「本の方が優先順位が上ね。ゲームのマーケティングよりも、本のマーケティングを中心に考えることから始めましょう。本は顧客を探し出すのに役に立つわ。私たちの会社の案内パンフレットの役目をするのよ」

当時私は『金持ち父さん　貧乏父さん』の原稿に手を入れていた。

「となると、ゲームの話を本に織り込む必要があるわね」とキムは続けた。「それから、投資セミナーを開いて原点に戻りましょう。これまで何年も一緒に仕事をしてきたお客さんたちと同じタイプの人たちと仕事をするのよ」

「それはいい考えだ。本を書き上げて、原点に戻って、ファイナンシャル教育に喜んでお金を払おうという人たちに向けてセミナーを開く。もう何年もやってきたことだ。リスクは少ない。そのビジネスのことならよくわかっているし、そういう顧客を見つける方法も知っている」

私はさらに続けた。「戦術は同じなんだ。このビジネスの唯一の戦術は、みんなにキャッシュフローゲームをやってもらうことだ。ぼくたちは今、そのための戦略に焦点を当てて考えている。戦略がうまくいけば、みんながゲームをするようになる」

二人の意見が一致して、チームとしてのプランが一つにまとまってきた。

「それで、どうして二百ドルなの？」キムが聞いた。「どうしてその数字を考えついたの？」

「決めるには時間がかかったよ。セミナーの講師が『価格が高ければ高いほど、より価値のあるものだと思ってもらえる』と言った時、ぱっとひらめいたんだ。自分が安っぽい人間で、ゲームが持つ価値に目を向けず、自らの商品を安っぽい視点で見ていることに気が付いた。それで、まずゲーム一セット五十九ドルまで値上げして考えてみたが、それでもまだ安い気がした。まだ中間価格で高価格じゃなかったんだ。それで頭の中でまた値上げして、一セット九十九ドルにしてみた。これならいい、という気がした。でも、この価格でなら売れるという気がしたから、まだ高価格にはなっていなかったんだ。頭の中で二百ドルと考えてみると、居心地が悪いような、ちょっといやな気分になった。それで、やっと自分が抵抗を感じるレベルに達したことがわかった。探していた価格を見つけたんだ」

「そうね、確かにこの価格ならマージンも大きいわ。ビジネスを大きくするのに役立つわね」。キムが言った。

「本は既存の流通経路を通して売り込む。マーケティングの五つのPのうちの『場所』はこれでカバーできるわね。買ってくれる可能性のある客の目の前に、私たちの商品を置くことができるんですもの。既存の流通経路に合うようにゲームの価格を下げるのではなくて、普通と変わらない価格をつけた本を利用して、本の流通システムにそれを乗せればいいんだわ。そうすれば、本がゲームを売ることになる。あるいは、少なくともお客さんを見つける手助けをしてくれる。そして、セミナーでゲームを売るのよ」。キムがそう話をまとめた。「でも、ゲーム一セットに二百ドルもの価格をつけるのには、ほかにもまだ何か理由があるんでしょう?」

「まあね」。私はゆっくりと話し始めた。「ただのゲームと考えてほかのゲームと比べたら、このゲームには二百ドルの価値はない。でも、『教育』と考えてほかの教育と比較したら、二百ドルでも実際あまり高くない。大学教育にどれだけ時間とお金がかかるか考えてみたらいい。それに第一、学校ではお金や投資についてあまり教えてくれない。あるいは、株式市場で損をしたらどれだけお金がかかるか考えてみたらいい。これはもっと高くつく。でも、最大の損失はチャンスを失うことだ。大勢の人たちが、投資をしたいとか投資をするべきだとは思っているのに、ファイナンシャル教育を受けていないばかりに投資できないでいる。このゲームは人がたくさんのお金を稼ぐのを手助けするだけじゃなく、経済的自由を手に入れる手助けもする」

「でも二百ドルではぼったくりだと感じる人たちはどうするの？」キムがそう聞いた。

「そう感じる人は多いだろうね。確かに、そういう人たちはゲームを買わないかもしれない。ゲームを二百ドルにしたら、人は買う前にゲームの価値について時間をかけてじっくりと考えなければならない。それこそが、ぼくたちが彼らにして欲しいと思っていることだ。その価格から、ただの娯楽以上の価値があるということを考えてもらいたいんだ」

「それに、一つのゲームがどれだけの人に広がるか、ちょっと考えてみて。二百ドルのゲーム一つが何百人もの人に利用される可能性もあるわ」とキムが続けた。「全員がゲームを買う必要はないんですもの」

「ぼくたちの会社の唯一の戦術が人にゲームをやってもらうことで、必ずしもゲームを買ってもらうことではない理由はそこにある。真剣に学習しようと考えて、ゲームに二百ドル払う人なら、じっくり時間をかけてゲームのやり方を覚える可能性が高い。ゲームのやり方を覚えるための唯一の方法は、他人をゲームに誘うことだ。ゲームはすぐさま、その使命を果たし始める。ゲームをしたり、ほかの人をゲームに誘ったりする人の数が増えれば増えるほど、一回のゲーム、あるいは一人のプレーヤー当たりのコストは下がり、ゲームの価値はますます上がる。ぼくたちの今の仕事はただ一つ、教育の大切さを知っていて、そのために喜んでお金を払う人たちを見つけることだ」

「それから、ゲームを手に入れにくくする、見つけにくくする必要もある。ウェブサイトを通して探し出す方法を知らせるにしても、もっとうまくやらなければならない」と私はつけ加えた。「大量販売するのではなく、ゲームを手に入れられる方法を限定することによって、その教育的価値を強調できると思う。私たちが意見を聞いた人たちは、このゲームを教材としてではなく大量販売の『ゲーム』だと考えていたんだ」

「もしこれでうまくいかなかったらどうするの？」とキムが聞いた。

「その時はもっとアイディアを出す。創造力があればアイディアはいくらでも出てくるよ。ぼくたちの戦略にはリスクが少ない。本とセミナーという二つの戦略からのキャッシュフローがあるから、それほど多くのゲームを売る必要はない。このやり方で、ぼくたちはゲームにチャンスを与えてやる。つまり、ゲームが自然に売れていき、ゲームを愛してくれるファンと流通経路ができてくるのを待つんだ。もし製品に本当に価値があれば、このプランはきっとうまくいく。もし客がゲームに価値があると思わなければ、ぼくたちはビジネスから撤退する。いずれにせよ結果はやってみなきゃわからない」

前にも言った通り、このゲームは、一九九六年十一月、ネバダ州ラスベガスの投資セミナーではじめて商品として使用された。そして、二〇〇四年二月にニューヨークタイムズのほぼ一ページを占める記事を目にした時、私にはゲームがふさわしい顧客をターゲットに広がっていることがわかった。

私たちはこれまでにたくさんのキャッシュフローゲームを売り、今ではゲームをするために定期的に人が集まるキャッシュフロークラブが世界中にある。それに、価格に対する苦情はほとんどない。返品率は一パーセント未満だ。私たちはゲームにふさわしい顧客を見つけた。

●マーケティングプランを立てる

先ほど挙げた五つのPは、マーケティングプランを立てる際に役に立つ、簡単なガイドラインだ。仕事を辞めようと考えている人は、その前に次のような重要ポイントをぜひ思い出して欲しい。

1．どんな市場にも三つの価格帯がある。高価格、中間価格、低価格だ。どの価格が一番自分に合うか決めよう。中間価格が一番心地よく感じられるかもしれないが、そこがまた、一番混雑しているところでもあることをいつも忘れないようにしよう。平均的なレベルに留まっている限り、目立つのはむずかしい。

2．低価格で成功しているビジネスは、ただ価格を下げているわけではない。低価格帯で勝利を収めるビジネスは、競争相手にできないような、一ひねりした何かをしている。たとえば、ウォルマートはほかの多くの小売店と同じ商品を売っているが、ほかより優れた小売システムを持っているおかげで、より少ないマージンでも大金を稼ぐことができる。金持ち父さんが言ったことを覚えておこう。「どんなばかでも価格を下げて破産することはできる。価格を下げ、マージンを切り詰めてお金を儲けるのは頭のいいビジネスマンにしかできない」。金持ち父さんはこうも言った。「もし市場の低価格帯で争う道を選ぶなら、高価格帯で争う人たちよりも優れたビジネスマンでなければならない」。私はそれほど優秀なビジネスマンではないので、高価格帯で争う方が楽だ。

3. もし、限られた市場で高価格帯の商品を目指すつもりなら、競争相手には提供できないようなものを顧客に提供する必要がある。高価格帯のビジネスがどんなものかわからなかったら、宿題をやろう。高級車のディーラーと安い車のディーラー、あるいは、高級ホテルと廉価なビジネスホテルに行って二つを比べてみよう。その違いを見極めることで、自分の製品や顧客をどう位置づけたらいいか、よくわかるようになるだろう。価格が高ければ高いほど、客の数が少なくなり、マーケティングにはより正確さが求められる。一方、バーゲン会場で買い物をする人たちに、決して「ロールスロイスはいかがですか?」などと聞いてはいけない。

4. すべての人を対象とした「よろず屋」になろうとしてはいけない。もし高価格帯と低価格帯の両方を扱いたければ、ブランドを分けよう。たとえばホンダとトヨタは、高価格車を売るために、アキュラ、レクサスという別ブランドを使っている。ブランドが違っても私には同じ車のように見えるが、素人の私にわかるはずもない。ホンダとトヨタのマーケット担当者は、ブランドが違えば車も違うという印象を大衆に与えることに成功している。この章の前の方で言ったように、マーケティングは客の欲求とニーズとエゴを満たす必要がある。多くの場合、購買力に一番影響を与えるのはエゴだ。

5．価格を下げる代わりに、「おまけ」をつけよう。ゲームを見た人がその値段の高さにびっくりするのはわかっている。でも、価格を下げるよりむしろ、製品に何かおまけをつけて、パッケージ全体の価値を上げる方がいいと私たちは思っている。金持ち父さんが言ったように、「売上＝収入」だ。価格を抑えてマージンを少なくするのは誰にでもできる。それよりむしろ、客にとっての価値を上げ、客を満足させる一方で、価格をそのままに据え置く方法を探そう。

6．だめな営業マンはいつでも新製品を売りたがる。ゼロックスにいた頃、「新製品があればもっと売れるのに」と言っていたのはいつも一番だめな営業マンだった。実際、多くのビジネスがこの罠に落ちる。そういう会社は売上高が落ちると新製品を探すが、その結果、「製品ラインの拡大」と呼ばれる現象がよく起きる。あまり頻繁に製品ラインの拡大をしていると、商品がたくさんありすぎて選択がむずかしくなり、客が混乱したり、自社製品同士が競合する可能性がある。金持ち父さんはこう言っていた。「売り出す新製品を探すのではなく、新規の客を探せ」。またこうも言っていた。「賢明な起業家は、既存の顧客を満足させ続け、既存の商品を売る新規の客を探すことに力を注ぐ」

7．あなたが自分の商品を売りたいと思っている顧客にすでに売り込んでいる会社を探し、戦略的パートナー関係を持とう。本書の前の方で、競争的、協力的、精神的という、三種類のお金について書いた。少ないリスクで、より短期間で、より金持ちになる方法の一つは、ほかと協力して協力的なお金を稼ぐことだ。

8．一番いい顧客を大事にしよう。インターネットのおかげで、いい顧客と接触を保つことがかつてないほど簡単になっている。まず、最高の客を満足させ続けることに焦点を合わせよう。そうすればもっとたくさん買ってくれるだけでなく、友人たちにあなたのことを話してくれる。これこそが、どんな方法より効果的なマーケティング、「口コミ」と呼ばれる方法だ。最高の客を大事にするには、創造力をフルに使うことだ。小さな企業が大企業を打ち負かす理由の一つは単純で、小さな会社の方が独創的になれること、それも、大会社よりすばやくそうなれるということだ。

●「一番」を目指す

五つのP（商品、人、価格、場所、位置づけ）をいつも頭に入れておこう。あなたが売ろうとしている「とても特別な商品」は、「とても特別な客」にとって重要な意味を持っている。

繰り返しになるが、製品の価格は人のニーズと欲求とエゴを満たすものでなければならない。エゴに関して言うと、まず私たちはみんな、安価の掘り出し物を見つけるのが好きだ。一方、わずかな人しか買えない、もしくはわずかな人しか買わない商品に大金を費やしたことを人にひけらかしたいと思う人も多い。つまり、エゴは低価格帯だけでなく高価格帯にも働く。

顧客がそれを見つけられるようにするには商品をどこに置いたらいいか？　それを決めるのはとても大事なことだ。いつも次のことを覚えておこう。安い車ばかりが並ぶ中古車売り場にフェラーリの新車があったら場違いに見える。商品を間違った場所に置いていると、売上が落ちる。『金持ち父さん　貧乏父さん』が最初に出版された時、私たちはその本をテキサスにある友人の洗車場兼ガソリンスタンドに置いた。なぜその洗車場だったか？　それは、金持ちが洗車や給油のために車を持ち込む場所だったからだ。もし、安いガソリンを買いに来る人たちが集まるような場所に本を置いていたら、本はまだそこに置かれたままだろう。

位置づけに関して言うと、目指すのはただ一つ、「一番」だ。たいていの人がリンドバーグを知っているのは、彼が「最初に」大西洋横断単独無着陸飛行を成し遂げた人だからだ。二番目が誰か知っている人はほとんどいない。もし自分が今いるカテゴリーで一番でなかったら、自分が一番になれる新しいカテゴリーを作ろう。キャッシュフローゲームがまだ知られていなかった時、私たちは高価格のゲームカテゴリーを作り、そこで一番の名乗りを上げた。レンタカーのエイビス社は、自分たちがハーツ社のあとを追う業界二番目の店であると気付いた時、他店に先駆け、二番目であることを「一番乗りで」堂々と宣言し、「私たちはもっとがんばります」というスローガンを打ち出した。結局のところ、一番になるべき場所として最も重要なのは、顧客の頭の中だ。たとえば、清涼飲料水で、あなたの頭にまっさきに浮かぶのはコカコーラだろうか、それともペプシだろうか。あなたの会社がターゲットとするきわめて特別な客が、同種の商品を買おうという時、まっさきに思いつくのはあなたの製品だろうか、それとも競合商品だろうか？　最終的に起業家にとって最も重要な仕事は、顧客の頭の中で一番になることだ。

金持ち父さんの起業家レッスン

その十　いつ会社を辞めるべきか?

第十章……

起業する前にやっておくこと

●いつ会社を辞めるべきか?

今の仕事がいやだからというのは起業家になる理由にはならない。ちゃんとした理由に聞こえるかもしれないが、それでは不充分だ。使命の強さが決定的に欠けている。ほとんど誰でも起業家になることは可能だが、すべての人がそうなるのがいいというわけではない。

昔からよく、「勝者は決して途中でやめない。すぐやめる人は決して勝てない」と言われるが、私としてはこの言葉には賛成できない。実際はそんなに単純ではない。私の経験からすると、勝者はやめるべき時も知っている。人生においては、損切りをするのが最善の策だということもある。そういう時は、袋小路に突き当たったことや、見当違いの努力をしていたことを正直に認めるのが一番だ。

私に言わせるなら、「すぐやめる人」とは、状況が厳しくなったからという理由だけで簡単にやめてしまう人だ。私もこれまでの人生で何度もそういう人間になっている。ダイエットやエクササイズ、ガールフレンド、ビジネス、本、研究など、いろいろなものを途中で放り出した。毎年、新年の誓いを立てては挫折する。だから、すぐやめるというのがどういうことか、また、自分がそういう人間の一人であることも知っている。

私が起業家になるプロセスをやめなかった理由の一つは、本当に起業家になりたかったからだ。なりたくてたまらなかった。自由や、何ものにも依存せず自立した状態、富、成功した起業家だからこそできる世の中への貢献……そういったものを手に入れたかった。だが、確かに起業家として成功したいと強く願ってはいたが、それでも、途中でやめるという強烈な誘惑は、いつも私の目の前にドアを開けて待っていた。お金がなくて借金ばかりだった時、やめてしまうのは簡単だった。債権者がお金を返せと言ってきた時も、税務署から追徴金の知らせを受けた時も、また、プロジェクトが失敗したり、パートナーになるはずだった人が降りてしまった時も、やめてしまうのは簡単だった。状況が厳しくなった時はいつも、やめてしまおうという考えが、手が届くくらい近くで私を待ち伏せていた。

私にとって起業家になることはプロセスであり、私は今もそのプロセスを続けている。そして、これからもずっと学び続け、起業家「訓練生」であり続けるつもりだ。私はビジネスが大好きだし、ビジネス上の問題を解決するのも好きだ。これまでに損切りをしたり、会社を閉めたり、方向転換をしたことはあったが、起業家になるためのプロセスは一度としてやめたことはない——少なくとも今のところは。私はこのプロセスが大好きだ。このプロセスは、私が望んでいるような人生をもたらしてくれる。だから、確かに大変なプロセスだったが、それだけの価値はあった。それに、私にとって大変だったからといって、あなたにとって大変だとは限らない。この本を書いた理由の一つは、このプロセスを今まさに始めようとしている人、すでに始めている人にとって、それが少しでも楽になればと思ったからだ。

この本を終えるにあたり、私にこの道を歩み続ける力を与えてくれた、ちょっとした「物」についてお話ししておきたい。それは、私にとっていわば暗闇にともる光、夜明け前の最も暗い闇の中で明るくともる光のような存在だった。

ナイロン製の財布の会社をやっていた頃、私のオフィスの電話台には小さな紙切れが貼り付けてあった。それは、中華料理店でもらったフォーチュンクッキーに入っていたおみくじで、こう書かれていた。「やめるのはいつでもできる。ともかく始めてみよう」。かかってくる電話の中には、やめるのに充分すぎる理由になるものがたくさんあった。それでも電話を切ると、私はフォーチュンクッキーの名言に目をやり、自分にこう言い聞かせた。「やめたいけれど、今日のところはやめないでおこう。明日やめればいいんだから」。

幸いなことに、その明日という日は決して来なかった。

●会社を辞める前にやっておくこと

1. 心構えを確認しよう

心構えがほとんどすべてを決める。お金を儲けるためだけに起業家になるのはお勧めできない。そのためだけなら、もっとずっと楽にお金が儲かる方法がいくらでもある。ビジネスとビジネスがもたらすチャレンジが好きになれない人は起業家には向いていない。

2. B―Iトライアングルの五つのレベルについて、できるだけ多くの経験を積もう

これまでの金持ち父さんシリーズの本の中で、私たちは、稼ぐために働くのではなく学ぶために働こうとアドバイスをしてきた。お金のために仕事に就くのではなく、経験を得るために仕事に就こう。たとえば、ビジネスシステムがどのように機能するかを経験したかったら、マクドナルドで働くのもいい。客が「ビッグマックとフレンチフライをください」と言ったあと、どんなことが稼動し始めるか、本当のところを知ったらあなたもびっくりするだろう。その瞬間に、世界でもトップクラスの設計を施されたビジネスシステムが動き出す。すばらしい設計のこのシステムを動かしているのは、だいたいがハイスクールしか出ていない人たちだ。

3. 「売上=収入」だということをいつも忘れないようにしよう

起業家は誰でもセールスに長けていなければならない。セールスが得意でない人は、仕事を辞める前に、できる限りたくさんの経験を積もう。かつてドナルド・トランプがこう言うのを聞いたことがある。「生まれながらのセールスの天才もいる。そうでない私たちはセールスを学ぶことができる」。私は生まれながら

の営業マンではない。営業マンになるために一生懸命にトレーニングした。本当にすばらしいセールス・トレーニングを受けたい人は、ネットワークビジネスや直接販売のビジネスに参加することを考えてみるのもいいだろう。

4. 楽天的であると同時に、自分に対して手心加えることなく正直であろう

ジム・コリンズは著書『ビジョナリーカンパニー2　飛躍の法則』の中で、自分に容赦なく正直でいることについてすばらしい話をしている。それは、ベトナム戦争で最も長く捕虜となっていたうちの一人であるストックデール将軍をインタビューした時の話だ。ジム・コリンズが将軍に、収容所でどんなタイプの人が死んでいったかと聞くと、将軍はためらうことなくこう答えた。「楽観主義者だ」。生還した戦争捕虜たちは、自分たちの置かれた状況、厳しい現実を受け止め、それに適応できた人たちだった。一方、容赦なく正直であることと悲観論者であることの違いを知っておくことも大事だ。世の中には、物事がうまくいっている時にも、これから先うまく行かなくなる理由を並べ立てる人や、悲観的なことばかり考えている人がいる。そういう人、つまり悲観主義的な人と、自分に対して手心を加えることなく正直な人とは同じではない。

5. お金をうまく使おう

残念なことに、この世の中にはお金の使い方を知らないために、お金のことで苦労している人が多すぎる。つまり、お金が二度と戻ってこないような使い方をしている人が多すぎる。起業家は、どのようにお金を使えばそれ以上のお金が戻ってくるか知っている。それは、けちになるとか、倹約するとか、爪に火をともすような生活をするということではない。いつ、何に、いくらお金を使ったらよいかを知っていることを意味する。私は、お金を節約したために破産した起業家を大勢見てきた。たとえば、売上が落ちてきた時、もっとお金を使って広告宣伝をする代わりに、予算を減らして節約しようとする起業家がいるが、そんなことを

していると売上は落ち続ける。これは、「間違った時期に間違ったことをする」といういい例だ。

6．練習のためにビジネスを始めよう

自転車がなければ自転車に乗れるようになれないのと同じで、誰だってビジネスがなければ、ビジネスを立ち上げ、運営することは学べない。B－Iトライアングルのそれぞれの要素についてよくわかるようになったら、計画を立てるのはやめて行動を起こそう。前にも言ったように、昼間の仕事を続けながらパートタイムでビジネスを始めてみよう。

7．進んで助けを求めよう

金持ち父さんはよくこう言っていた。「傲慢は無知の始まりだ」。わからないことがあったら、知っている人に聞こう。ただし、あまり多くのことを頼みすぎて厄介者にならないようにしよう。「助け」と「松葉杖」との間には微妙な違いがある。その違いを忘れないようにしよう。

8．人生の「よき師」を見つけよう

金持ち父さんは私の「よき師《メンター》」だった。私にはほかにも多くの師がいる。エジソンやフォード、ビル・ゲイツのような偉大な起業家に関する本を読もう。本はあなたの「よき師」になってくれる。私が好きな起業家の一人に、アップルとピクサーの創始者スティーブ・ジョブズがいる。私は彼のビジネススタイルが大好きだが、彼の会社の社風も大いに気に入っている。会社の強烈な個性は、起業家が築くことができる最も重要なものの一つだ。前にも言ったが、リッチダッド・カンパニーでは、社員が学習し、自分の意見を自由に言う社風を育て、守ることに常に努力している。

9．起業家のネットワークに参加しよう

類は友を呼ぶ。これまで私が住んだ町は、どこでも起業家の団体や協会があった。そのような組織の集まりに顔を出し、自分のニーズに合ったものを探そう。起業家たちがまわりにたくさんいる環境を作ることが大事だ。そして、たがいにサポートし合おう。中小企業のための地元の組織や役所、商工会議所に連絡して、会合やセミナーのスケジュールを教えてもらおう。そういった場所はすばらしい情報源となるし、ほかの起業家と出会うチャンスにもなる。アメリカには青年起業家機構（ＹＥＯ）という団体があるが、この団体はなかなかいい活動をしていると私が常日頃思っている団体の一つだ。私自身は、若い人を対象としたこの団体に加わるには年をとりすぎているが、頼まれていくつかの支部で講演をしたことがある。ここに集まる若い人たちのやる気、質の高さにはいつも感心させられる。

10．忠実にプロセスに従おう

会社を辞めて起業家にならない人が多い理由の一つは、起業家になろうとすると、特に立ち上げの時期に、この上なく厳しい試練が待っているからだ。あなたには、Ｂ－Ｉトライアングルの基本に従い、そこにある八つの要素のすべてをマスターするために、辛抱強く、最善を尽くすことをお勧めする。時間はかかるが、成功すればその見返りはとても大きい。金持ち父さんが言っていたように、「起業家になるのは一つのプロセスであって、仕事や職業ではない」。だから、忠実にプロセスに従ってやり続けよう。そして、つらい時も、このプロセスがあなたに、前方に横たわっている未来を垣間見せてくれることを忘れないようにしよう。

アメリカには、「大きく困難で大胆な目標（Big Hairy Audacious Goal）」という意味の言葉の頭文字をとってＢＨＡＧという言葉を使う人がいる。私もこの言葉は昔からよく耳にする。確かに、大きく困難で大胆な目標を持つことはすばらしいが、私は目標よりプロセスや使命の大きさの方が大事だと思う。

金持ち父さんは息子のマイクと私のために、次のように書いてくれた。

使命 → プロセス → 目標

金持ち父さんはこう言った。「大きな目標を掲げるつもりなら、そのプロセスをやり続けるために強い使命を持つ必要がある。強い使命があれば、何でもやり遂げることができる」

この本を最後まで読んでくれてありがとう。

起業家になる決心をした人、すでに起業家として歩み始めた人たちの成功を心から祈っている。

ロバート・キヨサキ

金持ち父さんシリーズ

●『改訂版　金持ち父さん　貧乏父さん――アメリカの金持ちが教えてくれるお金の哲学』ロバート・キヨサキ著／白根美保子訳／筑摩書房

●『改訂版　金持ち父さんのキャッシュフロー・クワドラント――経済的自由があなたのものになる』ロバート・キヨサキ著／白根美保子訳／筑摩書房

●『改訂版　金持ち父さんの投資ガイド　入門編――投資力をつける16のレッスン』『改訂版　金持ち父さんの投資ガイド　上級編――起業家精神から富が生まれる』ロバート・キヨサキ著／白根美保子訳／筑摩書房

●『改訂版　金持ち父さんの子供はみんな天才――親だからできるお金の教育』ロバート・キヨサキ著／白根美保子訳／筑摩書房

●『改訂版　金持ち父さんの若くして豊かに引退する方法』ロバート・キヨサキ著／白根美保子訳／筑摩書房

●『改訂版　金持ち父さんの起業する前に読む本――ビッグビジネスで成功するための10のレッスン』ロバート・キヨサキ著／白根美保子訳／筑摩書房

●『金持ち父さんの予言――嵐の時代を乗り切るための方舟の造り方』ロバート・キヨサキ著／白根美保子訳／筑摩書房

●『金持ち父さんのサクセス・ストーリーズ――金持ち父さんに学んだ25人の成功者たち』ロバート・キヨサキ著／春日井晶子訳／筑摩書房

●『金持ち父さんの金持ちになるガイドブック――悪い借金を良い借金に変えよう』ロバート・キヨサキ著／白根美保子訳／筑摩書房

●『金持ち父さんのパワー投資術――お金を加速させて金持ちになる』ロバート・キヨサキ著／白根美保子訳／筑摩書房

●『金持ち父さんの学校では教えてくれないお金の秘密』ロバート・キヨサキ著／白根美保子訳／筑摩書房

●『金持ち父さんの金持ちがますます金持ちになる理由』ロバート・キヨサキ著／井上純子訳／筑摩書房

●『金持ち父さんのファイナンシャルIQ――金持ちになるための5つの知性』ロバート・キヨサキ著／白根美保子訳／筑摩書房

●『金持ち父さんの「大金持ちの陰謀」』ロバート・キヨサキ著／井上純子訳／筑摩書房

●『金持ち父さんのアンフェア・アドバンテージ――知っている人だけが得をするお金の真実』ロバート・キヨサキ著／白根美保子訳／筑摩書房

●『金持ち父さんのセカンドチャンス――お金と人生と世界の再生のために』ロバート・キヨサキ著／岩下慶一訳／筑摩書房

●『金持ち父さんのこうして金持ちはもっと金持ちになる――本当のファイナンシャル教育とは何か？』ロバート・キヨサキ著／岩下慶一訳／筑摩書房

●『金持ち父さんの「これがフェイクだ！」――格差社会を生き抜くために知っておきたいお金の真実』ロバート・キヨサキ著／岩下慶一訳／筑摩書房

●『金持ち父さんの21世紀のビジネス』ロバート・キヨサキ、キム・キヨサキ、ジョン・フレミング著／白根美保子訳／筑摩書房

●"Rich Dad's Escape from the Rat Race"

●"The Real Book of Real Estate—Real Experts, Real Stories, Real Life"

●"Why "A" Students Work for "C" Students—Rich Dad's Guide to Financial Education for Parents"

●『金持ち父さんの新提言　お金がお金を生むしくみの作り方』ロバート・キヨサキ著／井上純子訳／青春出版社

●『金持ち父さんのお金を自分のために働かせる方法』ロバート・キヨサキ著／井上純子訳／青春出版社

●『人助けが好きなあなたに贈る金持ち父さんのビジネススクール　セカンドエディション』ロバート・キヨサキ著／マイクロマガジン社

ドナルド・トランプとの共著

●『あなたに金持ちになってほしい』ドナルド・トランプ、ロバート・キヨサキほか著／白根美保子、井上純子訳／筑摩書房

●『黄金を生み出すミダスタッチ――成功する起業家になるための5つの教え』ドナルド・トランプ、ロバート・キヨサキ著／白根美保子訳／筑摩書房

キム・キヨサキの本

●『リッチウーマン――人からああしろこうしろと言われるのは大嫌い！という女性のための投資入門』キム・キヨサキ著／白根美保子訳／筑摩書房

●“It's Rising Time!―A Call for Women: What It Really Talks for the Reward of Financial Freedom”

エミ・キヨサキとの共著

●『リッチブラザー　リッチシスター――神・お金・幸福を求めて二人が歩んだそれぞれの道』ロバート・キヨサキ、エミ・キヨサキ著／白根美保子訳／筑摩書房

金持ち父さんのアドバイザーシリーズ

●『セールスドッグ――「攻撃型」営業マンでなくても成功できる！』ブレア・シンガー著／春日井晶子訳／筑摩書房

●『勝てるビジネスチームの作り方』ブレア・シンガー著／春日井晶子訳／筑摩書房

●『不動産投資のABC――物件管理が新たな利益を作り出す』ケン・マクロイ著／井上純子訳／筑摩書房

●『資産はタックスフリーで作る――恒久的に税金を減らして大きな富を築く方法』トム・ホイールライト著／白根美保子、シュレーゲル京希伊子訳／筑摩書房

●“Start Your Own Corporation”, Garrett Sutton

●“Writing Winning Business Plans”, Garrett Sutton

●“Buying and Selling a Business”, Garrett Sutton

●“The ABCs of Getting Out of Debt”, Garrett Sutton

●“Run Your Own Corporation”, Garrett Sutton

●“The ABCs of Property Management”, Ken McElroy

●“The Advanced Guide to Real Estate Investing”, Ken McElroy

金持ち父さんのオーディオビジュアル

●『ロバート・キヨサキのファイナンシャル・インテリジェンス』タイムライフ（CDセット）

●『ロバート・キヨサキ　ライブトーク・イン・ジャパン』ソフトバンクパブリッシング（DVD）

●『金持ち父さんのパーフェクトビジネス』マイクロマガジン社（CD）

●『金持ちになる教えのすべて』（DVD3枚付）マイクロマガジン社

●『プロが明かす 不動産投資を成功させる物件管理の秘密』（CD4枚付）マイクロマガジン社

本文で紹介された本

●『フラット化する世界――経済の大転換と人間の未来』トーマス・フリードマン著／伏見威蕃訳／日本経済新聞社

●『ビジョナリーカンパニー2　飛躍の法則』ジム・コリンズ著／山岡洋一訳／日経BP社

●『やりとげる力』スティーブン・プレスフィールド著／宇佐和通訳／筑摩書房

●『ただマイヨ・ジョーヌのためでなく』ランス・アームストロング著／安次嶺佳子訳／講談社

著者・訳者紹介

ロバート・キヨサキ
Robert Kiyosaki

　個人ファイナンス関連書籍で前代未聞のベストセラーとなった『金持ち父さん　貧乏父さん』の著者ロバート・キヨサキは、世界中の多くの人々のお金に対する考え方に疑問を投げかけ、その考え方を変えた。彼は起業家、教育者、投資家であり、今の世界には雇用を創出する起業家がもっと必要だと信じている。

　お金と投資に関するロバートの考え方は社会通念と対立することも多い。率直な、そして時として不遜かつ勇気ある発言をするとの定評を世界中で得ている彼は、ファイナンシャル教育の大切さを情熱を持って臆することなく語る唱導者の一人だ。

　ロバートと妻のキムはファイナンシャル教育会社リッチダッド・カンパニーの創業者であり、各種『キャッシュフロー』ゲームの開発者でもある。

　ロバートは複雑なコンセプト――お金や投資、金融、経済に関するさまざまな考え方――を単純化する才能を持ったビジョナリー（未来を見つめる人）だと言える。彼はまた、経済的自由を得るまでの自分の個人的な体験を、多くの人の心に響くような形で伝えてきた。彼の考え方の中心となっている原理や彼が伝えたいと思っていること――たとえば、「持ち家は資産ではない」「キャッシュフローのために投資をしろ」といったことや、『金持ち父さんの予言』の中で示されたさまざまな「予言」――は当時は多くの批判を浴びたり、馬鹿にされたりしたが、結局この十年ほどの間に、その正しさが証明された。

「大学へ行っていい仕事に就き、お金を貯めて、借金を返し、長期に投資して、投資対象を多様化しろ」という昔からのアドバイスが、今日、急速に変化する情報時代においては時代遅れのアドバイスになっているというのがロバートの主張だ。彼の「リッチダッド哲学」は現状に疑問を投げかけ、お金の知識を身につけ、将来のために投資するように人々を励ます。

　国際的なベストセラー『金持ち父さん　貧乏父さん』を含めて二十冊以上の著書があるロバートは、世界中でさまざまなメディアにゲストとして登場したり記事に取り上げられたりしている。彼の著書は世界各国で十年以上もベストセラーリストに名を連ね、今も世界中の視聴者、読者を教育し、励まし続けている。

白根美保子
Shirane Mihoko

翻訳家。早稲田大学商学部卒業。訳書に『ボルネオの奥地へ』（めるくまーる）、『死別の悲しみを癒すアドバイスブック』『完全版　不安のメカニズム』（筑摩書房）、共訳書に『悲しみがやさしくなるとき』（東京書籍）などがある。

改訂版《かいていばん》 金持《かねも》ち父《とう》さんの
起業《きぎょう》する前《まえ》に読《よ》む本《ほん》

ビッグビジネスで成功《せいこう》するための10のレッスン

二〇一五年八月一〇日 初版第 一 刷発行
二〇二五年五月 五 日 初版第 七 刷発行

著者 ロバート・キヨサキ
訳者 白根美保子（しらね・みほこ）
発行者 増田健史
発行所 株式会社 筑摩書房
東京都台東区蔵前二－五－三 〒一一一－八七五五
電話番号 〇三－五六八七－二六〇一（代表）
装丁 小田蓉子（井上則人デザイン事務所）
印刷・製本 中央精版印刷株式会社
ISBN978-4-480-86438-3 C0033 ©Mihoko Shirane 2015, printed in Japan

「金持ち父さん」シリーズ